청춘시대 2

청춘시대
시즌2

박연선 대본집·上

arte POP

일러두기

1 이 책은 박연선 작가의 드라마 대본 집필 형식을 최대한 따랐습니다.

2 대사는 입말을 살리기 위해 한글맞춤법에서 벗어난 표현도 최대한 살렸습니다. 그 외 지문은 한글맞춤법에 따랐습니다.

3 이 책은 작가의 최종 대본으로, 방영된 드라마와 다른 부분도 포함되어 있습니다.

용어 정리

- (N) 내레이션을 지칭하는 용어로, 장면 밖에서 들려오는 목소리를 나타낸다. 이 책에서는 N을 생략하고 괄호로 표시했다.

- 인서트 화면의 특정 동작이나 상황을 강조하기 위해 삽입한 화면. 인서트 화면이 없어도 장면을 이해하는 데에는 별다른 지장이 없으나 인서트를 삽입함으로써 상황이 명확해지면서 스토리가 강조된다. 인서트 화면으로는 대개 클로즈업을 사용한다.

- 몽타주 따로따로 편집된 장면들을 짧게 끊어서 붙인 화면을 말한다.

- F. O. 페이드아웃(Fade-Out)을 의미한다. 화면이 점차 어두워지면서 장면이 바뀌는 것을 말한다.

- 점프 점프컷. 연속성이 없는 두 장면을 붙이는 편집 방식이다.

차 례

나는 작은 것에 열 받는다

1. 프롤로그

- 인천공항
- 중국발 여객기의 도착을 알리는 알림판.
- 배낭을 멘 윤진명이 나온다.
- 에스컬레이터에 탄다. 창밖으로 보이는 하늘이 파랗다. 3개월 만의 귀국이다.
- 핸드폰의 에어플레인 모드를 끈다. 잠시 후 비행 중에 도착하지 못한 문자가 속속 도착한다. 대체로 불필요한 것들이다.
- 하메들 단체 카톡방에 문자가 52개가 와 있다. 뭐지? 윤진명이 에스컬레이터에서 내려 수화물을 찾을 때까지 카톡이 흘러간다.

정예은	'(축하의 이모티콘)' '경축. 윤 선배 오는 날'
유은재	'우와, 맞다' '윤 선배, 보고 시포요' '언능 와요'
송지원	'크흑! 윤 선배' '내 인생 어언 23년. 그리움을 알았습니다' '선물도 함께 오겠지?' (해맑은 이모티콘)
정예은	'그러는 거 아니야' '철썩철썩'
유은재	'맞아요' '철썩철썩' '난 윤 선배가 오는 것만으로 행복' '윤 선배가 선물이에요'

강이나	(허걱 이모티콘!) '은재가 변했다' '막내가 요물로 진화했어'
유은재	'저 원래 이랬습니다'
정예은	'윤 선배 변했을라나?'
유은재	'게으름뱅이' (뽀뽀하는 이모티콘)

윤진명은 이게 뭐지 싶지만 자기 트렁크가 지나가는 걸 뒤늦게 발견한다. 트렁크를 찾으러 오는 여자와 동선이 엇갈린다. 윤진명은 '죄송합니다' 인사하고 여자는 고개만 까닥하고 트렁크를 끌어내린다. 나중에 다시 만나게 되는 그녀는 안예지다. 그사이 카톡은 계속되고 있다.

정예은	'엥, 게으름뱅이????'
송지원	'윤 선배와 게으름이라' '보고 싶은 조합일세'
유은재	'그럼 뚱땡이'
송지원	'중국 음식 기름지니까 그럴 수도' (뚱땡이 이모티콘)
정예은	'아니야, 더 말랐을 수도' '돈 없어서 못 먹어서' (말라깽이 이모티콘) '2시 30분 도착이면 집에 몇 시 도착?'
송지원	'짐 찾고 어쩌구… 6시?'
강이나	'마중 갈래?'
송지원	'엥?'
정예은	'???'
유은재	'????'
강이나	'마중 가자. 다 같이' '서프라이즈'
송지원	'일단 여기다 얘기한 순간 서프라이즈 아님'
정예은	'ㅎㅎㅎ' '우리 진짜 갈까?'
송지원	'콜'
정예은	'나도 좋아'
유은재	'나 수업 있는데'

송지원 '째!'

정예은 '째2'

유은재 '째겠습니다!!' (비장의 이모티콘)

송지원 (축하의 이모티콘)

정예은 (축하의 이모티콘) '윤 선배 마중 간다아아아'

유은재 '기다려요 윤 선배'

윤진명이 짐을 끌고 나오며 마지막 문자를 다시 본다. '윤 선배, 마중 갈게' 뜻밖이라 더 기쁘다. 무표정하던 윤진명 표정이 환해진다. 짐을 찾은 윤진명의 발걸음이 빨라진다.

— 입국장

입국자들이 기다리던 사람들과 만난다. 오랜만에 만난 사람은 부둥켜안기도 한다. 손만 흔드는 사람도 있지만, 다들 반가운 얼굴로 기다리고 반가운 얼굴로 다가간다. 윤진명도 기대에 찬 얼굴로 자신을 기다릴 하메들을 찾는다.

아! 드디어~ 저 멀리 그리운 하메들의 얼굴이… 〈TV는 사랑을 싣고〉 음악이 흐르는 가운데… 하메들을 먼저 발견한 윤진명이 반쯤은 뛰는 걸음으로 달려가는데, 엥? 윤진명을 발견한 하메들의 표정이 어째 시큰둥하다. 음악이 지리멸렬하게 사그라든다.

윤진명 (아직은 하메들의 표정이 긴가민가하다) 안녕!

유은재 (반쯤은 혼이 나갔다) 윤 선배…

정예은 (쭈그리고 앉아 있다가 끙차 일어난다) 왔어?

강이나 얼른 가자. 해 지기 전에… (윤진명과 눈을 마주치자마자 돌아선다) …

송지원 (윤진명을 봤다가 강이나를 봤다가 뭔가 말을 하려다가… 결국은 할 수 없다는 듯 고개를 푹 숙이고 강이나를 따라간다)

정예은, 유은재도 터덜터덜 강이나를 따라간다. 유은재는 다리가 휘청한다. 담대한 윤진명이지만 이건 뭐지 싶다. 뒤를 돌아본다. 애인을 끌어안아 빙글 돌리고, 부인이 안고 나온 아기를 건네받기도 하고, 노모의 손을 잡고 눈물을 비치기도 하고… 그렇다. 이것이 귀국장의 풍경이 아니던가? 윤진명이 하메들을 본다. 하메들은 윤진명이 따라오거나 말거나 저만치 멀어지고 있다. 심지어 트렁크랑 짐조차 받아주지 않는다. 윤진명이 트렁크를 달달거리며 쫓아간다.

타이틀 제0회 ─ 나는 작은 것에 열 받는다 (부제: 우리들)

2. 타이틀 이미지 몽타주

시즌1의 여러 가지 장면들, 장면들, 장면들.

3. 벨 에포크 전경(아침)

아침이다. 전과 달라진 거라고는… 글쎄, 집 앞에 하늘색 경차가 있다는 건데, 그렇게 눈에 띄는 건 아니다.

4. 정예은, 송지원의 방(아침)

정예은이 눈을 뜬다. 머리맡의 핸드폰을 집어 들고, 화면을 열면, 맨 처음 뜨는 화면은 '오늘의 일정'이다. '윤 선배 귀국'이다.

정예은   (단톡방에 들어간다. 하품하며 요란한 축하의 이모티콘 보낸다. 잠

이 덜 깬 얼굴로 '경축, 윤 선배 오는 날')

5. 거실(아침)

유은재가 커피를 내리며 정예은이 보낸 카톡을 본다. 한 손으로 카톡 보낸다. '우와, 맞다' '윤 선배 보고 시포요' '언능 와요' 카톡 보내고 '종달종달'이라는 이름의 카톡방으로 들어간다. 분홍색 바탕화면, 하트가 날아다닌다. '종달종달, 일어났어요?' (하트 뿅뿅) 잠깐 커피에 정신을 쏟는 사이 카톡 온다. 부리나케 보면 송지원이다. '아! 윤 선배'

6. 화장실(아침)

송지원이 변기에 앉아 카톡 보낸다. 힘주면서 카톡 쓴다. '내 인생 어언 23년, 그리움을 알았습니다' '선물도 함께 오겠지?' 힘을 주며 해맑은 이모티콘 보낸다. 정예은의 카톡 '그러는 거 아니야' '철썩철썩'에 맞춰 뺨 맞는 시늉한다.

7. 거실(아침)

유은재, 단톡방에 카톡 쓴다. '맞아요' '철썩철썩' '난 윤 선배가 오는 것만으로 행복' '윤 선배가 선물이에요' 그때, 하메들 카톡과 함께 종달종달의 카톡이 온다. '반쯤 일어남' 단톡방으로 들어가 카톡 보낸다. '저 원래 이랬습니다' 다시 종달종달이 보낸 카톡. '왕자는 공주의 키스로 잠이 깸' 유은재, 카톡 쓴다. '게으름뱅이' (뽀뽀하는 이모티콘) 보낸다. '좀 전에 딥키스였는데 눈치챘어요? ㅎㅎ' 보내려는데.

정예은   '엥, 게으름뱅이?'
송지원   '윤 선배와 게으름은 안 어울려'

유은재 그제야 자기가 문자 잘못 보낸 걸 깨닫는다. 서둘러 문자 보낸다. '그럼 뚱땡이?' 송지원이 화장실에서 나온다. '중국 음식 기름 지니까 그럴 수도' 유은재, 무사히 넘겼다. 안도한다. 정예은도 문자 보내며 방에서 나온다.

8. 유은재, 윤진명의 방(아침)

카톡 거리는 소리에 강이나가 잠에서 깬다. 앞의 문자를 쭈욱 훑은 강이나. '마중 갈래?' '마중 가자, 다 같이' '서프라이즈' 써서 보내놓고 일어난다. 기지개를 켜고 나서 다시 카톡방을 봤더니 이모티콘이 날아다닌다. 강이나가 목덜미를 긁적인다.

9. 인터뷰

인터뷰는 〈모던 패밀리〉를 차용한다.

강이나   (곤란하다) 그게… 난 그냥 해본 말이었는데 애들이 덥석 물어서…

         • 점프 》
정예은   (안고 있는 인형의 귀를 배배 꼰다) 난 아직 밖에 나가긴 좀 그런데… 근데 다들 좋다는데 어떡해요. 나만 빠지면 그렇잖아요.

유은재 (한숨 쉰다) 수업 끝나고 종열 선배랑 놀라 그랬는데… 그런 얘기하면 남친 있다고 자랑한다고 그럴 거 같애서… 우리 중에 남친 있는 건 나밖에 없잖아요.

•점프 》

송지원 (눈만 껌벅껌벅하다가) 난 뭐 그냥… 가면 가구 말면 말구… 뭐 그랬는데…

10. 벨 에포크 앞(낮)

송지원, 정예은, 유은재가 나온다. 좀 전의 인터뷰완 정반대로 모두들 신났다. 송지원은 선글라스를 꼈다. 완전 놀러 가는 분위기다. 마지막으로 강이나가 등장한다. 손에 쥔 뭔가를 휘릭휘릭 하더니, 총을 쏘듯 멋있게 (혹은 안무하듯 코믹하게) 자동차 리모컨을 누른다. 삑! 경쾌한 소리와 함께 하늘색 경차의 라이트가 반짝반짝! 하메들이 물개 박수를 친다.

11. 강이나 차 안(낮)

하메들이 차에 탄다. 송지원이 조수석에 탄다.

강이나 레이디스 앤 젠틀맨. 벨트 플리즈!
하메들 (일제히 벨트 한다. 송지원은 '옛썰' 한다)
정예은 (시계 본다) 근데 왜 이렇게 일찍 가? 한 시간이면 되잖아.
강이나 (씨익 웃는다) 가다 보면 맘에 드는 카페가 나타나겠쥐. 우리 또 그런 데서 커피 한잔 마셔줘야줘.

송지원, 정예은   그래야겠쥐!

유은재   (오랜만의 외출이다. 창문을 연다. 바람이 살살 들어온다) 아아, 날
씨 좋다.

송지원   (차체를 탕탕 두드리며) 출발!

강이나의 차가 출발한다. 이때만 해도 하메들은 행복했다.

12. 골목길(낮)

강이나의 차가 달려온다. 도로는 한적하고, 하늘색 차는 여유 있다.
모든 게 순조롭다.

13. 강이나 차 안(낮)

송지원이 차내 스피커를 핸드폰에 연결한다.

송지원   여러분의 귀염둥이 DJ쏭. 인사 올립니다. 오늘 들으실 첫 곡은…

내비   …앞에서 우회전, 우회전…

강이나가 우회전 깜빡이를 켠다. 그리고 거리낌 없이 무작정 우회전
한다.

14. 골목 진입로(낮)

하늘색 차가 우회전하는 순간, 직진해오던 차들 급정거하고 비틀대고 자기들끼리 난리다.

15. 강이나 차 안(낮)

송지원의 재롱에 빠져 있던 뒷자리의 유은재가 뒤를 돌아본다.

유은재   왜 저러지?

빵빵. 경적 소리.

정예은   (슬슬 불안해지기 시작한다) 우리한테 그러는 거 같은데…
강이나   아니야, 내가 왜?
내비   백 미터 앞에서 우회전, 우회전.

강이나가 다시 깜빡이를 넣더니 그대로 우회전한다. 그제야 하메들, 으아아악 소리 지르고, 손잡이를 잡고 난리다.

강이나   왜?
유은재   진입할 땐 멈췄다가 하는 거잖아요.
강이나   왜?
정예은   왜라니? 직진 우선이잖아. 그다음이 좌회전, 우회전.
강이나   그래?
송지원   그래라고라? (농담으로 승화시킨다) 방금 그게 과감한 끼어들기가 아니었던 거야? 우리 방금, 우리도 모르게 죽을 뻔한 거네? 하하하하. (웃다가 웃음을 뚝 멈춘다. 아직도 접혀 있는 사이드 미러를 발견한 거다)

정예은, 유은재도 그걸 발견했다. 세 사람 다 파랗게 질린다.

강이나   (송지원과 뒷좌석을 보며) 왜들 그래? 왜?
정예은   (경악한다) 앞에 봐아아아!!

강이나의 차가 급정거한다. 하메들의 몸이 앞으로 쏠렸다가 간신히 돌아온다. 긴급 제동했다고 차에서 삑삑대고 번쩍대고 난리다.

• 인서트 ≫
뒤차가 간신히 멈춘다. 앞으로 몸이 쏠렸다가 다시 오는 50대 여자 운전자, 조수석을 본다. 조수석의 20대 아들은 핸드폰을 보느라 차가 급정거했는지도 모른다. 권호창과 그의 엄마다.

강이나   (홱 보며 버럭) 왜?
송지원   (라마즈 호흡하다가 가리킨다) 사이드 미러! 사이드 미러, 사이드 미러.
강이나   (그제야 발견한다) 이거? 이거 어떻게 펴는 거지? (이것저것 눌러보다가) 이거다!
정예은   이제까지 한 번도 안 폈어?
강이나   아니야, 몇 번 폈어.
유은재   나 내릴래요.

신호가 바뀐다. 뒤에서 빵빵댄다. 강이나의 차가 출발한다. 이제는 공포의 차가 되었다.

16. 인터뷰

| 유은재 | 운전면허를 어떻게 딴 거예요? 직진 우선도 모르는 사람이… |

　　　　　•점프 》

| 정예은 | 초보인 줄은 알았지만… 초보면 초보답게 겁이라도 많던가… 이건 뭐… (인형 귀를 흔들며) 그러면서 왜 가자고 한 거야? |

　　　　　•점프 》

| 송지원 | (뭐라고 중얼거린다… 카메라 좀 더 클로즈업한다) 엄마가 나 올해 삼재라고 했는데… 부적이라도 쓸걸. |

　　　　　•점프 》

| 강이나 | (툴툴댄다) 그전엔 그냥! 잘했단 말이에요. 지들이 자꾸 소리 지르고 그러니까 나도 그때부터 긴장하고 그런 거지… |

17. 강이나 차 안(낮)

초반의 여유는 사라졌다. 강이나는 바짝 긴장했다. 송지원, 정예은, 유은재도 긴장하긴 마찬가지다. 내비가 정적을 깨트린다. '백 미터 앞에서 좌회전. 1, 2차선으로 진입하세요' 강이나가 좌회전 깜빡이를 켠다.

| 송지원 | 사이드 미러 봐야 돼. 사이드 미러. |

강이나가 사이드 미러를 본다. 그러나 거울에 비친 것만으로는 차가 어디에 있는지 모르겠다.

18. 도로(낮)

깜빡이를 켠 하늘색 차가 끼어들려다가 못 끼어들고 비틀한다. 결국 좌회전 못 하고 직진한다.

(내비) 경로를 이탈하였습니다. 경로를 이탈하였습니다. 백 미터 앞에서 유턴.

그러나 차는 또다시 못 끼어들고 휘청한다. 하메들의 비명… '아 아악'

내비 (항의한다) 경로를 이탈하였습니다. 경로를 이탈하였습니다. 백오십 미터 앞에서 유턴.

또다시 못 끼어든다. '아아아악'

19. 강이나 차 안(낮)

패닉이다. 강이나도 긴장해서 두 손으로 핸들을 움켜쥐었다. 몸이 앞으로 쏠렸다.

송지원 하하하, 하하하하, 이러다 우리 월북하는 거 아냐?
강이나 다 니들 때문이잖아. 괜히 아는 척해서.
정예은 괜히 아는 척이 아니지… 그동안 운전을 어떻게 한 거야?
강이나 무사고였단 말이야. 한 달 무사고.
유은재 강 언니 주변이 사고 다발이었던 거 아니에요?
내비 (붉으락푸르락 화를 낸다) 경로를 이탈하였습니다. 경로를 이탈하였습다.

강이나   (내비에게 화낸다) 나도 알어!!

20. 도로(낮)

운전석 뒤쪽에 앉은 유은재가 창문을 열고 불쌍한 얼굴로 사정사정한다. 옆 차가 속도를 줄여준다. 그런데도 강이나의 차는 쉽게 끼어들지 못한다.

(정예은)   끼어들어. 끼어들어.
(송지원)   할 수 있어. 할 수 있어! 할 수 있다아!!

강이나의 차가 끼어든다. 하늘색 차에서 환호성이 터진다.

> • 점프 》
우회전 깜빡이를 켜는 순간. 정예은과 송지원이 동시에 상반신을 내밀고 뒤차들에게 사정사정한다.

> • 점프 》
좌회전 깜빡이를 켜면 왼쪽의 유은재가 상반신을 내밀고 사정사정한다.

21. 강이나 차 안(낮)

어쨌거나 초반의 패닉은 끝났다. 그 순간.

내비	(기다렸다는 듯) 고속도로 진입입니다. 하이패스 차선은 1, 2, 5, 6차 선입니다.
송지원	(입모양만으로 또박또박 끊어서) 고! 속! 도! 로!
정예은	(성호를 그은 다음 십자가 목걸이에 입을 맞춘다) ⋯

유은재는 종달 선배에게 카톡 보낸다. '선배 사랑해요' '영원히 사랑할 거예요' '나 잊으면 안 돼요' 하면서 입술을 삐죽거린다.

22. 고속도로 톨게이트(낮)

드디어 강이나의 하늘색 차가 돈을 내는 데까지 왔는데, 영수증을 내밀고 대기하고 있던 통행료 징수원! 차 한 대만큼 지나가서 급정거하는 차를 본다. 운전석이 열리고 급하게 차에서 내리던 강이나가 휘청한다. 안전벨트를 풀지 않았다. 다시 나타난 강이나, 돈을 내고 영수증을 받으며 기다리고 있는 뒤차 운전자에게 굽신거린다. 사람 좋게 웃어주는 50대 운전자는 조영학이다.

23. 강이나 차 안(낮)

강이나가 차에 타자마자 출발한다. 떵떵거리는 소리. 왜 이래? 뭐야? 하는데⋯

강이나	벨트, 벨트⋯ (감히 핸들에서 손을 뗄 수 없다)
송지원	(벨트 해주려고 하는데) ⋯
강이나	안 보여!
정예은	하지 마!! 그냥 가!

24. 공항 주차장(낮)

주차 공간이 제법 있는데도, 지나치는 강이나의 차. 멀리 텅 빈 주차
장에 간신히 주차한다. 차에서 내리는 네 사람, 얼굴이 노랗다. 유은
재는 다리에 힘이 풀려 주저앉고, 송지원은 속이 안 좋다. 정예은은
감사의 기도를 드린다.

25. 귀국 대합실(낮)

이렇게 하메들은 윤진명을 맞이하게 된 것이다. 제정신일 리가 없다.
그들은 이 지옥의 도로에 다시 뛰어들어야만 한다는 생각으로 머리
가 하얗다.

26. 횡단보도(낮)

다섯 명의 하메들이 일렬로 걸어간다. 얼핏, 비틀즈의 그 유명한 사
진을 닮은 것도 같다.

27. 주차장(낮)

윤진명이 제일 뒤에 가다가 종종걸음으로 송지원을 따라잡는다.

윤진명　　무슨 일 있었어?
송지원　　(무서운 걸 경험했지만 그걸 부정하는 아이처럼 고개를 흔든다)
윤진명　　왜 그래?

송지원	(부들부들 떨며 윤진명의 팔을 잡는다) 윤 선배, 왜 왔어?
윤진명	응?
정예은	(좋은 생각이 났다) 우리 대리 부르자!
유은재	그래요. 돈 모아서 대리 불러요. (지갑 꺼낸다) 나 2만 원 있어요.
송지원	(가방 뒤진다) 나는…
강이나	그럼 한 사람은 어디 타?

아, 그렇다.

윤진명	왜 그러는데…?
정예은	(강이나 보며) 초보운전.
유은재	(눈치 보며) 심각해요.
윤진명	(겨우 그거였어) 난 또… 처음엔 다 초보지 뭐. 그리고 초보 땐 사고 나도 큰 사고 안 난대.

송지원, 유은재, 정예은이 '모르는 말 말라는 듯' 극구 부인한다. 송지원은 고장 난 인형처럼 고개를 흔든다.

윤진명	(강이나에게 트렁크 열라고 두드리며) 여기까지 잘 왔잖아. 그렇게 가면 되지 뭐.
유은재	(중얼거린다) 그 정도가 아닌데…
윤진명	(여행용 가방 싣는다. 조수석에 탄다) 가자.
송, 정, 유	(망설이는데) …
강이나	(기분 상한다) 됐어. 니들은 지하철 타고 와.

할 수 없이 다들 차에 오른다.

28. 강이나 차 안(낮)

어쩌다 보니 뒷자리 가운데에 송지원이 앉았다. 벨트 매기도 불편하고, 자리도 불편하다. 다섯 명이 다 탔는데… 강이나가 출발을 안 한다. 모두들 쳐다본다.

강이나	다 타면 어떡해?
하메들	???
강이나	차 빼는 거 봐줘야지.

정예은, 유은재, 송지원이 내린다. 아직 실체를 모르는 윤진명만 차 안에 앉아 있다.

29. 주차장(낮)

하메들이 차 빼는 걸 보기 위해 뒤쪽에 선다. 차가 부앙 하는 굉음을 낸다. 하메들, 후다닥 도망간다. 송지원은 폭발하는 차에서 멀어지는 할리우드 배우처럼 몸을 날리다가 팔꿈치가 까졌다.

30. 강이나 차 안(낮)

강이나	(자기가 해놓고) 왜 이래?
윤진명	후진에 놔야지. 핸드 브레이크 내리고…
강이나	아… (시키는 대로 한다)
윤진명	(서둘러 벨트를 맨다) …

31. 주차장(낮)

차가 수십 번도 더 왔다갔다 한다. 후진의 왼쪽 오른쪽을 구별 못 한다. 계속 오라고 해도 안 온다. 하메들이 좌절한다. 강이나 차 때문에 빠지지 못한 차들이 빵빵댄다. 차가 겨우 빠졌다. 하메들이 차에 오르는데, 송지원이 눈치를 본다.

•인서트 – 인터뷰 ≫

송지원   한참 가야 하는데, 가운데 자리는 좀… 벨트도 부실하고…

유은재가 정예은 쪽으로 움직이는 것 같다. 그래서 반대쪽 문으로 타는데, 유은재가 웬일인지 진행 방향을 바꿔 자기 쪽으로 온다.

32. 강이나 차 안(낮)

행운이다. 3차선에 차가 없다. 강이나의 차가 무사히 도로에 진입한다. 하메들이 한시름 놓는다. 뒷자리, 가운데에 송지원이 앉았다. 송지원이 유은재를 슬쩍 본다.

•인서트 – 인터뷰 ≫

송지원   그리고 원래 그런 자리는 막내가 앉는 건데…

송지원   (유은재를 슬쩍 노려본다) …
유은재   (이제야 겨우 여유가 생겼다. 가방에서 귤을 꺼내 나눠준다) 윤 선배, 중국 어땠어요? 재밌었어요?
윤진명   재밌기도 하고, 고생스럽기도 하고…
유은재   어디 어디 갔어요? 만리장성은…

정예은	(갑자기 생각났다. 말 끊고 들어간다) 음식은 입에 맞았어?
유은재	(자기 말 끊는 정예은을 슬쩍 본다) …
윤진명	난 좀… 음식은 입에 안 맞았어.
정예은	좋은 거 못 먹어서 그래. 중국 음식 맛있는 건 얼마나 맛있는데…
유은재	선배가 보낸 사진 중에 거기 좋던데. 그…
정예은	동파육 먹어봤어?
유은재	(눈이 세모가 된다) …

• 인서트 – 인터뷰 》

유은재	내 말 똑똑 끊는 거 있죠? 다른 사람 말할 땐 안 그래요. 나만 그래요. 나만. 내가 우습다 그거죠. 칫, 나도 끊어줄 테다.

유은재	(말 끊을 타이밍을 노린다) …
정예은	그럼 뭐 먹고 다녔대? 딤섬은 먹었어?
윤진명	어, 그건 먹어봤어.
정예은	그거 맛있…
유은재	(앞자리의 윤진명에게 건네며) 윤 선배, 귤 먹어요.
정예은	(전혀 개의치 않는다) 귤 맛있다. 어디서 산 거야?
유은재	(이게 아닌데… 귤을 먹는다) …

모두들 귤을 까먹는다. 강이나는 두 손을 핸들에 놓고 있다. 집중하
느라 대화에 끼지 않는다. 윤진명이 귤을 다 까자 입을 벌린다. 하지
만 윤진명은 눈치 못 채고 자기만 먹는다. 그사이 대화는 계속된다.

• 인서트 – 인터뷰 》

강이나	긴장해서 목이 엄청 탔거든요. 근데 저만 먹어요. 조수석에 탔으면 운전자를 챙겨야지…

송지원	윤 선배, 선물은?
윤진명	(귤 먹으며 애매하게) 응…?
정예은	아우, 쫌… 중국 가서 동파육도 못 먹고 온 사람한테…
송지원	아니… 선물이 뭐 꼭 돈으로 하는 건가? 마음으로 하는 거지. 만리장성의 돌맹이 하나, 자금성의 유리 조각 하나라도 기념으로…

그러거나 말거나 강이나의 관심은 오로지 윤진명이 쪼개고 있는 귤에 가 있다.

•인서트 – 인터뷰 ≫

강이나	저 하나 먹었으면 이번엔 나겠지 했는데…

강이나	(고개까지 살짝 기울이며 입 벌리는데) …
윤진명	(못 보고 자기만 먹는다) 뭐 하나 사긴 샀는데…
강이나	(돌아볼 여유는 없지만 빈정 상한다) …
정예은	(돌변한다) 진짜? 대박.
유은재	(좋다) 뭐 하러 샀어요. 돈도 없으면서…
윤진명	별거 아니야.
송지원	별게 아니긴 왜 별게 아니야? 별거지! 윤 선배가 날 위해 준비한 건데. (하다가) 설마 열쇠고리는 아니겠지?

•인서트 – 인터뷰 ≫

윤진명	(손에 든 중국풍의 열쇠고리를 내려다본다)

윤진명이 애매하게 웃으며 마지막 귤을 입에 넣는다. 강이나 진짜 어이없다. 정예은 표정이 살짝 이상해진다. 다행히 저 앞에 휴게소 표지판이 나온다.

정예은	강 언니, 휴게소!
강이나	(가뜩이나 짜증 나는데) 왜에? 그냥 가!
정예은	(왜 지랄이야?) 화장실 가야 돼.
강이나	(짜증) 좀 참어.
정예은	못 참으니까 그렇지.
강이나	그렇게 귤을 처먹으니까 그렇지.

•인서트 − 인터뷰 》

정예은	왜 나한테 지랄이야. 나만 귤 먹었나?

정예은	(참다 못 하고) 오줌 아니야, 생리 터졌단 말이야.
강이나	아이씨…

그사이 휴게소를 지나친다.

유은재	(멀어지는 휴게소를 돌아보며) 어떡해요?

•인서트 − 인터뷰 》

정예은	(툴툴댄다) 시트를 피로 물들이면 뭐, 내 찬가 지 차지…

윤진명	(중재한다) 괜찮아. 다음에 아무 데서나 빠져. 그랬다가 다시 들어오면 돼.
강이나	(말은 쉽지) …

33. 도로(낮)

강이나 차가 달려온다. 뒤의 차들이 추월을 반복한다.

(윤진명) 깜빡이 켜고. 하나, 둘, 셋! 들어가.

간신히 빠져나간다.

34. 국도(낮)

강이나의 차가 빠져나온다. 자동차가 신호에 걸렸다.

35. 강이나 차 안(낮)

윤진명이 계기판을 본다.

윤진명 기름도 넣어야겠다.
강이나 (유리창을 내린다) …

옆 차선 4륜구동 운전자를 상기시키기 위해 경적을 짧게 울린다. 4
륜구동 운전자가 차문을 내린다. 40대 남자다.

강이나 아저씨, 이 근처에 주유소 있어요?
운전자 (웃으면 되게 착한 얼굴이 된다. 왼쪽 모퉁이를 가리킨다) …

그러려면 차선을 바꿔야 한다. 좌회전 신호가 된다. 4륜구동 운전자
가 출발하지 않고 끼어들라고 손짓한다. 하메들이 다들 굽신굽신 하
면서 끼어든다.

유은재 (꾸벅꾸벅 인사하며, 들리지도 않을 텐데) 고맙습니다. 고맙습니다.

송지원	(듣거나 말거나) 복 받으실 거예요.
정예은	세상 아직 살 만하구나.

하메들의 차는 무사히 좌회전에 성공, 주유소까지 들어간다. 뒷자리의 하메들은 4륜구동 차를 향해 감사의 손을 흔든다. 보거나 말거나.

36. 주유소(낮)

차가 멈추자마자 정예은이 가방을 들고 화장실로 달려가고, 윤진명, 송지원, 유은재가 후들거리는 다리로 차에서 내려 편의점으로 향한다. 주유 알바생이 다가온다. 나중에 알게 되지만 그는 서장훈이다.

서장훈	(운전자 강이나에게) 얼마 넣어드릴까요?
강이나	3만 원이요.
서장훈	삼백만 원 주유합니다! (주유기 들고 온다) 주유구 열어주세요.
강이나	(주유구를 찾는다. 뭔가를 눌렀는데 트렁크가 열린다) …

서장훈이 픽 웃으며 트렁크를 닫아준다. 그사이 강이나가 겨우 주유구를 눌렀다.

37. 편의점(낮)

윤진명, 유은재, 송지원이 아이스티와 간식거리를 산다.

38. 주유소(낮)

윤진명이 조수석에 탄다. 유은재가 뒷자리에 탄다. 송지원이 안 타고 뭔가 눈치를 살핀다. 정예은이 화장실에서 나온다.

정예은   (송지원을 보며) 왜 안 타?
송지원   (스트레칭하며) 먼저 타…

정예은이 탄다. 그제야 송지원이 차에 탄다.

39. 강이나 차 안(낮)

송지원이 차에 타자 유은재가 가운데 자리가 됐다. 송지원이 남몰래 미소 짓는다. 그사이, 강이나는 아이스티를 벌컥벌컥 마신다.

윤진명   목말랐나 봐.
강이나   (몰라서 묻냐. 힐긋 본다) …
유은재   (영수증을 들여다보다가) 잠깐만요. 계산이 이상해요.

유은재가 차에서 내리기 위해 정예은이 먼저 차에서 내린다.

정예은   (다시 차에 타며) 얼마나 차이 나는데…
유은재   (편의점을 향해 가다가, 다시 돌아온다. 송지원 쪽 문을 연다) 내가
         착각했어요.
송지원   (너 진짜… 쳐다본다) …
유은재   선배, 쫌… (들어가요)

●인서트 – 인터뷰 ≫

송지원	말하기도 쪼잔하고 진짜…

송지원	(할 수 없이 자리를 옮겨준다) 앞으론! …착각하지 마.

차가 출발한다. 내비가 길을 안내한다.

40. 국도(낮)

하늘색 차가 달린다. 과자 먹는 소리. 겨우 안정을 되찾아서 웃음소리도 들린다.

(내비)	전방에 과속 방지턱이 있습니다.

차가 덜컹한다.

(내비)	백오십 미터 앞에서 …회전입니다.
(강이나)	좀 조용히 해봐.

41. 강이나 차 안(낮)

강이나의 타박에 일제히 조용해진다.

(내비)	백 미터 앞에서…

더 이상 말이 없다.

| 강이나 | 백 미터 앞에서 뭐? |

그 순간 핸드폰이 삐리롱 소리를 내며 꺼진다. 배터리가 다한 것이다. 하메들이 일제히 아아아아 소리를 지른다.

| 강이나 | 누구 내비 앱 깐 사람 없어? |
| 송지원 | 차도 없는데 내비 앱이 왜 있어? |

차가 머뭇대자 뒤차가 빵빵댄다. 강이나가 할 수 없이 속도를 낸다.

| 윤진명 | (차량용 충전기에 핸드폰을 꽂으며) 처음부터 꽂아둘걸. |
| 강이나 | (몰랐다) 그게 그거였어? |

충전 잭을 꽂았다고 금방 핸드폰이 살아나는 거 아니다.

윤진명	일단 쭉 가봐.
강이나	어느 쪽으로?
윤진명	(가리킨다) 이쪽… 저쪽이 서쪽이니까 이쪽이 맞을 거야.

다행히 국도는 한산해서 강이나의 차는 여유 있게 좌회전을 한다. 해가 진다.

42. 지방 도로(저녁)

길은 점점 좁아진다. 왕복 1차선이 되더니… 차선이 없어지고. 점점 더 산속으로 들어간다.

43. 강이나 차 안(저녁)

하메들, 점점 으슥해지는 풍경과 어두워지는 날씨에 긴장했다. 헤드라이트에 불이 들어오자 아아아악 다 같이 놀란다.

정예은   (소리 지른다) 뭐야?
강이나   (같이 소리 지른다) 불이야, 불! 어두워지면 자동으로 불 나와.
정예은   쬐그만 차가 별걸 다 해.
유은재   핸드폰 충전되지 않았을까요?

윤진명이 버튼을 누른다. 액정에 불이 들어온다. 다 같이 '아아아~' 안도한다.

윤진명   비밀번호!
강이나   0416…

윤진명이 비번을 누른다. 내비를 누르는데 연결이 안 된다. 인터넷 안 됨 표시가 뜬다.

윤진명   인터넷이 안 돼.
유은재   어떡해요?
송지원   차 돌려야 하는 거 아니야?
강이나   여기서? 못 돌려.
윤진명   일단 계속 가봐.
강이나   그러다가 길 끊기면?
윤진명   길은 안 끊겨.
강이나   진짜?
윤진명   (자신 없다) 그럴걸…

44. 산길(밤)

펜션 표지판이 나온다. 1킬로미터 전방에 펜션이 있단다.

45. 강이나 차 안(밤)

불빛이라고는 자동차 불빛밖에 없다. 하메들 긴장해서 다들 몸이 앞으로 쏠려 있다. 수다도, 웃음도 없다. 저 멀리 펜션 불빛이 보이자 다들 안도한다.

46. 펜션 앞마당(밤)

하늘색 차가 도착한다. 창문 너머 사람의 그림자가 움직인다. 하메들이 내린다. 강이나가 시동을 끄고 내린다.

윤진명   차 안 돌려?
강이나   나 더 이상 운전 못 해.

하메들, 모두 서로를 본다.

유은재   그럼 어떡해요?
강이나   뭘 어떡해. 자고 날 밝으면 가는 거지.
윤진명   (본채와 옆에 딸린 단독 펜션을 본다) 이런 덴 얼마야?
송지원   독채 펜션은 1박에 50만 원은 기본이야.
윤진명   (너무 비싸다. 강이나를 본다) …
강이나   (자기 고생하는 걸 몰라주는 하메들이 속상하다) 몰라. 나 더 이상은 운전 못 해.

강이나가 펜션 본체의 문을 두드린다. 너무 늦다 싶을 만큼 시간을 두고, 문이 열린다. 안에서 나오는 것은 어랏, 아까 길을 양보한 4륜 구동 운전자다.

강이나	(알아봤다. 반갑다) 안녕하세요.
펜션 주인	(모르겠다) 어…?
강이나	아까 낮에 사거리에서, 길 양보해주셨잖아요.
펜션 주인	그랬나…
강이나	저 여기 하룻밤 묵을 수 있죠?
펜션 주인	아, 그게… 청소도 안 됐고 지금 잠깐 쉬는 중이라…
강이나	(낙담한다) …
펜션 주인	미안해서 어쩌지…

그때, 안에서 전화벨이 울린다.

강이나	그럼 전화 한 통만 쓸 수 있을까요?
펜션 주인	어?
강이나	여기 핸드폰이 안 돼서요.
펜션 주인	(잠깐 망설이다가) …
강이나	제가 초보라서요. 길도 모르고… 아는 사람한테 좀 와달라고 할려구요. (비장의 애교 웃음 웃으며) 부탁드릴게요.
펜션 주인	(할 수 없다) 그럼 준비 안 됐어도 하룻밤 묵어 가요. 초보가 밤 운전을 어떻게 해.
강이나	(90도로 인사한다) 고맙습니다!!
윤진명	(조심스럽다) 얼마예요?
펜션 주인	(잠깐 생각한다) 10…만 원!

송지원	(깜짝 놀란다) 에에?
정예은	진짜요?
펜션 주인	(하메들이 놀라자) 근데 청소도 안 됐고 하니까 깎아줘야지. 5만 원!
송지원	(정예은과 시선 교환한다) 대박 싸다! (유은재에게) 얼른 돈 드려.
유은재	(얼른 돈 세서 준다) …
펜션 주인	(돈 받고 멀뚱하다) …

하메들도 멀뚱히 보다가…

송지원	키를 주셔야…
펜션 주인	(그제야) 아… (너스레 떤다) 한 번에 미인을 다섯 명이나 봤더니 정신이 하나도 없네… 잠깐만요… (잠깐 사라진다) …
정예은	완전 싸다.
송지원	어, 나 작년에 학보사 엠티 갔을 때 이것보다 후진 데서 묵었는데도 50만 원이었는데…
유은재	안이 완전 후진 거 아닐까요?

47. 펜션(밤)

문이 열리는 소리. 불이 켜진다. 대박 좋다! 우와와… 〈러브하우스〉
음악이 흐른다. 하메들, 정신없이 둘러본다. 깔끔하고 모던하며, 적재
적소의 소품들, 소파도 푹신하고, 중앙 계단을 통한 2층도 있다.

펜션 주인	자, 그럼, 푹 쉬어요.
하메들	(진심을 담아 일제히) 고맙습니다!!

하메들, 각 방을 구경한다. 정예은은 화장실을 구경하고. 우와!! 송지원은 2층 을 본다. 강이나는 일단 소파에 눕는다. 윤진명은 방마다 둘러보고, 유은재는 베란다로 나간다. 하메들이 다시 한자리에 모인다.

송지원	(2층에서 내려오며) 2층에 방 세 개.
유은재	(베란다에서 들어온다) 주변에 허브가 있나 봐요. 냄새가 무지…
정예은	(화장실에서 나오며 본의 아니게 말 끊는다) 화장실 대박이야. 월풀 된다.
유은재	(또 삐진다) …
강이나	(소파에 누웠다가 반쯤 일어나며) 여기 아저씨 인상 되게 좋지?

하메들, 고개를 <u>끄</u>덕인다.

48. 펜션 본채(밤)

주인 아저씨가 들어온다. 흥얼흥얼 노래를 부른다. '돈 워리. 비 해피 우우우우~' 창밖을 흘깃 보고, 커튼을 친다. 그가 돌아선다. 펜션 본채와 하메들이 묵은 방은 대략 비슷하다. 아니어도 상관없다. 주방 쪽으로 가는데, 50대 부부가 묶여 있다. 팔다리를 묶고 뒤쪽으로 당겨 다시 그 줄을 연결했다. 둘 다 파란색 접착용 테이프로 입을 가렸다. 공포에 질린 두 사람, 진짜 집주인 부부일 게다. 진짜 집주인이 가짜 집주인의 동선을 눈으로 쫓는다. 가짜 집주인이 인질들을 겅중겅중 건너서 냉장고를 연다. 먹을 것이 한가득이다. 뭘 먹을까? 사과를 하나 꺼낸다.

(송지원)	배고파!

49. 펜션(밤)

정예은이 씻고 나온다. 송지원은 소파에 누워 있다. 다들 갈아입을 옷도 없다.

송지원   (다시 한 번) 배고파. 오늘 아침에 찬밥 한 덩어리 먹은 게 다야.
강이나   (열어놓은 방 안 침대에 누워 있다) 어쩌라구. 니들은 아까 차 안에서 귤도 먹고 과자도 먹었잖아. (하면서 윤진명을 슬쩍 본다) …
정예은   (소파에 누워 있는 송지원을 툭 치며) 좀 일어나.
송지원   허리 아프단 말이야. 가운데 자리 앉아서…

송지원이 유은재를 슬쩍 보는데 유은재가 펜션 소개 메모를 읽고 있다가 고개를 든다.

송지원   (유은재의 심상찮은 표정에 괜히 찔린다) 뭐어?
유은재   (메모를 읽는다. 의미심장하게) 바비큐 숯불 피워드립니다. 1만 원. 고기 야채, 주문 가능합니다.

50. 펜션 전경(밤)

'와아아아' 하메들의 환호성. 잠시 후, 하메들이 일제히 밖으로 나온다.

51. 펜션 본채 거실(밤)

가짜 주인이 싱크대 문을 연다. 칼집에서 칼을 뽑는다. 칼날을 살펴

본다. 날카롭다. 바닥에 묶여 있는 50대 부부가 꿈틀댄다. 그 순간.

(강이나)	아저씨!
(송지원)	아저씨, 바비큐 주세요.

가짜 주인이 칼을 다시 칼집에 꽂는다.

52. 펜션 본채 현관(밤)

송지원	(흥얼거린다) 고기 주세요. 많이 주세요.
강이나	(다시 한 번 문을 두드리며) 아저씨…

문이 열린다.

강이나	아저씨 바비큐 해주세요. 고기도 주세요.
가짜 주인	어?

하메들과 가짜 주인이 서로 멀뚱멀뚱 보다가.

가짜 주인	(뒤늦게) 아, 고기!
하메들	(활짝 웃는다. 되는구나) …
가짜 주인	(스스로 납득하며) 바비큐와 고기란 말이지… 웅… 얼마나?
유은재	(두 손으로 돈 내밀며) 28,500원어치요.
가짜 주인	어?
유은재	가진 게 그것밖에 없어서… 그만큼만 주세요.
가짜 주인	(좀 짜증이 난다) …

•인서트 – 싱크대 밑 ≫
묶여 있는 진짜 펜션 주인 부부가 꿈틀댄다. 쿵쿵 소리 들린다.

가짜 주인   (쿵쿵 소리 들었다. 사람 좋게 웃으며) 알았어요. 알았어요. 갖고 갈 테니까 가서 기다려요.

하메들   (일제히 90도로 인사하며) 고맙습니다.

송지원   근데 저기… 이 상황에 이런 말씀 죄송하지만… 찬밥 있으면 조금만…

정예은   야… (그러지 말라고 툭 치고) 그보단 쌈장이랑 마늘……

강이나   (송지원과 정예은의 먹살을 잡아 들어올린다) 이것들이… 한다, 한다 하니까… (가짜 주인에게) 신경 쓰지 마세요. (끌고 간다)

가짜 주인   (사람 좋게 웃는데… 하메들의 시야에서 벗어나면 무서운 얼굴이 된다) …

아무것도 모르는 하메들. 송지원과 정예은은 '밥이 낫지' '난 마늘 없으면 고기 못 먹는단 말이야' 윤진명, '김치 말해볼걸. 난 네 달 동안 김치 못 먹었는데'

53. 펜션 본채 거실(밤)

가짜 주인이 전기밥솥을 연다. 밥을 한가득 푼다. 냉장고를 연다. 김치를 꺼낸다. 맛있게 생겼다. 묶여 있는 주인아줌마가 낑낑댄다. '저 아까운 걸' 가짜 주인이 냉동 칸을 연다. 삼겹살을 꺼낸다. 야채도 꺼낸다.

가짜 주인   (혼잣말한다) 25,800원어치라…?

잘 모르겠다. 두 팩! 너무 적은가? 세 팩을 꺼낸다. 주인아줌마가 고 개를 흔든다. 너무 많다고… 가짜 주인이 진짜 주인아저씨 옆에 쭈그 리고 앉는다. 조용히 하라고 손짓한 다음, 파란색 테이프를 찍 뜯는 다. 주인아저씨 하필이면 콧수염이 났나 보다. 아아아악!! 소리를 지 르자 주먹으로 얼굴을 쿵 때린다. 그리고 파란색 테이프를 보는데 콧수염이 뽑혀 있다. 거실 적당한 곳의 사진을 본다. 주인아저씨, 주 인아줌마 그리고 10대 후반의 아들과 함께 찍은 사진. 그 아들은 나 중에 알게 되지만 '헤임달'이다. 어쨌거나 사진 속 주인아저씨는 콧 수염이 무성하다.

가짜 주인   (파란색 테이프에 딸려 나온 콧수염을 보며) 아, 미안… 깜빡했네…
주인아저씨 (눈물이 찔끔 나왔다) …
가짜 주인   숯 어디 있어요?
주인아저씨 (너무 아파서 흐느낌 소리가 먼저 난다) 베란다……

54. 바비큐장(밤)

가짜 주인이 숯을 피운다. 잘 안 피워진다.

유은재   (왠지 이상하다) 밑불을 밑에 둬야 하는데…
정예은   뭘 안다고…
유은재   어려서 불 많이 때봤어요.
가짜 주인   (유은재가 말한 대로 한다) 이렇게?
유은재   예.

불이 잘 붙는다…

유은재	펜션 한 지 얼마 안 되셨나 봐요?
가짜 주인	아… 응…
정예은	펜션은 좀 된 거 같은데…
가짜 주인	…인수했거든. 아는 사람한테서…
정예은	아…

그 순간 찰칵! 가짜 주인이 날카롭게 돌아본다.

송지원	(이번엔 아저씨 얼굴을 정면으로 찍고 주변을 찍는다) 이렇게 좋은 덴 널리 알려야지요.
정예은	(유은재와 포즈 취하며) SNS 올리게?
가짜 주인	(불을 피우느라 고개를 숙이는데 눈빛이 날카로워진다) …
윤진명	(그사이 김치를 먹어본다. 감동이다) 김치 진짜 맛있어요.
송지원	(고기를 올린다) 아, 술만 있으면…
가짜 주인	(불 피우는 척 이야기에 귀를 기울인다) …
강이나	지금 술 마시면 완전 기절할 것 같애.
하메들	(너 나 할 것 없이) 나도, 나도… 오늘 너무 긴장해서…
가짜 주인	(일어선다) 그럼 맛있게들 먹어요. (돌아서며 씨익 웃는다) …

고기를 올린다.

송지원	(주문을 건다) 익어라. 익어라. 빨리 익어라…

55. 펜션 본채 거실(밤)

아저씨가 들어와 문을 잠근다. 뒤의 창문 커튼 사이로 바비큐장을 본다. 다섯 명의 하메들이 고기를 먹고 있다.

(송지원)	고기를 맨입으로 먹다니… 맛있다.
(윤진명)	근데 2만 5천 원어치가 이렇게 많아?
(유은재)	우리 지난번에 삼겹살 3만 원어치 샀는데 이거 절반이었잖아요.
(송지원)	현지 가격인가?
(정예은)	아니야, 그래도 너무 많아. 저 아저씨 아무래도…
가짜 주인	(눈이 날카로워진다. 들켰나) …
(정예은)	우리한테 반했나 봐.

하메들 까르르 웃는다.

(강이나)	콕 찝어 나한테 반한 거야.
(정예은)	좋겠다. 아저씨가 좋아해서.
가짜 주인	(혼잣말한다) SNS라…? 그건 좀 곤란하지.

가짜 주인이 돌아선다. 거실 장식장에 양주가 들어 있다. 가짜 주인이 장식장으로 걸어가는 동안, 식탁 밑. 주인아저씨 눈이 경악으로 점점 커진다. 눈이 외치고 있다. '안 돼!' 가짜 주인이 장식장 문을 열고 뭘 꺼낼까 고민한다. 하나를 꺼낸다. 효! 안도한다. 가짜 주인이 잡았던 술을 놓고 다른 술을 꺼낸다. 주인아저씨의 눈이 또다시 외친다. '그것만은 안 돼!!' 소리 없이 오열하는 주인아저씨를 주인아줌마가 '흥' 하는 시선으로 바라본다.

56. 바비큐장(밤)

송지원	고기만 먹었더니 느끼해. (그러면서 먹는다) …
정예은	그럼 그만 먹어!
송지원	윤 선배, 혹시 술 안 사왔어? 사왔으면 뜯자.

윤진명	안 사왔어.
가짜 주인	(헛기침한다) …

하메들이 돌아본다.

가짜 주인	맛있어요?
강이나	예, 엄청 맛있어요.
가짜 주인	저기 이거… (술을 내민다) …이거 아는 사람이 선물 준 건데… 내가 건강이 안 좋아서 술을 끊었거든. 버리자니 아깝고. 갖고 있자니 자꾸 유혹이 돼서… 괜찮다면 학생들 먹어요.
송지원	할렐루야!
유은재	(얼떨결에 받는다) …
가짜 주인	그럼… 모자라면 또 얘기하고.
하메들	(믿기지 않아 인사도 제대로 못 하다가 합창한다) 고맙습니다!!
가짜 주인	(저만치 멀어진 상태에서 손을 흔든다) …
송지원	(눈물 찍어낸다) 아흑! 아름다운 세상이야!
강이나	(히익 놀랜다) 이거 그거잖아, 로얄… 그거. 이거 가게에서 잔당 2만 원인데…
윤진명	그럼 이거 얼마짜리야?
강이나	50만 원은 넘지.
윤진명	너무 부담되잖아.
유은재	(목소리 낮춘다) 혹시 저 아저씨…

•인서트 – 벽 뒤 ≫
숨어서 엿듣는 가짜 주인. 너무 오버했나 싶다.

(유은재)	이게 그렇게 비싼 술인지 모르는 거 아니에요?
가짜 주인	(엥?)

(송지원)	그런가 부다. 얼른 먹자, 얼른. 찾으러 오기 전에…
(정예은)	아니야, 우리한테 반했다니까…
(강이나)	콕 찍어서 나야, 나.
(윤진명)	우리 이거 먹지 말고 팔까?

가짜 주인이 비릿한 웃음 웃으며 돌아선다.

57. 펜션 본채 거실(밤)

가짜 주인이 들어온다. 텔레비전을 켠다. 뉴스 채널이다. 하단 자막
에 '경기 서부, 외딴집 노부부 시체 발견, 살해된 지 일주일 정도 지
난 사체가 발견, 경찰이 수사에 착수. 올 3월에 발생한 산장 살인 사
건과의 연관성에 수사 초점' '서해안고속도로 일가족 사망 사고 원
인은 졸음 운전…'

가짜 주인   (채널 돌리며) 그렇게 졸음운전을 하고 그래. (일일드라마를 본다)

58. 바비큐장(밤)

몇 점 안 남은 고기가 바짝 말라 있다. 숯불은 거의 꺼졌다. 밤 새가
운다. 다들 지치고 술에 취해 조용하다. 숯불은 거의 사그라들었다.
하루 종일 운전하느라 고단한 강이나는 꾸벅꾸벅 존다. 정예은이 강
이나를 깨운다. 하메들이 자리에서 일어난다. 다들 비틀거린다.

59. 펜션 정원(밤)

어둠 속, 가짜 주인이 숨어 있다. 마침내 펜션의 불이 꺼진다. 가짜 주인의 눈이 파랗게 빛난다. 손에 든 날붙이도 순간적으로 빛이 난다. 가짜 주인이 소리 없이 펜션 쪽으로 다가간다.

60. 펜션 방(밤)

윤진명이 눈을 번쩍 뜬다. 위험을 느낀 걸까?

•인서트 – 현관 》
가짜 주인이 열쇠를 막 꽂으려는 순간 창문에 불이 들어온다. 가짜 주인이 얼른 주저앉는다.

61. 펜션 거실(밤)

문이 벌컥 열리고 윤진명이 나온다. 취했다. 쿵쾅거리며 2층으로 올라간다.

62. 펜션 2층 방(밤)

윤진명   (문을 벌컥 열고 불을 켠다. 취했다) 야! 송지원!

유은재와 정예은이 눈을 뜬다. 자다 깨서 어리둥절하다.

유은재   (잠결이다) 윤 선배, 왜요?
윤진명   (송지원이 아니자 돌아선다) 송지원 어딨어? 나와!

정예은　　　왜? 지원이가 뭐… 뭐 잘못했어?

정예은과 유은재가 비틀대며 윤진명을 따라간다.

63. 펜션 2층 또 다른 방(밤)

윤진명이 들어와 불을 켠다. 송지원이 이불로 얼굴을 가리며 돌아눕는다.

윤진명　　　(술주정한다) 송지원, 일어나.
송지원　　　(못 일어난다) 왜? 왜?
윤진명　　　(송지원에게 뭔가를 집어던진다) 이거 받아!
송지원　　　(침대에 툭 떨어지는 걸 본다. 중국풍 열쇠고리다) …
윤진명　　　선물이다. 중국 여행 기념 선물… 설마 설마 그 열쇠고리다. 뭐? 어쩔래? 뭐 어쩔 건데?
송지원　　　(뭔 소리야?) …

정예은과 유은재가 쫓아왔다가 이건 뭐냐? 싶다.

윤진명　　　(홱 돌아서더니 정예은과 유은재에게도 열쇠고리를 건넨다) 너도 받아!! 필요 없어도 받아!

정예은, 유은재 받는다.

윤진명　　　뭐 할 말 없어?
송지원, 정예은　고마워…
유은재　　　(고개까지 숙이며) 고맙습니다.

| 윤진명 | 그래… 이제 자. |

윤진명이 쿵쿵 나갔다가 다시 들어온다. 불을 꺼준다. 송지원, 열쇠
고리를 손에 쥐고 다시 픽 쓰러진다.

| 송지원 | (눈을 감으며 중얼거린다) 윤 선배도 참… 이상한 데서 소심하단 말
이야. |

64. 펜션 밖(밤)

가짜 주인이 기다린다. 펜션에 다시 불이 꺼진다. 심호흡하고, 고개
를 우두둑우두둑 소리 나게 꺾는다. 다시 문을 열려는데.

•인서트 – 펜션 송지원의 방 ≫
송지원이 눈을 번쩍 뜬다.

다시 불이 켜진다. 가짜 주인이 얼른 자세를 낮춘다.

65. 유은재의 방(밤)

송지원이 들어와 불을 켠다.

| 정예은 | (또 자다 깼다) 왜 또? |
| 송지원 | (유은재를 발로 툭툭 찬다) 야, 유은재! 가운데 자리는 막내가 앉는
거야! |
| 유은재 | (졸려 죽겠다) 그게 뭔 소리야… |

송지원	너 또 그럴래? 또 그럴래?
유은재	(귀찮다) 알았어요. 알았어. 안 할게요.
송지원	(화가 풀렸다) 까불고 있어… 쯧. (돌아선다)

불 꺼진다.

| 유은재 | (눈 감으며 잠을 청한다. 혼잣말한다) 뭔 소리야, 자다 말고… |

66. 펜션 밖(밤)

가짜 주인이 불 꺼진 펜션을 바라본다. 시간을 확인한다. 세 시쯤 되었다. 열쇠로 문을 연다. 철컥. 문을 반쯤 열었을 때, 다시 불이 켜진다.

| 가짜 주인 | (얼른 문을 닫으며) 에이씨! |

67. 펜션 2층 방(밤)

유은재가 불을 켰다. 정예은은 이제 깨지도 않는다.

유은재	너, 왜 자꾸 내 말 끊어?
정예은	…
유은재	(정예은의 볼을 꼬집는다) 오늘도 내가 센 것만 네 번이야! 어? 어? 왜 끊어? 다른 사람 말은 안 끊으면서 왜 내 말만 끊어? 내가 우스워?
정예은	(눈도 못 뜬 채) 미안해… 잘못했어. 내가 잘못했어.

유은재   (볼 눠준다) 앞으로 조심해.

유은재가 불도 안 끄고 눕는다.

　•인서트 》
불 켜진 창. 아저씨가 나무에 기대어 꾸벅 꾸벅 졸고 있다.

정예은이 일어난다. 가방에서 생리대를 꺼내 화장실로 간다.

68. 펜션 화장실(밤)

정예은이 볼일을 보는데 볼이 아프다.

정예은   (볼을 문지르며) 이상하다. 왜 아프지?

69. 펜션 거실, 강이나의 방(밤)

물 내리는 소리. 정예은이 화장실에서 나온다. 강이나가 방문을 열어놓고 자고 있다. 불을 켠다. 둘러보다가 강이나 핸드백을 발견한다. 립스틱이 나온다.

70. 펜션 정원(새벽)

작은 새가 포롱포롱 뛰어다닌다. 누군가의 발이 보인다. 가짜 주인이 나무에 기대어 숙면을 취하고 있다. 고개가 뚝 떨어지는 바람에 잠에서 깬다. 깨자마자 민첩하게 방어 자세를 취한다. 아무도 없자 안심한다. 자기 손에 든 날붙이를 본다. 간밤에 자기가 하려던 일을 기억해낸다. 이런… 날은 벌써 밝았다.

71. 펜션 1층 방(아침)

정예은과 강이나가 사이좋게 마주 보고 잠들었다. 강이나가 잠에서 깨어난다. 눈앞에 정예은이 있다. 이상하네, 싶다. 일어나 앉으려고 하는데 손에 못 보던 '중국풍 열쇠고리'가 쥐어져 있다. 뭐지? 아직 우리는 강이나의 얼굴을 못 본다. 뒷모습이나 옆모습만 얼핏 보일 뿐이다.

72. 펜션 앞(아침)

강이나가 나온다. 기지개를 켠다. 창고 같은 데서 달그락 소리가 난다. 강이나가 그쪽으로 가본다.

73. 펜션 창고(아침)

가짜 주인이 제초제 병을 확인한다. 뚜껑을 열어보는데 문소리가 난다. 돌아본다. 강이나가 등 뒤에 햇빛을 받으며 들어선다. 살짝 위치를 바꾸자 얼굴이 드러나는데… 가짜 주인이 비명을 지르며 손에 든 농약 병을 놓친다. 강이나 얼굴이!! 눈에선 핏물이 흘러내리고 입에서도 핏물이 흘러내리고… 간밤에 정예은이 해놓은 짓이다. 가짜 주인이 가쁜 숨을 몰아쉰다.

강이나	(아침이라 쉰 목소리다) 일찍 일어나셨네요? 왜요?
가짜 주인	얼굴이… 얼굴이…
강이나	(얼굴을 쓸어본다. 립스틱이 묻어난다) 뭐야… 유치하게…
가짜 주인	(놀란 가슴을 진정시키다가 바닥에 구르는 농약 병을 본다)
강이나	(펜션 쪽을 보며) 이것들을 그냥. 확 떼놓고 혼자 갈까 부다.
가짜 주인	(생각났다) 맞다. 학생이 운전자였지…

74. 펜션 야외 수도(아침)

강이나가 세수를 한다.

75. 펜션 거실, 안방, 화장실(아침)

아저씨가 되는 대로 뒤진다. 뭔가 있을 것 같은데… 화장실 수납장
에서 약 상자를 꺼낸다. 상자에 약의 이름이 적혀 있다. 두통약, 설사
약, 소화제, 해열제 그리고 수면제!!

76. 펜션 주차장(아침)

강이나가 차의 백미러 부분에 열쇠고리를 억지로 매단다. 가짜 주인
이 머그컵을 들고 나온다.

아저씨	언제 출발해요?
강이나	이제 출발해야죠.
아저씨	이거 마셔요.

강이나	(본다. 커피다) 고맙습니다. (마시려다가) 이 길로 주욱 나가면 국도 나오는 거 맞죠?
아저씨	(마시나 안 마시나 쳐다보다가 얼른) 맞아요. 길이 가파르니까 조심하고.
강이나	예…
아저씨	(빤히 보다가 강이나와 눈이 마주치자 웃으며 돌아선다) …

강이나가 커피 마시려다가 백미러에 달린 열쇠고리에 눈이 간다. 마침, 윤진명이 기지개를 켜며 밖으로 나오는 게 멀리 보인다.

77. 펜션 정원(낮)

윤진명이 정원의 꽃들을 구경한다.

강이나	일어났어?
윤진명	응… 어제 피곤했지?
강이나	거의 시체처럼 잤어. 이거 마셔.
윤진명	응?
강이나	열쇠고리에 대한 보답.
윤진명	(픽 웃으며 컵을 받는다) …
강이나	(안으로 들어간다) …
윤진명	(커피를 마시려다가)

• 인서트 ≫
어젯밤에 자신이 송지원에게 소리 지른 게 생각난다.

윤진명, 술주정의 한 장면이 떠오르자 괴롭다.

78. 펜션 송지원의 방(낮)

윤진명이 똑똑 노크한다. 송지원 '끄웅' 소리로 대답을 대신한다.

윤진명	(들어온다) 일어났어?
송지원	(응석 부리듯) 응…
윤진명	어제…
송지원	어제 뭐?
윤진명	(기대를 건다) 생각 안 나?
송지원	(아직 잠결이다) 생각 나. 윤 선배가 나한테 지랄했어.
윤진명	(창피하다) …
송지원	완전 깜놀.
윤진명	(고개를 들 수가 없다) …
송지원	나 깨달았어. 윤 선배는 사람이었던 게다. 로봇이 아니었던 게다. (헤헤 웃는다) …
윤진명	(멋쩍게 웃으며) 내가 아직 시차 적응이 안 됐나 봐.
송지원	그거 뭐야?
윤진명	커피. 마실래?
송지원	고마워. (받아든다)
윤진명	(밖으로 나간다) …

송지원 누워서 마시려다가 흘린다. 커피를 탁자에 놓고 화장실로 들어간다.

유은재	(들어오며) 송 선배!
(송지원)	나 여깄어요.
유은재	곧 출발한대요.
(송지원)	어… 쫌만…

유은재   늦으면 송 선배가 가운데예요. (돌아서려다가 협탁 위의 컵을 본다)

79. 펜션 1층 거실(낮)

정예은이 스킨, 로션, 자외선 차단제를 바른다.

정예은   자외선 차단제 바를래?
유은재   예…
정예은   근데 왜 이렇게 볼이 아프지? 어제 무슨 일 있었나?
유은재   (눈치 보인다) 이거 마실래요?
정예은   뭔데? 커피?
유은재   예.
정예은   고마워. (마시려다가) 다 식었네.

정예은이 부엌으로 간다. 냉장고에서 얼음을 꺼내 유리컵에 넣고 아이스커피를 만든다.

유은재   (나가면서) 선배, 빨리 와요.
정예은   응… 먼저 가.

80. 주차장(낮)

하메들이 아저씨에게 작별인사를 한다.

81. 펜션 현관(낮)

정예은이 아이스커피를 들고 나온다. 마시려는데, 가짜 주인이 다가
온다.

가짜 주인   이제 가는 거예요?
정예은   예, 정말 잘 쉬고 갑니다. 고맙습니다.
가짜 주인   고맙기는 뭐…
정예은   이거 드세요.
가짜 주인   뭐 이런 걸 다.
정예은   다음에 또 올게요. 안녕히 계세요.
가짜 주인   조심해 가요.

정예은이 차에 타고, 차가 출발한다. 차창에서 나온 손들이 안녕을
고한다. 가짜 주인도 손을 흔든다. 사람 좋은 미소를 지으며 마침내
아이스커피를 마신다.

82. 펜션 본채 거실(낮)

가짜 주인이 숫돌에 칼을 간다. 흥얼흥얼 노래한다. '졸음 운전하지
마요. 음주운전 안 돼요. 랄랄랄' 손발이 묶인 50대 펜션 부부는 죽
음의 문턱에 섰다. 절망적이다. 가짜 주인이 하품을 한다. 끙 하고 일
어선다. 주인 부부를 향해 한 걸음 한 걸음 다가오는데, 왠지 눈꺼풀
이 무겁다. 50대 부부는 서로를 바라본다. 죽음 앞에서 사랑한다는
무언의 메시지를 주고받는다. 그때 쿵! 가짜 주인이 쓰러진다. 뭐냐?
뒤이어 가짜 주인의 코 고는 소리가 들린다. 50대 아저씨가 꿈틀대
며 움직인다. 떨어트린 칼을 집어 든다.

83. 벨 에포크(낮)

하늘색 차가 들어온다. 윤진명이 차에서 트렁크를 꺼낸다. 트렁크를 닫는다는 게 꼭 닫히지 않았다. 살짝 들떴다.

84. 거실(낮)

유은재가 문 열고 들어오다가 멈칫한다. 깜박했다. 정면 벽에 '축 귀환' 색색깔의 풍선이 떠다닌다.

정예은   (송지원 뒤이어 오다가) 깜빡하고 있었네.
윤진명   (하메들이 자신을 축하하기 위해 해놓은 것들을 본다) …
송지원   (날아다니는 풍선을 하나 잡아 팡 터트리려 하며) 잘 왔어요, 윤 선배.
윤진명   고마워.

송지원이 두 손을 높이 올리고 풍선을 누르는데 잘 안 터진다. 하메들 이제나 저제나 터질까 기대하는데… 정예은이 머리핀으로 쿡 찌른다. 색색깔의 색종이가 쏟아진다. 윤진명도 풍선을 터트려본다. 색종이가 쏟아진다. 모두들 재미 붙였다. 강이나가 조금은 쓸쓸한 웃음으로 그들을 보다가 냉장고에서 케이크를 꺼낸다.

윤진명   케이크도 있어?
유은재   이건 나도 몰랐던 건데…
정예은   강 언니가 샀어?
강이나   (초를 다섯 개 꽂는다) 다섯 명 모인 기념.

초에 불을 붙이고. 다섯 명이 후 하고 분다.

송지원   이제 우린 완전체가 됐어. 천하무적!!

강이나   다시 해체해야 돼.

송지원   엥?

강이나   나 이사 가. 어제 얘기할라 그랬는데…

윤, 송, 정, 유 뜻밖이다.

유은재   (속상하다) 왜요?

강이나   지금 사장이 수원에 가게를 하나 냈는데 나보고 해보래.

정예은   (속상하다) 그치만…

송지원   (속상하다) 언제 가는데?

강이나   (눈물이 나올 것 같아 웃는다) 사실은 오늘 일찍 출발했어야 하는데… 그래도 다 같이 케이크 촛불은 *끄고* 싶어서…

정예은   (속상해서 화가 난다) 그런 게 어딨어?

강이나   (농담한다) 어딨긴 어딨냐? 여기 있지.

다들 침울하다. 강이나가 울지 않기 위해 애를 쓰며 실내를 둘러본다.

85. 에필로그

그동안 강이나와 하메들의 이야기가 주마등처럼 흘러간다.

86. 에필로그2

강이나가 나온다. 강이나의 트렁크를 끌고. 짐을 든 하메들이 나온다. 트렁크에 짐을 싣는다. 유은재가 끝내 울기 시작한다.

강이나 (자기도 눈시울이 뜨거워졌으면서) 야! 울지 마. 이게 뭐라고… 나 이민 가는 거 아냐! 수원 가는 거지.

유은재 그치만…

강이나 아주 가냐? 놀러 올 건데 뭐.

유은재 그래도 같이 사는 거랑은 다르잖아요. 뜨문뜨문 오다가 안 오게 될 거고. 그러다가 아주 안 오게 되고 그렇게 헤어지게 되는 거잖아요. (흑흑 운다) …그렇게 하나둘 다 헤어질 거잖아요.

강이나가 유은재를 안아준다. 다섯 명이 한 덩어리가 되어 운다.

정예은 (흐느낀다) 나 안 잊을 거지?

강이나 (흐느낀다) 너나 나 잊지 마. 잊으면 죽어.

송지원 (숨을 몰아쉬며 운다) 무슨 일 있으면 연락하구… 자주 자주 와. 응? 꼭. 약속해.

강이나 어, 약속… 윤 선배, 그동안 고마웠어.

윤진명 내가 뭘 했다구…

강이나 (흐흐흑 운다) 윤 선배 덕분에 내가 많이 배웠어.

윤진명 그런 말 하지 마. 내가 더 배웠어.

강이나가 간신히 하메들과 떨어진다. 다섯 명의 하메들이 눈이 빨갛다. 더 이상 이별이 길어졌다가는 못 갈 것 같다. 강이나가 서둘러 차에 탄다. 다들 감정이 복받쳐서 유치, 솔직해진다.

윤진명 (강이나의 뺨의 눈물을 닦아준다) 울지 말고… 사랑해.

강이나 나도 사랑해. (하메들을 보며) 진짜 사랑해… 나 잊으면 안 돼.

하메들	안 잊어. 안녕. 잘 가…

근데 차가 안 간다. 하메들 점점 지치기 시작한다. 점점 팔이 아파진다.

송지원	(아직도 감정의 여파가 남았다) 왜 안 가?
강이나	(키를 돌린다. 아무 소용이 없다. 어느새 말간 감정으로) 시동이 안 걸려.
하메들	뭐?

• 점프 ≫

하메들은 좀 전의 감정의 폭풍이 떠올라 무안하다. 서로를 보지 못한다. 강이나 통화를 끝내고 온다.

강이나	AS 불렀는데 한 시간쯤 걸린대. 누가 트렁크 문 안 닫은 거야…
하메들	(뻘쭘하다. 다들 코를 훌쩍인다. 쭈뼛쭈뼛 딴짓 한다) …
유은재	(핸드폰으로 인터넷 하다가) 바보같이…
윤, 강, 송, 정	(찔끔해서 본다) …
유은재	외딴집 연쇄살인범 잡혔는데… 숙면을 취하다가 잡혔대요.
송지원	(뭐든 이 뻘쭘한 상황을 바꿨으면 좋겠다) 진짜…

다들, 핸드폰을 들여다본다.

87. 에필로그3

자막. '10개월 후' 키 큰 조은이 벨 에포크를 찾아온다. 집을 스윽 둘러본다. 들고 있는 분홍색 종이에 적힌 주소와 우편함의 주소를 확인한다.

1회

겁쟁이가 난폭하다

1. 벨 에포크 전경(낮)

토요일 오후다.

2. 거실, 화장실(낮)

정예은이 베란다 유리창을 닦는다. 앞머리를 올려 핀으로 고정했다. 분홍색 반바지. 분홍색 티셔츠, 여전히 분홍색 매니아다. 유은재가 거실 바닥을 물걸레질한다. 안 닦이는 얼룩은 박박 반복해서 닦는다. 윤진명이 싱크대를 철 수세미로 닦는다. 헤어스타일이 좀 변했을까? 하수구 냄새에 인상을 찡그린다. 문을 열어놓은 화장실, 송지원이 쭈그리고 앉아 세면대 밑의 타일을 닦는다. 쓸고 닦고, 하메들은 열심이다. 송지원이 수돗물을 틀려고 일어나다가 세면대에 머리를 박는다. 쾅, 소리가 날 정도로 세게 부딪쳤다. 송지원이 두 손으로 머리를 움켜쥐고 소리 없이 절규한다. 아프겠다! 하메들 얼굴도 저절로 찌그러진다.

송지원   (한 박자 늦게) 아호~ (부딪친 자리를 박박 문지른다. 에이씨) 꼭 이렇게까지 해야 돼?

세 사람   (즉각적으로) 응!!

송지원   (즉각적으로 순응한다) 예에. (다시 박박 닦는다)

유은재   (소파 밑을 닦는다) 이렇게 방 안 나간 적, 전에도 있었어요?

윤진명   (싱크대 혹은 인덕션을 닦는다) 한 달 넘게 안 나간 적은 없어.

정예은   왜 이렇게 방이 안 나가는 거야, 진짜?

유은재   어제 할머니랑 통화했는데 뭐라 그랬어요. 우리가 너무 까탈스럽
         다고…

송지원   (화장실에서 스윽 나타나며. 진지하게) 나는 알고 있지. 방이 안 나
         가는 이유.

유은재   (무시한다. 윤진명에게) 저번에 과동기가 방 구한대서 우리 집 추천
         했거든요. 근데 걔가 이상한 소리 하더라구요. 우리 집에 대해 안 좋
         은 소문 돈다구…

송지원   (음모에 가득 찬 목소리다) 벌써 소문이 돌기 시작했나? 그렇다면…

정예은   (송지원 말 자르며) 아, 나도 그거 들었어. 윤진이가 헛소리 하고 다
         닌다며?

송지원   (굴하지 않고) 헛소리가 아니야, 사실 이 집엔 강력한 저주가…

윤진명   (무시하고) 윤진이?

정예은   그 있잖아. 5월에 한 달도 못 살고 나간 애.

윤진명   (생각났다) 아… 걔가 뭐라고 그랬는데?

송지원   (끼어들 틈을 보다가, 이때다 싶어 말하려는데 인서트 화면이 치고
         들어온다) 그…

•인서트 》

카메라를 응시한다. 자막 '이윤진(21세)'

이윤진   (인터뷰하듯) 걔네들 되게 못됐어요. 방글방글 웃으면서 사람 왕따
         시키는 거 있죠? 중학생도 아니고 대학생이나 돼서 그게 뭐 하는 짓

이에요? 진짜 짜증 나서…

윤진명   (곧바로) 우리가?

정예은   (억울하다) 그니까…

유은재   (말도 안 된다) 그죠?

송지원   (손까지 들며 뭔가 말하려는데…) 저기요 …

•인서트 》

이윤진   첫날부터 잔소리를 해대는데요. 와이파이 켜놓고 외출했다고 지랄
         하고, 물 틀어놓고 양치한다고 뭐라 그러고… 지난달보다 급탕비 많
         이 나왔다고 한숨 쉬는데… 완전 그거예요. B사감!

윤진명   (괜히 인덕선의 얼룩을 손톱으로 깔짝깔짝 떼는 척)

•인서트 》

이윤진   더 끔찍한 건요. 지들끼리 한참 얘기하다가 나만 들어가면 하던 얘
         기 뚝 그치는 거예요. 뭔 얘기냐고 물어봐도 별거 아니라고 그러
         고, 별거 아닌데 왜 나만 들어가면 말을 안 해? 그거 얼마나 기분 나
         쁜데…

정예은   (그런 적 있다. 눈을 내리깔고 손톱의 거스러미를 떼는 척)

•인서트 》

이윤진   지들끼리만 아는 사람 얘기하고, 지들끼리 아는 농담하고, 강 언
         니가 누군지 내가 알 게 뭐야? 강 언니는 이랬는데 강 언니는 저랬
         는데…

유은재   (쿠션의 먼지를 터는 척) …

송지원   (자기가 괜히 큰소리친다) 잘못했네! 배웠다는 사람들이 말이야. 왕

따나 하고… 지금만 해도 그래? 내가 아까부터 말 좀 하겠다는데…
(말 끊긴다)

• 인서트 ≫

이윤진 특히 그 말 많은 애요. 걘 진짜 최악이에요.

송지원 (입모양으로 묻는다. 나? 왜?)

이윤진 (한두 개가 아니다. 어디부터 얘기하지) 걘… 걔는 진짜… 우와… 나 그런 앤 처음 봤어요. 걔가 남자였으면 벌써 쇠고랑 찼어요. 성희롱으로… 입만 열었다 하면 아주 그냥… 지가 날 언제 봤다고 만나자마자 좋아하는 체위…

물소리가 인터뷰 소리를 덮는다. 송지원이 뻘쭘한 얼굴로 비누 거품이 묻어 있는 거울에 물을 뿌린다. 하메들, 자체반성하며 하던 일 계속하는데…

윤진명 (대충 끝났다) 몇 시야?

유은재 (스마트폰으로 시간 확인한다) 3시 45분요.

윤진명 몇 시쯤 온댔지?

유은재 대충 네 시쯤이라고 했는데… 근데 그 아이디 봤어요? 오늘 방 보러 온다는 사람? (웃음이 난다)

윤진명 뭔데?

유은재 비욘세요. 얼핏 비욘세!

송지원 얼핏 비욘세라… 그 얘긴 곧, 하체 비만이라는…

그때, 초인종 소리가 들린다.

정예은 뭐야? 왜 이렇게 일찍 왔어?

윤진명 (밖에 대고) 잠깐만요.

하메들, 뒷마무리를 서두른다. 윤진명이 문을 연다.

타이틀 제1회 ─ 나는 겁쟁이다 (부제: 이방인)

3. 타이틀 이미지 몽타주

4. 2층 앞(낮)

문이 열린다. 하메들 네 명이 얼굴을 내민다.

송지원   (다른 하메들과 같이 대충 얼굴이 있으리라 짐작한 쪽을 바라보며)
         안녕… (하다가 다른 하메들과 같이 한참 고개를 올린다. 애매해진
         다) 하세요?

         문 앞에 서 있는 사람은, 키가 크고 마르고, 가슴은 납작하고, 머리
         는 짧고, 검은 옷에 워커를 신었다. 즉, 남녀 성별의 구분이 애매하다.
         키 작은 하메들 네 명이 키 큰 사람을 올려다본다. 정예은이 살짝 뒤
         로 빠진다. 4 대 1의 대치 상황.

송지원   (설마… 애매한 질문) 방 보러 온 거어?
뉴비   (묻는 것도 아니고 긍정도 아니다) 에… (분홍색 종이에 적힌 주소
         를 확인한다) 여기가 연남로 22번지 맞아요?

         목소리가 여자다. 하메들 서로 눈빛을 주고받는다. '여자 맞구나'
         하는…

송지원	(그제야) 예… 맞아요. 들어와요.
뉴비	(하메들을 스윽 둘러보더니 들어온다) …

5. 거실(낮)

뉴비가 들어온다. 워커를 벗느라 시간이 걸린다. 그사이 하메들 조르록 서서 시선을 교환한다.

정예은	(입모양만으로) 여자 맞지?
유은재	(고개를 끄덕인다) …
송지원	(입모양만으로) 키가 얼말까?
윤진명	(속엣말 그만하라고 고개 젓는다) …

마침 뉴비가 신발을 다 벗고 거실에 올라선다. 또다시 1 대 4의 대치 상황. 하다 보니 하메들은 한 덩어리로 뭉쳐서 뉴비를 대하게 된다. 뉴비가 멀뚱멀뚱 하메들을 바라본다. 정예은은 웬일인지 시선을 깔며 하메들 뒤로 슬쩍 숨는다.

윤진명	방 봐야죠. 이쪽인데…
뉴비	방이여?
윤진명	예, 여기에요. (방문 열어준다) …
뉴비	(방을 스윽 둘러본다. 그야말로 스윽 둘러본다) …
윤진명	세세한 건 사이트에서 확인했죠?
뉴비	…아… 뭐…

또다시 침묵이 흐른다. 또다시 1 대 4의 대치. 하메들, 이 사람 참 특이하다고 생각한다.

윤진명	뭐 물어볼 거 없어요?
뉴비	아…… (물어볼 게 없나 싶을 만큼 시간을 끌다가) 네 사람 다 여기 살아여?
윤진명	(뜻밖의 질문이다) 예? 예…
뉴비	오래됐어여?
윤진명	오래된 기준이 뭔지는 모르겠지만. 다들 1년은 넘었어요.
뉴비	(왠지 한숨을 쉬더니 들고 있던 분홍색 종이를 본다)

하메들도 뉴비의 시선을 따라서 분홍색 종이를 향한다.

6. 현관(낮)

하메들이 뉴비를 배웅한다. 뉴비는 시종일관 뚱한 얼굴이다.

윤진명	그럼 집주인이랑 상의해서, 전화 드릴게요.
뉴비	(인사를 한다는 게 턱을 끄덕하는 거다) …

어쨌거나 웃으며 배웅하는 하메들.

7. 거실(낮)

미스코리아처럼 웃던 하메들, 돌아서자 표정 허물어진다. 네 명의 하메가 식탁에 앉는다.

윤진명	(조은이라는 이름과 전화번호가 적힌 메모를 식탁 가운데에 놓으며) 되게 과묵하네… 키는 커 갖고…

송지원   응, 되게 건방지게 생겼지? 키는 커 갖고…
정예은   난 처음에 남잔 줄 알고 깜짝 놀랐어. 키만 커 갖고…
유은재   왜 아이디가 얼핏 비욘세죠? 키만 큰데?

    •인서트 》
방 구하는 사이트. '내일 네 시쯤 방 보러 갈게요. 잘 부탁드립니다. (하트 뿅뿅)' 아이디. '얼핏 비욘세'

송지원   그러게. 비욘세 어쩌구는 주로 하체 비만인데…
정예은   암만 봐도 김연경이나 서장훈 쪽이구만…
윤진명   그래서 어떡해? 오케이야? 아니야?

잠깐 서로 눈치 본다.

정예은   (슬쩍) 난 쫌…
유은재   (기다렸다) 그죠? 나두요. 쫌…
송지원   (고개를 끄덕인다) 특이한 사람은 한 집에 하나면 충분하지.
정예은   알긴 아네.
윤진명   그럼 안 하는 걸로…

하는데 카톡 음성 통화가 온다. 집주인 할머니다. 송지원은 화장실에 간다.

윤진명   (전화 받는다) 예, 할머니. 어디예요? (듣다가) 날씨 좋아요? (듣다가) 좋겠다. (듣다가) 방요. 그게… (듣다가 얼굴 표정 굳는다. 급해진다) 아뇨, 아뇨, 방금 전에 방 나갔어요.
하메들   (엥? 쳐다본다) …
윤진명   (듣다가) 예, 그럼요. 연락처요? 이름은 조은. (듣다가) 예, 외자구요.

010…

송지원   (화장실에서 나온다) 뭐야? 왜?
유은재   (고개를 흔든다) 할머니가 뭐라고 하나 봐요.
송지원   칠레가 지금 몇 신데 전화를 하셨대?
윤진명   예, 걱정 마세요. 들어가세요. (통화를 끝낸다) …
정예은   (전화 끊자마자) 뭐야? 윤 선배 맘대로 그럼 어떡해?
윤진명   (그럼 이건 어떠냐) 방 아직 안 나갔으면 자기 친구 들여놓는다
         는데?

아… 뜨악의 침묵.

정예은   (쩝! 수긍한다) 할머니보다아…
송지원   (문장을 완성한다) 키 큰 비욘세지.
유은재   (수정한다) 키 크고 무뚝뚝한 비욘세.

네 명의 하메들, 수긍하고 각자 동선을 찾아 가는데, 왠지 앞날이 걱
정이다. 동시에 한숨을 쉰다.

8. 벨 에포크 앞(낮)

초인종을 누르는 손.

(유은재)   누구세요?
여학생   방 보러 왔는데요?
(유은재)   어, 우리 방 나갔는데…
여학생   예?
(유은재)   좀 전에 나갔어요. 죄송합니다.

여학생, 어이없다. '뭐야?' 짜증을 내며 돌아선다. 검은색 레깅스에
짧은 티셔츠, 그런데 하체 비만이다.

9. 아파트, 조은의 방(밤)

쇼핑백에 수건과 칫솔을 넣는다. 마지막으로 책,『지연된 정의』안에
분홍색 편지를 확인하고, 책을 노트북용 백팩에 넣는다. 밖에서 문
소리가 난다.

10. 아파트 거실(밤)

잘 사는 집 거실이다. 물건이 많지는 않다. 물건에 대한 안목은 있다.
여자가 들어온다. 청바지에 티셔츠, 키가 크고 날씬해서 얼핏 30대
처럼 보이지만, 화장 너머로 주름살이 보인다. 조은과 여자는 쳐다보
는 걸로 인사를 대신한다. 여자는 조은의 엄마다. 술을 먹었나보다.
물을 벌컥벌컥 마신다. 아파트 거실 벽엔 대부분의 집이 그렇듯, 가
족 사진이 걸려 있다. 10년 전쯤 사진인가 보다. 중학생쯤으로 보이
는 조은과 조은 엄마 그리고 조은 아빠. 사진 속 3인 가족은 환하게
웃고 있다.

조은   (사진을 거의 노려보다가 불쑥) 나 집 나갈 거야.
조은 엄마   (콩… 사레들린다. 잔기침 한다) …
조은   (휴지 뽑아준다) …
조은 엄마   (얼굴에 튄 물기를 닦으며) 왜?
조은   (담담하게) 그냥 좀 알아볼 게 있어서…
조은 엄마   (안 믿는다) 지랄한다.

조은	(싸우자는 투가 아니다) 뭐? 맨날 나가랬잖아.
조은 엄마	나가랜다고… (화를 내려다가 그만둔다) 맘대로 해라. 나가가 싶으면 나가고, 들어오고 싶으면 들어오고… 뭐는 내 맘대로 된다니. (방으로 들어가며) 나도 내 맘대로 안 되는데…

조은은 잠시 그 자리에 서 있다. 방으로 들어간다. 거실 한쪽 벽. 사진 속 3인 가족은 환하게 웃고 있다. 오래전 행복이다.

11. 거실(낮)

유은재가 식탁에 앉아 노트북을 두드리고 있다. 초인종소리.

유은재	네, 나가요. (문을 연다)

조은이 문 앞에 서 있는데 백팩에 그리 크지 않은 쇼핑백 하나만 들었다.

유은재	(친절한 웃음을 웃다가, 어라) 짐은 그게 다…?
조은	(그게 뭐 어떠냐는 듯 퉁명스럽다) 에…
유은재	(왠지 쫄아든다) 아…
조은	(워커를 벗느라 고개를 숙이는데 배낭이 앞으로 쏟아진다) …

•인서트 ≫
처음 이곳에 오던 날의 유은재. 신발 벗는데 가방이 쏟아진다.

유은재	(그때 생각이 나서 쿡 웃는다)
조은	(왜 웃냐는 듯 기분 나쁘게 쳐다본다) …

유은재   (왠지 변명하게 된다) 아니, 난… 옛날 생각나서… 나도 처음 왔을
        때… 가방이… (제스처까지 해가며) 이렇게 쏟아져서…

조은   (뭔 말이야? 뚱하게 쳐다본다) …

유은재   (말하다 보니 구차하다) 아네요. 별거 아니에요. (친절하게) 신발장
        은 제일 밑에 칸 쓰면 되구요.

조은   에?

유은재   예?

조은   (혼잣말도 아니고 물어보는 말도 아니고) 왜 내가 제일 밑에 칸
        이지…?

유은재   (딱히 이유는 없다만) 그냥 그게… 아, 키가 커서 불편하겠구나. 그
        럼 나랑 바꿔요. 난 세 번짼데…

        자기 신발을 밑에 칸으로 옮긴다. 조은이 세 번째 칸에 신발을 넣고
        고맙다는 말도 없이 방으로 들어간다. 이게 아닌데… 다시 방에서
        나온 조은이 칫솔과 양치 컵, 수건 한 장을 들고 욕실로 향한다.

유은재   (어쨌거나 친절하게) 저기, 욕실용품은 각자 따로 써요. 헷갈리지 않
        게 바구니 색깔로 구분하거든요.

조은   (칫솔을 꽂은 양치 컵을 적당한 곳에 놓고 나온다) …

유은재   분홍색, 파랑색, 보라색, 하얀색은 있으니까… (아직 말 안 끝났는
        데. 쫓아가며) 다른 색으로 하면 되구요…

조은   (주방으로 가고 있다) …

유은재   (따라온다) 냉장고도 칸이 정해지긴 했는데 잘 안 지켜지더라구요.
        네임펜으로 이름을 적는 게 제일 확실하구요. (수납 공간을 확인시
        키며) 라면이나 쌀 같은 건 그냥 같이 사요. 처음엔 그것도 따로 했
        었는데, 묶음으로 사는 게 싸기도 하고, 또 둘 데도 없구… 2주에 한
        번씩 필요한 거 사는데…

조은   (정수기에서 받은 물 마시며 유은재를 빤히 본다) …

유은재	(친절친절…) 왜요? 뭐 궁금한 거 있어요?
조은	(작은 한숨 쉰다. 짜증이 묻어난다) …되게 기네. 아직 많이 남았어여?
유은재	(웃음이 굳어버린다) …

• 점프 》

송지원, 정예은이 들어온다. 한쪽씩 들고 온 시장 가방을 식탁에 올려놓는다. 시장 가방에서 아이스티, 맥주, 과자 등을 꺼내다가…

정예은	왜 그러고 있어?
유은재	(찌그러진 얼굴 그대로 식탁 의자에 앉아 있다) …
송지원	(조은의 방 눈으로 보며) 아직 안 왔어?
유은재	(힘없다) 왔어요.
송지원	근데 왜? 친절한 선배 한다더니 왜 안 해?
정예은	그러게. 하나하나 차근차근, 네가 처음 오던 날 받고 싶었던 대접을 베풀겠다며?
유은재	(이른다) 그게요. 내가 그럴라 그랬는데…

• 점프 》

정예은	(어이없다) 뭐야? 신입이한테 치인 거야? 벌써 그래서 어떡하니?
송지원	은재야. 은재야. 덜 떨어진 은재야… (성큼성큼 조은 방 쪽으로 간다) 우리 하는 거 봐.
정예은	(따라간다) 보고 배워.

12. 조은의 방(낮)

조은이 짐 정리 중이다. 티셔츠 몇 장, 바지 두어 벌뿐이다. 노크 소리. 대답하기도 전에.

(송지원) 들어간다!

송지원과 정예은이 들어온다. 문밖에서 유은재가 어쩌나 지켜본다.

정예은 짐 정리해? (열린 옷장 문, 옷을 본다) 에게, 옷이 이게 다야? 야, 무슨 여자 옷장이…

조은 (키 작은 정예은 너머로 옷장 문을 툭 밀어 닫는다. 쿵 소리 난다) …

정예은 (머쓱하다) …

송지원 (그렇다면 내가 나설 차렌가) 삶이 단촐하구만. 좋지! 미니멀라이푸!

조은 (스윽 본다) …

송지원 (전공 서적을 본다) 전공이… 국문과?

조은 (정정해준다) 어문학부…

송지원 아… 어문학부! 어문학부면 책이… (몇 권 없다) 하긴 어문학부라고 다 책 좋아하는 건 아닐 게야.

조은 …

송지원 (책꽂이의 몇 안 되는 책 중에서) 이거 재밌어?

하필 문제의 그 책이다. 『지연된 정의』 조은이 송지원 손에서 책을 확 낚아챈다. 분위기 싸해진다.

조은 (딴에는 변명이지만 툴툴대는 것처럼 들린다) 난 누가 내 물건 만지는 거 딱 싫은데…

송지원 (눈만 깜박인다) 어? …미안…

조은 (책을 책꽂이에 꽂는다) 뭐… 더 할 얘기 있어여?

하메들 (고개를 흔든다) …

13. 거실(밤)

윤진명이 들어온다. 흘깃 거실을 봤다가 신발을 벗고 다시 자세히 본다. 송지원, 유은재, 정예은이 코 빠트린 채 소파에 쪼르륵 앉아 있다. 특히 송지원은 영혼의 반을 유실한 것 같다. 윤진명이 화장실에서 손 닦고 나올 때까지 세 명은 그대로다. 송지원이 이르는 아이처럼 윤진명을 보며 입을 삐죽거린다.

윤진명   (할 수 없이 물어봐준다) 왜? 뭐?
송지원   (조은 방을 가리키며) 쟤가…

14. 조은의 방(밤)

조은이 침대에 누워 핸드폰을 본다. 노크 소리 들린다. 또냐? 귀찮다. 일어나서 문을 연다. 윤진명이다.

윤진명   잠깐 나와볼래요.
조은   왜여?

   •인서트 》
맥주와 안주를 세팅하던 세 명의 하메, 놀란다. '왜요?(유)' '왜요?(정)' '왜요라고라. 어디서 감히(송)'

윤진명   (역시 윤 선배다. 흔들리지 않는다) 첫날이잖아요. 간단하게 맥주 한 잔해요.

   •인서트 》

아, 역시 윤 선배… 믿음직스럽다. 유, 정, 송은 고개를 끄덕인다.

조은 (싫은 티를 감추지 않는다) 아… 좀 피곤한데…

•인서트 》

세 명의 하메… 저런 시건방진. 유은재는 윤진명을 향해 주먹을 불끈 쥔다. '지지 마요. 윤 선배!'

윤진명 (여유 있다) 잠깐이면 돼요. 할 말도 있구.

15. 거실(밤)

윤진명이 돌아 나온다. '아아! 윤 선배!' 유은재가 존경의 념을 가득 담아 바라본다. 송지원은 양손 엄지 척을 한다. 조은이 나오자 얼른 표정, 시선 수습한다.

•점프 》

어쨌거나 네 명의 하메와 조은이 모여 앉았다. 건배한다.

윤진명 셰어하우스 해봤어요?

조은 아뇨.

윤진명 형제는?

조은 (도전적이다) …왜여?

윤진명 또래랑 어울리는 걸 잘 못하는 거 같애서… 형제 없죠?

조은 에… 뭐…

조은의 밀어내는 듯한 단답형 대답에 대화가 이어지질 않는다. 분위기 싸해진다. 조은은 의자 앞다리를 들게 해서 까딱까딱 몸을 흔들며 딴청 피운다. 이런 자리에 관심 없다는 걸 노골적으로 보여주듯. 조은의 시야에서 벗어나자 하메들은 자기들끼리 눈짓하고 입으로 의견 교환한다.

윤진명	(입으로) 물어볼 거 많다며?
송지원	(입으로) 키?
유은재	(그건 곤란하다는 듯 고개 흔든다. 입으로) 그거 물어봐요. 비 욘세.
조은	(그 순간 유은재를 본다) …
유은재	(헉! 얼떨결에) 비욘세… 좋아해요?
조은	(뭐냐 그 질문은? 물끄러미 쳐다보다가) …………………아녀!
유은재	(왠지 패배감이… 고개를 떨군다) …
송지원	(그렇다면 매뉴얼을 사용할 수밖에… 맥주를 원샷한다) 오빠 있어?
조은	(바보냐) 형제 없다고 방금 그랬는데…
송지원	아, 맞다… 삼촌은 있지? 막내 삼촌 몇 살이야?
조은	(빤히 본다) …
송지원	아니, 이게 되게 재밌는 농담이거든. 네가 뭐라고 대답을 해야 내가 소개시켜달라거나 나가라거나… 그럼 빵 터지면서…
조은	(한숨 쉰다) …

왠지 부끄러움은 정예은과 유은재의 몫이다.

윤진명	(평점심을 유지한다) 처음엔 부딪힐 일이 많을 거예요. 생판 모르는 사람들이니까… 꼭 할 말은 해야겠지만, 참기도 해야겠죠. 아무튼 잘 지내봐요.
조은	(통한 걸까) 에, 뭐… (그러나 곧바로 일어나며) 다 됐죠?

하메들, 어이없다. 뭐냐? 쟤.

윤진명	저기요.
조은	(돌아본다) …?
윤진명	(빠직 했다) 같이 먹은 건 같이 치우는 거예요.
조은	(그런 거였어) 아…(자기 맥주를 헹궈서 재활용 쓰레기통에 버린다. 퉁!)

네 명의 하메는 눈으로 조은의 동선을 쫓는다. 조은이 방으로 들어간다. 아! 네 명의 하메들, 입 벌린 채 한동안 말을 잇지 못한다.

윤진명	애 참… 특이하다.
송지원	특이하다구?
정예은	저건 싸가지가 없는 거지.
유은재	맞아요.
정예은	신입이면 신입이다운 맛이 있어야지. 어리버리하고 쭈뼛대고 눈치도 좀 보구…
유은재	그니까…
정예은	그런 면에선 우리 은재가 딱이었는데…
유은재	(좋다고 웃는다) 그쵸?
송지원	맞어. 꼭 똥 마려운 강아지처럼 안절부절못해 갖고는…
유은재	(칭찬이야 뭐야?) …
윤진명	(조은의 방을 보다가) 그래서 어떡해? 내보내?
하메들	…
윤진명	할머니 친구랑 사는 게 나아?
하메들	(그건 아니다) …
윤진명	그냥 사람이랑 어울리는 게 익숙하지 않은가 부다 해야지 뭐. (일어나서 치운다) 쟤가 나간다고 하면 곤란한 건 우리야.

16. 조은의 방(밤)

조은이 문에 기대서 밖의 대화를 듣고 있다.

(정예은)   저 방이 터가 나쁜가 봐. 강 언니도 승질은 지랄 맞았잖아.
(유은재)   강 언니는 저 정도는 아니었죠.

문소리가 나고 조용해진다. 조은이 책상 앞에 앉아 수첩을 꺼낸다.

17. 벨 에포크 전경(아침)

일요일 아침이다. 새가 운다.

18. 거실(아침)

정예은이 씻고 나온다. 엉덩이를 살짝 덮은 티셔츠 한 장만 입었다. 수건으로 머리를 말리며 돌아서는데, 조은이 물을 마시며 자기를 지켜보고 있다. 순간 남잔 줄 알고 악! 짧은 비명 질러버린 정예은.

정예은   (타박한다) 놀랐잖아… (자기를 슬쩍 훔쳐보는 조은의 시선이 신경쓰인다. 올라간 티셔츠 자락을 끌어내리며 방으로 들어간다)

19. 정예은, 송지원의 방(아침)

정예은   (서둘러 들어와 인형을 끌어안고 의자에 앉아, 놀란 가슴을 진정시킨다) 뭐야? 왜 그렇게 쳐다봐?

송지원   (2층 침대에서 반쯤 몸을 일으키며. 느끼하게) 정 여사, 씻었어? 오랜
        만에 같이 누워볼까?

정예은   (수건을 집어던진다) 시끄러!

20. 거실(밤)

유은재가 들어온다. 신발을 벗는데 조은의 워커가 보인다. 일단 화장
실로 향한다.

21. 화장실(밤)

유은재가 들어온다. 무의식적으로 잠금장치를 누르는데 문이 스르
르 열린다. 바지를 내리려다가 깜짝 놀라 일어선다. 왜 고장 났지? 문
을 닫지만 잠금이 되지 않는다.

　• 점프 ≫
유은재가 손가락 끝까지 뻗어 문을 밀며, 볼일을 본다.

22. 화장실(아침)

윤진명이 문을 열어놓고 양치한다. 거울을 통해 자신을 깊숙이 바라
보는 조은을 발견한다. 거품을 뱉고 돌아봤을 때 조은은 사라지고
없다.

(송지원)   우연이겠지.

23. 유은재, 윤진명의 방(밤)

유은재, 윤진명, 정예은, 송지원이 모여 있다. 한 방에 네 명이 있어서
좁은 느낌이다.

윤진명   (그렇게 믿고 싶다) 그렇지?

정예은   아니야… 걔 쫌 사람 보는 게 이상하긴 해. 이렇게 안 보고 (그냥 보
는 시선) 이렇게 보잖아. (꼬나보는 시선)

유은재   예, (역시 따라하며) 이렇게 봐요. 기분 나쁘게.

송지원   그래? 난 몰랐는데…

유은재   (말할까 말까 고민하다가) 사실은요. 엊그저께 옥상에서 토마토 따
고 있는데, 걔가 오더니 선배에 대해 묻더라구요.

정예은   나? 나 뭐?

유은재   작년에 뭐 별일 없었냐고.

정예은   진짜? 이상하다. 나한텐 너에 대해 묻던데, 너 작년에 별일 없었
냐고?

유은재   걔 뭐야? 기분 나쁘게…

송지원   그냥… 빨리 친해지려고 그런 거 아니야?

유은재   그럼 직접 물어보지 왜 딴 사람한테 물어봐요?

정예은   내 말이…

윤진명   그러고 보니까…

송지원   왜 선배도 뭔 일 있었어?

윤진명   뭔 일이라기보다는… 그때는 잘못 봤다고 생각했는데…

24. 납골당(낮)

윤진명이 남동생의 납골당을 찾았다. 울거나 하지는 않는다. 납골당 안에는 유골함과, 축구공 모형, 남동생의 사진. 편지봉투가 하나 있다. 열어서 편지봉투의 뒷면을 본다. '엄마가'라는 서명이 보인다. 편지봉투를 다시 내려놓고 유리문을 닫는데, 얼핏 문에 비친 모습, 까맣게 입은 키 큰 사람이다. 윤진명이 돌아봤을 때는 없다.

25. 유은재, 윤진명의 방(밤)

유은재   (진심 놀랐다) 조은이었어요?

윤진명   글쎄, 그게… 지금 생각하니까 그런 거 같기도 하고… 키가 크고 구부정하고 위아래 까맣게 입었었거든.

유은재   (단정한다) 맞네. 한여름에 위아래 까맣게 입고 다니는 애가 조은밖에 더 있어요? 걔 뭐야? (팔뚝 쓸며) 나 소름 돋았어. 미행까지 하나 봐.

정예은   (아까부터 멍한 얼굴로 있는 송지원에게) 왜? 뭐? 너도 뭐 있어?

송지원   (쇼크 받았다. 정예은을 본다) …

정예은   뭔데? 괜찮으니까 말해봐.

유은재   뭔데요?

송지원   (쇼크로 멍하다) 없어.

정예은   어?

송지원   나한테는 아무 짓도 안 했어. 훔쳐보지도 않고. 이상한 거 물어보지도 않고. 몰래 쫓아오지도 않았어. 아, 기분 나빠. 왕따란 이런 느낌인가?

정예은   넌 지금 그게 걱정이냐?

유은재   다른 건 몰라도 화장실 손잡이는 빨리 고쳤으면…

그때 똑똑 노크소리! 네 명의 하메들 필요 이상 놀란다.

윤진명   (일어나며) 어, 왜? (문 열어주려는데)
조은   (먼저 문 열고 네 명의 하메를 스윽 둘러본다) …
하메들   (엉거주춤 일어나 딴청 피우는데) …
조은   (별다른 말 없이) 누가 냄비 물 올려놨던데…
정예은   아! (뛰쳐나간다)

26. 거실(밤)

정예은이 서둘러 가스레인지의 불을 끈다. 다행히 냄비는 타지 않았다.

정예은   클 날 뻔했다.

윤진명, 유은재, 송지원이 뒤따라 거실로 나온다.

조은   저기…

누굴 부르는지 몰라 네 명의 하메가 모두 조은을 본다.

조은   (윤진명을 보며) 생활비 보냈어요. 거기 계좌로…
윤진명   윤진명이야, 내 이름…
조은   아는데… 뭐라고 불러야 할지 몰라서…
윤진명   선배나 언니라고 해. 다들 그러잖아.
조은   언니는 좀 간지럽고… 선배는 같은 학교도 아닌데 좀 그렇잖아여.
           (왠지 화난 아이처럼 입 내밀고 방으로 들어간다)

| 송지원 | (갑자기 노래한다) 너라고 부를게. 뭐라고 하든지… 선밴 내 여자니까. 선밴~~ |

세 군데서 휴지, 냄비 장갑, 냄비 받침대가 날아온다.

27. 벨 에포크 거실(아침)

아직 일어난 사람 없다. 초인종이 울린다. 잠시 쉬었다가 또 울린다. 유은재가 자다 깬 얼굴로 나온다. 모니터를 본다. 귀엽게 생긴 여학생이 서 있다. 유은재는 모르지만, 그녀는 조은의 친구 안예지다. 원피스를 즐겨 입는 귀엽고 애교 많은 여자여자한 느낌이다.

유은재	(모니터에 대고) 누구세요?
(여학생)	(말투에 애교가 섞여 있다) 여기 조은이라고 있죠?
유은재	아뇨, 그런 사람 없어요. (모니터 끊고 돌아서려다가 뒤늦게) 잠깐만요. 잠깐만요. (서둘러 문을 여는데…)
여학생	(핸드폰 통화중이다) 난데… (유은재 뒤를 본다) …너네 집 아니라고 해서…
유은재	(뒤돌아본다) …아, 그게…
조은	(핸드폰 들고 서 있다) 일찍 왔네.

송지원, 정예은이 나온다.

송지원	(기지개를 켜며) 누구야?
안예지	(귀엽게) 안녕하세요.
송지원, 정예은	(얼떨결에 인사한다) …
안예지	은이 친구예요. 이사했다고 해서 방 보러 왔어요.

정예은   (자다 일어난 몰골이라 좀 무안하다) 아, 예…

조은이 안예지를 데리고 방으로 들어간다. 키 큰 조은과 키 작은 안예지는 왠지 남녀 커플처럼 보인다. 안예지는 작은 쇼핑백을 들고 있다.

안예지   (조은의 뒷머리를 가지런히 해주며) 까치집 졌다…

방문이 닫힌다. 세 사람 물끄러미 그 방문을 보다가 모두가 그러고 있다는 걸 알고 서둘러 움직이기 시작한다. 왠지 묘한 기분이다.

28. 조은의 방(낮)

안예지가 방을 둘러본다.

안예지   저 네 명이야?
조은   응…
안예지   누군지 알아냈어?
조은   아니, 아직.
안예지   생긴 건 다들 평범한데… (하다가 들고 온 쇼핑백 건넨다) 자, 새 방 선물.
조은   뭐 하러… 얼마 있지도 않을 건데…
안예지   그래도… 뜯어봐.

조은이 선물 상자를 뜯는다. 커플 인형이다.

안예지   눌러봐. 눌르면 불 나온다. (꼭 불이 아니어도 상관없다. 갖고 놀 만

한 거면 된다).

조은   (눌러본다. 불이 나오자 그 불을 안예지 머리에 갖다 대고 장난

          친다)

안예지   야, 하지 마…

조은이 억지로 장난을 치고 안예지가 콧소리를 내며 도망간다.

29. 거실(아침)

(안예지)   저리 가. 하지 마.

안예지의 애교 가득한 웃음소리. 움직이는 소리. 송, 정, 유, 세 명의
하메가 또다시 조은의 방문을 본다. 아야! 하면서 나는 쿵 소리! 그
리고 침묵. 침묵이 더 긴장된다. 세 명의 하메 목이 조은의 방문을 향
해 늘어나는 기분이다. 송지원은 침까지 꼴깍 삼키는데.

윤진명   (방에서 나온다. 오랜만에 늦잠 잔 느낌이다) 뭐 해?

유은재   (당황한다) 어… 아뇨, 그게…

송지원   (목덜미를 긁적긁적하며 딴짓한다) …

정예은   (이른다. 조은의 방 가리키며) 쟤 친구 데려왔어.

유은재   (합세한다) 예… 아침부터 잠도 못 자게…

송지원   그리고 문 꼭 닫고 있다! 단 둘이.

윤진명   (그제야 놀란다) 남자야?

송지원   그건 아닌데…

30. 골목(낮)

유은재와 송지원이 장바구니를 양쪽에서 들고 걸어온다. 둘이 아이스크림을 핥아먹는다. 꼭 아이스크림이 아니어도 상관없다. 저 멀리 벨 에포크 앞, 조은이 안예지를 배웅하러 나왔다. 안예지가 뭐라고 조르자 조은이 귀찮아하면서도 안예지를 따라 나간다. 안예지가 좋아라 조은의 팔짱을 낀다. 멀어지는 뒷모습, 흡사 남녀 커플 같다.

31. 거실(저녁)

윤진명과 송지원이 장바구니를 정리한다. 냉장고에 넣을 건 넣고, 수납장에 넣을 건 넣는다. 정예은은 떡볶이를 만드는 중이다.

정예은   (맛을 보며) 좀 단가?
송지원   그래? 내 입에 넣어봐.
유은재   (냉장고에서 썩은 양파 꺼내며) 양파 썩었어요. (으으윽)

하메들이 있을 때의 분위기는 두서없고 화기애애하고 소란스럽다. 조은이 들어온다. 순간 조용해진다. 이질적인 분위기가 감돈다.

윤진명   친구 갔어?
조은   에.
윤진명   앞으로 친구나 가족이 올 때는 미리 얘기해줘. 그게 여기 규칙이야.
조은   (지적 받는 거에 익숙치 않다. 표정이 굳는다) 아… 에…

분위기 어색해진다.

유은재   (분위기 바꾸려고) 친구 되게 귀엽던데…
송지원   (얼른 받는다) 그니까… 아까 오다가 두 사람 봤는데… (얼레리꼴레리 느낌으로) 둘이 아주 그냥, 누가 보면 아주 그냥… (엄지와 검지로 하트 만들어 보이며) 케미가 아주 그냥…

조은 　(정색한다) 그게 무슨 소리예요?

송지원 　(조은이 정색하자 무섭) 어?

유은재 　(냉장고에 물건 정리하다가 정지) …

정예은 　(고추장 풀다가 정지) …

윤진명 　(식탁에 숟가락 놓다가 정지) …

송지원 　(스몰 하트 슬그머니 내리며) 아니, 그냥… 내 말은… 둘이 서로 정반대, 잘 어울린다는 그런…

조은이 인상 팍 쓰며 방으로 들어간다. 문 닫는 소리가 쾅!! 네 명의 하메들이 동시에 움찔한다.

송지원 　난 그냥… 농담한 건데… 내가 뭐 심한 말 했어?

유은재 　딱히… 평소랑 똑같앴는데…

송지원 　그치?

정예은 　애 참… 이상한 데서 화를 내네. (프라이팬째 식탁으로 옮긴다) 어떡해? (조은 방 턱짓하며) 쟤 불러?

유은재 　(소심하게) 같이 먹으면 체할 것 같아요.

윤진명 　…그렇다고 우리끼리만 먹기도 그렇잖아. 먹고 있는데 나오면 어떡해?

침묵…

33. 유은재, 윤진명의 방(밤)

네 명이 옹색하게 방바닥에 앉아 떡볶이를 먹는다.

정예은	뭔가 억울해. 왜 우리가 신입이의 눈치를 봐야 돼?
윤진명	(송지원에게 휴지 건네며) 흘렸다.
송지원	(닦는다. 방바닥에 앉아 먹느라 어떻게 해도 불편하다) …
정예은	모르는 사람들은 우리가 걔를 왕따 한다고 그럴 거야.
유은재	(뭔가 생각에 빠져 있다가 무심코) 사람은요, 숨기고 싶은 진실을 들 키면 화를 낸대요.
송지원	어?
유은재	(속마음이 말로 나와서 살짝 당황한다) 심리학적으로 그래요.
송지원	그러니까 네 말은 조은이가… (그럴듯하다) …
정예은	에이, 설마. 그쪽이 그렇게 흔한 것도 아니고…
송지원	흔한 건 아니지만 아주 없는 것도 아니잖아.
유은재	만약 그럼 어떡하죠?
윤진명	(잠깐 생각한다) 뭘 어떡해? 그럼 그런 거지 뭐.
유은재	(뭔가 못마땅하다) 그치만…
송지원	그치만 뭐… 배웠다는 사람이 소수자를 차별할 거야?
유은재	아뇨, 차별하자는 게 아니라…
정예은	난 좀 싫어.
유은재	그쵸, 불편하죠?
정예은	불편한 건 아닌데… (십자가 목걸이를 만지작거린다) 좀 그래.
윤진명	은재 넌 조은이 레즈라면 불편해?
유은재	예… (눈치를 보다가) 내가 촌스러운 건지 몰라도… 그런 사람 실제 로는 처음인 데다가… (용기를 낸다) 솔직히 남자랑 한 집에 사는 거 랑 같은 거 아녜요?
송지원	(생각해본다) 그런가?
윤진명	(선악의 판단 없이 질문한다) 그래서 내보내?
유은재	난 차별하자는 게 아니라 서로 불편하면 누군가는 나가야 되구…
송지원	그게 차별이야.
유은재	(자기가 왠지 나쁜 년 같다) 송 선배랑 윤 선배는 진짜 아무렇지도

	않아요?
송지원	난 뭐… (아무렇지도 않다) …
윤진명	처음이라 그럴 거야. 익숙해지겠지 뭐. (말 돌린다. 정예은에게) 다음 주에 개강이지? 괜찮겠어?
정예은	(우울해진다) 할 수 없지 뭐. 2년 연속 휴학할 수도 없고. 어떻게든 해야지.
윤진명	(유은재에게) 너는?
유은재	(딴 생각하고 있다가) 저도 뭐… 그런 일로 휴학할 수는 없으니까…
정예은	(윤진명에게) 선배 최종면접 언제지?
윤진명	이번 주 금요일. (한숨이 난다) …

각자의 걱정으로 조용해진다.

33. 조은의 방(밤)

조은이 침대에 누워 노트북을 보고 있다. 책상 위, 적당한 곳에 커플 인형이 놓여 있다.

34. 유은재, 윤진명의 방(낮)

유은재가 노트북으로 영화를 보고 있다. 한참 재밌는 순간이다. 노크 소리. 유은재가 화면을 멈추고 문을 연다.

정예은	뭐 해?
유은재	영화 보는데…
정예은	편의점 안 갈래?

유은재	편의점요?
정예은	(눈치를 본다) 어…
유은재	좀 있다 가면 안 돼요?
정예은	어, 그게… 오늘 중으로 꼭 택배 보낼 게 있어서…
유은재	잠깐만요.

유은재 노트북을 끄고 나온다.

35. 골목, 편의점 앞(낮)

정예은과 유은재가 걸어간다. 반대편에서 남자가 다가오면 정예은은 유은재에게 바짝 붙는다.

유은재	(사람들과 지나치고 나서) 이제 혼자 다니기도 하고 그래야지 않아요?
정예은	그래야지.
유은재	(말로만…) 학교는 어떻게 다닐 거예요?
정예은	너랑 송이 있잖아. 유경이랑 경아도 있고…
유은재	(솔직히 부담된다) …

두 사람이 편의점으로 들어간다.

36. 편의점 안(낮)

유은재와 정예은이 편의점 안으로 들어간다. 정예은이 우편물을 처리하는 동안, 유은재가 음료수 코너 쪽으로 가서 뭘 먹을까 하다가 아이스티를 집어 든다. 맥주 냉장고 앞에 두 명의 여학생이 맥주를 고르고 있는데 그중 하나는 하체 글래머다. 즉 얼핏 비욘세다. 물론 유은재와 얼핏 비욘세는 서로를 모른다.

비욘세친구   (맥주를 고르며) 너네 방 되게 시끄럽더라.
얼핏 비욘세   (같이 맥주를 고르며) 그치. 창문 닫아도 시끄러워. 싼 이유가 있었어.
비욘세친구   사진하고도 완전 다르던데? 사진으로 봤을 때는 되게 예뻤는데. 정원도 있구…
얼핏 비욘세   아, 그 집 아니야, 네가 본 데는 연남동이야. 벨 에포크라고…

아이스티를 집어 들던 유은재가 얼핏 비욘세를 본다. 슬쩍 본다. 어랏, 저 글래머스러운 엉덩이!

얼핏 비욘세   (등 뒤의 유은재가 그러거나 말거나) 거기 애들 완전 싸가지. 방 보러 간다고 예약까지 했거든. 근데 그사이 방 나갔다고 문도 안 열어주는 거 있지.
유은재   (혼자 놀랜다) …
정예은   (그사이 택배 붙였다. 부른다) 유은재.
유은재   (카운터 쪽으로 다가온다. 귓속말로) 봐봐요. 저기…
정예은   뭐? (유은재의 턱짓을 따라 얼핏 비욘세의 엉덩이를 본다) …?
유은재   (귓속말로) 비욘세…
정예은   (아직 모르겠다) 비욘세가 뭐… (하다가 알아챈다) …
비욘세친구   그걸 그냥 뒀어?
얼핏 비욘세   (맥주를 골라 돌아선다) 늙으니까 지랄 에너지도 떨어져서… (정예은, 유은재와 눈이 마주친다. 맥주를 카운터에 내려놓으며 뭘 그렇게 보냐는 얼굴로 쳐다본다) 뭐여?
유은재   (얼핏 비욘세의 도전적인 눈빛에 주눅 든다) 그게, 맥주 사려면 신분

증 있어야 하는데… (꾸벅 인사하고 정예은을 끌고 밖으로 나간다)
…

얼핏 비윤세	(한 템포 늦게 슬며시 웃는다) 나 그렇게 어려 보여?
비윤세친구	(어이없다) 말도 안 돼. 너 어딜 봐서…

37. 골목, 벨 에포크 앞(낮)

송지원이 걸어온다. 뒤에서 다급한 발소리 들린다. 돌아보면 정예은
과 유은재가 거의 뛰다시피 걸어온다.

송지원   어디 갔다 와?

인사도 받지 않고 송지원을 앞서간다.

송지원   (쫓아가며) 뭔 일 있어?

38. 거실(낮)

정예은이 조은 방문을 노크한다. 조은이 문 열고 내다본다. 유은재
가 정예은 옆에 서 있다. 송지원은 일단 쫓아오긴 왔는데…

정예은	잠깐 좀 보자. (식탁 의자에 앉는다)
조은	(뭐지 싶다. 유은재를 흘깃 보고, 정예은 맞은편에 앉는다) …
유은재	(정예은 옆에 앉는다) …
송지원	(일단 조은과 정예은 가운데쯤 자리 잡았다) …
정예은	너 여기 처음에 올 때 어떻게 알고 온 거야?

조은	(정예은을 슬쩍 본다) …
유은재	(정예은 말을 반복한다) 어떻게 알고 왔어요?
조은	…그냥 친구한테 들었는데… 여기 방 비었다고…
유은재	(잡았다) 아니잖아…요… 방 구하는 사이트에서 보고 왔댔잖아요. 얼핏 비온세!
조은	그런 말 한 적 없는데…
유은재	했어요! (정예은에게) 했죠?
정예은	(힘차게 고개 끄덕인다) …

• 인서트 》

첫날, 조은이 왔을 때의 화면이 빠르게 되감기 된다. 너무 많이 감았다가 다시 되돌아온다.

송지원	안녕… 하세요?
송지원	방 보러 온 거?

다시 화면 빨리 감긴다. 윤진명이 방 소개하는 장면, 1배속으로 잠깐 재생되다가 다시 빨리 감기고.

윤진명	방 봐야죠, 이쪽인데…
조은	방이요?

다시 빨리 감기고…

윤진명	집주인이랑 상의해서, 곧 연락할게요.
조은	(퇴장한다) …
조은	(이렇게 된 거라는 듯 정예은과 유은재를 본다) …
유은재	(증거 앞에서 할 말은 없지만 왠지 억울하다) 이상하다. 분명히 했

정예은	그치만 우리가 널 다른 사람으로 오해했다는 거, 알았지?
유은재	(옳다구나) 알았죠?
조은	뭐, 좀 이상하다고 생각하긴 했지만…
정예은	근데 왜 아무 말 안 했어?
유은재	(그래? 그 옆에서 고개 끄덕인다) …
조은	그냥 뭐… (슬쩍 외면하며) 그런 것까지 일일이 다 얘기해야 하는 건 아니잖아여.

잠깐 침묵이 흐른다. 송지원은 여전히 구경꾼이다.

조은	할 얘기 끝났으면… (일어나는데)
정예은	집이 어디야?
조은	성산동…
정예은	너네 학교 북가좌동이라며.
조은	근데여?
정예은	근데 왜 여기 있어?
조은	여기 있으면 안 돼여? (하메들을 보다가 방으로 들어간다) …
유은재	성산동이 왜요?
정예은	성산동이랑 북가좌동 되게 가까워.
유은재	(그제야) 아… (조은의 방문을 본다. 더욱 의심스럽다)
송지원	(아까부터 묻고 싶었다) 뭐야? 왜?
유은재	쟤 비욘세 아니에요. 비욘센 따로 있어요. 쟤 되게 수상해요.
정예은	응… 숨기는 게 있어.

39. 조은의 방 (낮)

조은이 방문에 붙어 밖의 대화를 듣고 있다.

40. 옷가게(저녁)

조은이 피팅룸 앞에 서 있다.

조은   (혼잣말하는 걸까) 되게 경계하는 느낌? 뭐, 그전에도 친절하지는
          않았지만.
(안예지)   그럼 들킨 거야?
조은   아직 확실치는 않아.
(안예지)   그래서? 어떡할 거야?
조은   어떡하긴 뭐… 들키면 들키는 거지.
안예지   (태그가 붙어 있는 원피스를 입고 피팅룸에서 나온다) 뭐야? 싱겁
          게. 그럴 거면 그 집에 왜 들어갔냐? 한바탕 해야지. 와장창창…
조은   넌 재밌냐?
안예지   웅! 남의 얘긴데 재밌지, 그럼. (거울의 자신 보며) 어때?
종업원   (옷매무새를 만져주며) 이쁘네. 딱 자기 옷이네. (조은에게 물어보는
          데 마치 남자친구에게 여자친구 어떠냐고 묻는 느낌이다) 이쁘죠?
조은   (슬쩍 외면한다) …

41. 골목, 벨 에포크 앞(저녁)

조은이 걸어온다. 벨 에포크 앞에 50대의 남자가 서 있다. 키가 크
고, 마른 공무원 느낌의 남자다. 조은의 아버지 조영학이다. 조은이
조영학을 발견하고 멈칫한다. 조영학도 조은을 발견한다.

조영학	(조은을 발견하고 활짝 웃는다) 지금 막 전화할라 그랬는데…
조은	왜요?
조영학	아… 네 엄마가 그러는데…
조은	(외면하면서) 네 엄마가 아니라 아직 아빠 부인이죠.
조영학	(무안쩍게 웃는다) …집을 나갔다구?
조은	…
조영학	무슨 일 있나 싶어서…
조은	(조영학을 보지 않는다) …
조영학	별 일 없는 거지?
조은	…얼마 전에 아빠를 봤어요.
조영학	어? 어디서?
조은	(그제야 아빠를 똑바로 본다) 정말 환하게 웃던데요. 좋은 일 있었나 봐요.
조영학	(좋은 일이라) 글쎄… 그게 언제지?
조은	(말을 끊다시피) 그래서 짜증이 확 났어요. (아버지를 지나쳐 안으로 들어간다) …
조영학	(잠깐 서 있다가 돌아선다) …

42. 옥상(저녁)

문이 부서져라 열린다. 조은이 나온다. 우리에 갇힌 사자처럼 왔다 갔다 씩씩대더니 옆에 있는 물 조리개를 벽에 집어던진다. 부서진 플라스틱 조각이 뺨을 스친다. 조은의 뺨에서 피가 흐른다. 조은이 숨을 헐떡인다. 겨우 진정하고 조은이 옥상을 빠져나간다. 옥상 건물 모퉁이, 유은재가 쭈그리고 앉아 있다. 상추와 깻잎을 따던 중이었다. 조은의 폭주에 겁이 났다. 너무 놀라 딸꾹질이 난다. 부서진 물 조리개를 본다.

43. 거실(아침)

하메들이 동선에 따라 움직인다. 조은은 방관자적 위치다. 조은의 뺨에는 밴드가 붙어 있다. 유은재는 열이 나나 보다. 얼굴이 붉다. 화장실에 가려는데 비틀한다. 하메들은 뭐 그러려니 한다. 조은은 늘 그렇듯 하메들의 움직임을 관찰한다. 잠시 후 윤진명이 방에서 나온다. 윤진명은 오늘 면접이 있다.

정예은 (이미 익숙하다) 면접?
윤진명 (역시 익숙하다) 어.
송지원 (여러 번 한 말이다) 잘하고 와. 파이팅!
윤진명 어, 갔다 올게.

윤진명이 나간다.

정예은 이번이 몇 번째지?
송지원 두 자릿수 넘어가면서 세는 거 관뒀어.
정예은 (걱정이다) 올해 지나면 더 어려울 텐데…

그사이 유은재가 화장실에서 나와 소파에 앉는다. 조은이 유은재를 빤히 쳐다본다. 유은재가 조은의 시선을 눈치채고, 쳐다본다. 조은이 슬며시 외면하며 방으로 들어간다. 유은재가 자기 이마를 짚어본다.

정예은 왜? 아퍼?
유은재 예, 좀…
정예은 그럼 나 오늘 병원 누구랑 가지? (송지원을 본다)
송지원 안 돼. 난 오늘 약속 있어.

유은재   (두 사람의 대화가 좀 서운하다. 소파에 눕는다) …

44. 들판(낮 - 유은재의 꿈)

들판이다. 개가 짖는다. 일곱 살쯤 어린 유은재가 꼼짝도 못한 채 겁에 질린다. 개는 사실 반갑다고 짖는 걸 수도 있다. 개가 유은재에게 달려든다. 그 순간 아버지가 유은재를 번쩍 안아 올린 다음 개를 쫓아버린다.

45. 거실(낮)

유은재에겐 익숙한 꿈이다. 한숨부터 쉰 다음 눈을 뜨는데 눈앞에 조은이 있다. 막 자신에게 손을 뻗으려는 중이다.

유은재   (조은의 손을 툭 쳐낸 다음 뒤로 물러나 앉는다) 왜? 뭐 하는 거예요?
조은   어?… (당황한 것 같다. 역시 뒤로 물러나며) 가위눌린 거 같길래…
         (왠지 유은재의 눈치를 본다) …

두 사람만 같이 있어본 건 처음이다. 두 사람 왠지 어색하다. 침묵이 도드라진다. 일상의 소음이 커진다.

조은   (왠지 어색해서) 아무도 없나 봐여?
유은재   예? 왜요?
조은   아, 그냥 조용해서…
유은재   금방 올 거예요. 다들 근처에 있을 거니까.

조은   (왠지 의심을 품는다) 이상하다… 오늘 다들 늦는다고 한 거 같
          은데…
유은재   (뭐야) 근데 왜 물어봤어요?
조은   아, 그냥… 깜박하고…
유은재   나도 깜박하고… (어색해서 안 해도 될 말을 한다) 아, 그만 들어가
          봐야겠다.

46. 유은재, 윤진명의 방(낮)

유은재가 들어온다.

유은재   (열도 나고 겁도 나고 정신없다) 뭐야? 뭔 뜻이야? 아무도 없으면
          뭐? 늦게 오면 뭐?

유은재가 잠금장치를 본다. 잠금장치를 누르려 하지만 딸각 소리가
날 것 같다. 어쩌지? 어쩌지? 핸드폰으로 시끄러운 음악을 검색한다.
음악을 튼다.

          • 인서트 ≫
조은이 막 거실을 빠져나간다.

유은재가 가장 시끄러운 소리가 날 때를 기다려 잠금장치를 누른
다. 안도한다. 소리를 줄이고, 이어폰을 꽂고 침대에 눕는다.

유은재   (침대에 있던 커다란 인형을 끌어안으며 중얼댄다) 선배, 나 아파요.

47. 약국(낮)

슬리퍼를 찍찍 끌며 조은이 약국으로 들어갔다가 잠시 후에 나온다.

48. 거실(낮)

조은이 들어온다. 유은재, 윤진명의 방문을 노크한다. 아무 소리 없다. 자나. 돌아서려다가.

• 인서트 ≫
– 아침에 화장실 가기 전에 비틀하던 유은재
– 이마를 짚던 유은재
– 소파에 누워 잠든 유은재가 식은땀을 흘리며 괴로워한다.

조은이 유은재 방문을 쾅쾅 노크한다.

조은   저기여! 저기여, 괜찮아여? 저기여?…

49. 유은재, 윤진명의 방(낮)

유은재는 이어폰을 꽂은 채 잠들었다. 식은땀을 흘리고 있다. 쾅쾅. 문 두드리는 소리.

(조은)   저기여? 야! 야!

소리에 유은재가 어설프게 깨어난다.

•인서트 ≫
조은이 심각해진다. 문 앞을 떠나, 싱크대 서랍을 뒤진다. 유은재가 눈을 뜨고 이어폰을 뺀다. 아무 소리도 들리지 않는다. 다시 눈을 감는다.

50. 거실(낮)

싱크대 서랍에 원하는 것이 없다. 신발장 서랍을 연다. 열쇠 뭉치가 있다. 조은이 열쇠를 하나하나 꽂기 시작한다.

51. 유은재, 윤진명의 방(낮)

열쇠 달그락거리는 소리에 유은재가 눈을 번쩍 뜬다. 뭐야? 왜? 계속해서 열쇠 달그락거리는 소리. 유은재가 벌떡 일어나 안절부절못한다. 왜? 왜? 의자를 문에 기대보지만 바퀴 달린 의자다. 어떡해? 유은재가 핸드폰을 집어 든다. 어디다 전화를 하지? 윤진명에게 전화한다.

52. 면접 대기장(낮)

윤진명이 다른 면접자들과 함께 자기 차례를 기다린다. 핸드폰이 진동한다. 유은재다. 수신거부한다. 면접장 안에서 노랫소리가 들린다. 면접자가 아이돌 노래를 하나 보다. 폭소가 터진다. 면접을 기다리던 사람들이 당황한다. 노래를 해야 하나? 핸드폰을 검색하기 시작한다. 흥얼흥얼 노래를 따라하며 안무까지 연습하는 사람도 있다. 윤진명도 핸드폰을 들었다가 포기한다. 그래봤자 소용없을 것 같다. 그렇게 마음먹었더니 오히려 마음이 편해진다. 포기한 자의 여유를 가지고 다급한 사람들을 바라본다.

53. 유은재, 윤진명의 방(낮)

유은재는 마음이 다급하다. 문을 열려는 시도는 더욱 집요하다. 정예은에게 전화한다.

54. 정신병원 대기실(낮)

한유경이 잡지를 본다. 옆에 놓은 정예은 가방에서 핸드폰이 진동한다.

55. 상담실(낮)

정예은이 상담 중이다.

정예은   다음 주부터 개강인데… 어떨 땐 괜찮을 것 같다가도 또 어떨 땐 도저히 못 할 것 같기도 하고…

56. 거실(낮)

조은도 급하긴 마찬가지다. 사실 조은은 키만 컸다뿐이지 스물한 살. 만으로는 열아홉이다. 겁이 난다.

조은   (너무 당황해서 열쇠가 잘 안 들어간다) 왜 안 들어가? 진짜…

57. 풀장(낮)

송지원이 선글라스를 끼고, 커다란 모자를 쓰고 튜브에 누워 음료수를 마신다. 어딘지는 모르겠지만 여름을 만끽 중이다.

58. 유은재, 윤진명의 방(낮)

유은재   (송지원에게 전화 중이다. 주문을 걸듯) 송 선배, 송 선배… 전화 받아라, 제발…

그 순간. 딸깍! 잠금장치 풀리는 소리. 유은재, 헉!

59. 거실(낮)

정신없이 열쇠를 꽂고 돌리던 조은도 헉! 놀란다. 문을 벌컥 여는데. 그 순간. '으아아아아아악' 소리를 지르며 유은재가 조은을 밀어버리고 뛰쳐나온다. 유은재가 맨발로 뛰쳐나간다.

조은   야! 야! (쫓아간다) …

60. 골목(낮)

맨발의 유은재가 필사적으로 도망간다. 조은이 쫓아간다. 한여름의 질주! 지나다니는 사람은 별로 없지만 유리창 안의 사람들, 커피숍 안의 사람들, 차 안의 사람들. 긴장감 없이 쳐다본다.

61. 골목(낮)

달리던 유은재가 지쳤다. 도망가면서 점점 이성이 돌아온다. 햇빛은 찬란하고, 그늘에 앉은 할아버지 할머니들은 부채질을 하며 한가롭고, 아이들은 웃고 있다. 걸음이 점점 느려지다가 멈춘다. 뒤돌아본다. 조은이 따라오다가 멈춘다. 숨이 가쁘다.

조은   (헐떡이며. 어이없다) 너 왜 그러냐?
유은재 …   (자기 맨발을 본다) 그러게…?

찬란한 햇빛 아래, 두 사람이 마주 보며 가쁜 숨을 내쉰다.

62. 면접장(낮)

윤진명이 면접을 보는 중이다.

면접관   졸업이 꽤 늦었는데… 그렇다고 이렇다 할 경력이 있는 것도 아니고… 뭐 했어요?
윤진명   (담담하다) 아르바이트를 했어요. 하루 평균 6, 7시간씩… 스펙 때문이 아니라 진짜 돈이 필요해서요.

면접관들이 일제히 쳐다본다. 옆에 앉은 면접자도 곁눈으로 본다.

면접관　　그렇게 아르바이트를 했다면 영화나 음악, 이쪽은 잘 모르겠네요.
　　　　　우리 회사는 문화 콘텐츠를 다루고 있는데…
윤진명　　예, 잘 모릅니다. (희미하게 웃는다) 마지막으로 본 영화가 〈아바타〉
　　　　　입니다.
면접관　　아는 아이돌이 있습니까?
윤진명　　멤버 얼굴까지 아는 건 빅뱅?

63. 면접 대기실(낮)

면접자들 몇 명과 함께 윤진명이 나온다. 다른 면접자들은 엄마나
친구에게 문자를 보낸다. 기대와 안타까움 같은 것이 뒤섞여 있다.
실수한 걸 복기하기도 한다. 윤진명은 담담하다. 면접용 카드를 반납
하고 그곳을 나간다.

64. 골목(저녁)

조은과 유은재가 터덜터덜 걸어온다.

(유은재)　　나는 겁쟁이다. 눈을 감고 주먹을 휘두르는 어린아이 같다. 무서워서
　　　　　짖는 개와 같다.

65. 회사 앞(낮)

윤진명이 온다. 어디로 갈까 하는데, 이상한 사람이 보인다. 얼굴에 페이스페인팅을 했는데 (《헌터×헌터》 '히소카' 참조) 트레이닝복을 입었다. 그가 다가오면 여자들은 노골적으로 피하고, 남자들도 슬슬 피한다. '저기 핸드폰 좀… 급해서 그래요. 저 이상한 사람 아니거든요. 아, 쫌…' 나중엔 화를 낸다. 여자들이 소리를 지르며 도망간다. 윤진명도 빙 돌아서 간다.

(유은재) 나는 겁쟁이다. 늘 겁이 난다. 낯선 것은 이상한 것이고.

66. 정신병원 대기실(낮)

정예은이 온다. 잡지책을 보다가 지루해하던 한유경이 일어난다. 가방을 건네준다.

(유은재) 이상한 것은 무서운 것이 되고. 무서운 것은 나쁜 것이 된다.

67. 엘리베이터 앞(낮)

20대 초반쯤 남자와 그의 보호자인 듯한 50대의 엄마가 엘리베이터를 기다린다. 남자는 몸을 살짝 살짝 흔들며 눈빛을 고정 못 한 채 끊임없이 중얼거린다. 정예은과 한유경은 조심스럽게 그를 경계한다. 엘리베이터가 온다.

정예은 (갑자기) 나 화장실…
한유경 (기다렸다는 듯) 나도…

그들이 화장실을 찾는 척 사라진다. 50대 아줌마는 이런 일이 일상적이다. 그렇다고 상처가 안 되는 것도 아니다. 엘리베이터에 탄다. 문이 닫힌다.

(유은재)   그렇게 낯선 것은 피해야 할 무서운 것이 된다.

68. 어린이 야외 풀장(낮)

탄천이나 한강 고수부지에 만들어놓은 어린이들 전용 수영장. 초등학교 고학년만 돼도 오지 않는 곳. 아이들의 동반자인 엄마들은 파라솔 밑에서 책을 보거나 수다를 떨 뿐인데… 그들이 한곳을 보며 수군거린다. '저 여자 뭐야?' '미친 거 아니야?'

(유은재)   나는 또 겁이 난다. 누군가에게 낯설게 보일까 봐. 이상하게 보일까 봐. 그래서 나는 기를 쓰고 다른 사람과 비슷해지려고 한다.

그들이 보는 건, 튜브에 누워 있는 송지원이다. 선글라스를 끼고, 커다란 모자를 쓰고 아이스티와 샌드위치를 먹고 있다. 아이들이 그 옆에서 놀고 떠든다. 늦게 온 임성민이 한숨을 쉰다.

송지원   (히죽 웃으며) 왔어?
임성민   재밌냐?
송지원   천국이 따로 없다.

69. 골목, 벨 에포크(저녁)

사람들이 흘깃거린다. 그들이 흘깃거리는 것은 유은재의 맨발이다. 유은재가 자신의 발을 본다.

조은   멀리도 갔다⋯ 왜 그랬냐?
유은재   (떳떳하진 못하다) 그러는 넌⋯ 왜 쫓아왔는데?
조은   네가 도망가니까⋯

70. 거실(저녁)

유은재가 발을 닦고 나온다. 조은이 사온 약 봉지가 식탁 위에 놓여 있다.

유은재   ⋯약 주려던 거였어?
조은   응⋯
유은재   (진심이다) 미안.
조은   꿈꿨냐?
유은재   응⋯ 바보 같은 꿈꿨어.
(유은재) (같이 웃다가 문득 걱정이 된다) 나는 또 겁이 난다. 내 안의 겁쟁이
        가 눈을 감고 휘두른 주먹에 누군가 맞을까 봐⋯ 그리하여 생각하
        는 것만큼 내가 좋은 사람이 아닐 수도 있다는 생각에 겁이 난다.

71. 벨 에포크 전경(아침)

말 그대로 아침이다.

(정예은) 뜨거운 물 안 나와.

(유은재)   진짜요? 어떡해요? 찬물로 씻어요?

　•점프 》
조은까지 다섯 명의 하메가 목욕탕 갈 준비를 해서 나왔다. 조은은
트레이닝복을 입었고, 야구 모자를 눌러썼고, 구부정한 어깨에 슬리
퍼를 찍찍 끈다.

72. 찜질방 입구(낮)

40대 아줌마가 텔레비전을 보며 손님을 받는다. 수건을 개며 손님을
받는다. 라디오에선 트로트 음악이 나온다. '내 나이가 어때서'쯤?
아니어도 상관없고. 시간차를 두고 하메들이 들어온다.

아줌마   (윤진명을 흘깃 보고. 텔레비전을 보며 기계적으로 락커 열쇠와 수
　　　　건을 건넨다) 계단 내려가서 오른쪽요. (유은재에게도 역시) 계단 내
　　　　려가서 오른쪽요. (송지원에게도) 계단 내려가서 오른쪽… (정예은
　　　　에게는 아예 리듬을 붙여서) 계단 내려가서 오른쪽.

　　　　조은이 들어온다. 슬쩍 보고, 락커 키만 건네며.

아줌마   계단 내려가서 왼쪽요. (수건 개다가 뒤늦게) 잠깐만요. 잠깐만. (밖
　　　　으로 뛰쳐나간다)

　　　　계단 아래 막 남탕으로 들어가려던 조은을 물끄러미 본다.

아줌마   모자 좀… 아! 오른쪽이네, 오른쪽… 잠깐만요. 수건 줄게, 수건.

73. 골목(저녁)

조은과 다섯 명의 하메가 걸어온다. 아이스크림을 물었다. 유은재는 바나나 우유를 먹는다. 다른 음료여도 상관없다. 목욕 이후라 모두들 볼이 복숭앗빛이다. 좀 전의 일을 이야기 중이다.

조은	화장실 들어가면, 아줌마들이 가끔 놀랄 때 있어요.
정예은	그런 거 안 불편해?
조은	뭐… 그러려니 해요.
송지원	치마 입어봐.
조은	여장남자 같대요.
윤진명	머리 기르면?
조은	관리하기 힘들어요.
유은재	(슬쩍) 남자로 오해받는 거. 기분 안 나빠?
조은	생각 안 해봤는데…
윤진명	너네 언제 반말하기로 했어?
조은	그냥 뭐, 나이도 같고…
유은재	학번은 내가 윈데…
정예은	(불쑥) 외모의 문제가 아니야, 태도의 문제지. (조은의 구부정한 걸음걸이 흉내 내며) 이게 뭐냐? 어깨 쭉 펴고. 사뿐사뿐. (시범 보인다) 응?

송지원과 유은재가 따라해본다. 정예은이 조은의 어깨 가운데를 밀어 쭉 펴준다. 더 커 보인다.

조은	(곧 구부정으로 돌아간다) 됐어여. 이게 편해여. (구부정해서 철드럭거리며 걸어간다)

74. 베란다(낮)

윤진명이 빨래를 넌다. 핸드폰이 진동한다. 문자가 왔다. '축하합니다. 윤진명 님은 저희 오앤박에 최종합격 하였습니다' 윤진명은 잠깐 멈칫한다. 하던 일을 계속한다. 빨래를 다 널고, 다시 한 번 문자를 본다. 그 문자가 있다. 현실이다. 윤진명이 깊은 숨을 내쉬며 창밖을 본다. 엄마에게 전화를 한다. '엄마!'

75. 옥상(낮)

정예은, 유은재, 송지원이 옥상 텃밭을 가꾼다.

정예은   할머니는 언제 온대?
송지원   올 때 되면 오겠지… (물 조리개로 물을 주다가) 이게 원래 이랬어?
정예은   그러게?
유은재   (물 조리개를 보고 빙긋이 웃는다. 조은이 사다놓았나 보다) …

발소리가 들린다. 송지원이 정예은과 유은재의 손을 잡고 한쪽으로 숨는다. 놀래켜주려는 거다.

(윤진명)   (콧소리 낸다) 흐으흐응… 축하의 뽀뽀! (잠시 후) 한 번 더! (좀 있다가 쪽 소리 낸다)

숨어 있던 하메들, 경악한다. 송지원의 턱이 뚝 떨어진다. 정예은 손에서 방울토마토가 굴러 떨어진다.

윤진명   (박재완과 통화 중이다) 근데요. 우리 만나기 더 힘들어졌는데 어쩌죠? 언제 서울 와요? (듣다가) 으으으응, 시로!

너무 놀란 유은재가 딸꾹질을 한다.

윤진명   (딸꾹질 소리를 들었다. 목소리 톤 바뀐다) 예, 알았어요. 다시 전화
         할게요. (건물을 돌아 하메들 앞에 선다) …

         유, 정, 송, 쪼르륵 쭈그리고 앉아 있다가 고개를 들어 쳐다본다. 왠지
         봐서는 안 될 장면을 본 것 같다.

윤진명   여기 있었어?
유, 정, 송   (고개를 끄덕인다. 유은재는 계속 딸꾹질 중이다) …
윤진명   나 합격했어.
유, 정, 송   (그런 것 따위 놀랍지도 않다. 방금 들은 콧소리에 비하면) 응…
윤진명   축하 안 해줘?
유, 정, 송   (영혼 없이) 축하해.
윤진명   왜 그래?
송지원   (흉내 낸다) 으으웅, 시로, 시로. 쪽! (슬쩍 윤진명 눈치 본다) …
윤진명   그럼 뭐, 난 연애할 때도 다나카로 할 줄 알았어? (내려간다)
송지원   (쫓아가며 단호히) 응! 뽀뽀해도 되겠습니까? 예! 마음대로 하십
         시오!
(윤진명)   내가 그런 이미지야?
(유, 정, 송) (단호히) 예!!

         빈 옥상에 새 물 조리개가 놓여 있다.

76. 조은의 방(낮)

조은이 수첩에 쓴다. 수첩에는 윤진명, 정예은, 송지원, 유은재란이 있다. 유은재 페이지를 펼쳐서 '손바닥의 상처, 칼로 그은 듯한'을 쓴다.

• 인서트 》
소파에 자고 있는 유은재. 손바닥의 상처.

조은이 『지연된 정의』 책을 꺼낸다. 그 안에서 반으로 접힌 분홍색 편지지를 꺼낸다. 급하게 연남로 22번지 2층이라는 주소가 적혀 있다. 이것은 조은이 맨 첫날 이곳에 왔을 때 들고 있던 그 종이다. 반으로 접힌 편지지를 펼친다. 분홍색 편지에는 전체적으로 희미하게 크리스마스트리의 모습이 인쇄되어 있고, 편지지 아래쪽에는 水&秀라고 인쇄되어 있다. 즉, 회사나 가게에서 고객들에게 보내는 성탄 편지지 같은 느낌이다. 그러나 편지의 분위기와는 상관없이 그 위에 쓰여진 글씨는 난폭하고 정신없다.

'그래, 내 인생을 망가트린 건 너야. 너였어. 내가 이 모양 이 꼴이 된 게 다 너 때문이었어. 근데 넌 하하호호 웃더라. 행복하니? 행복하겠지. 앞으로도 잘 먹고 잘 살겠지. 하하호호 웃겠지. 너 때문에 망가진 사람이 있다는 것도 모른 채. 개 같은 년. 개 같은 년. 개 같은… 가만 안 둘 거야. 다시는 그렇게 웃지 못하게 만들 거야. 웃고 있는 네 입을 찢어놓을 거야. 내가 당한 고통 그대로… 널 죽여버릴 거야.'

편지는 그렇게 뚝 끝났다.

77. 에필로그(찜질방의 하메들)

— 윤진명

체중계가 있다. 윤진명 체중계에 올라갔다. 응… 별 반응 없이 내려온다.

— 유은재

체중계에 조심스럽게 올라간다. 사람들이 다가오자 얼른 내려온다.

— 정예은

발가락 끝부터 올라간다. 헉!

정예은   (내려오자마자) 말도 안 돼.

— 송지원

체중계에 올라간다. 화장실에 들어갔다가 다시 체중계에 올라간다.

송지원   (다가오는 조은에게) 나 똥 4백 그램 쌌다!

— 조은

체중계는 슬쩍 보고 아이들이 재는 키 재는 기구에 조심스럽게 올라갔다가 얼른 내려온다. 중얼거린다. '말도 안 돼'

나는 널 미워하기로 마음먹었다

1. 프롤로그

― 벨 에포크 전경
아침이다.

― 거실
유은재가 나온다. 잠을 못 잔 듯 눈이 퀭하다. 세상 끝난 것처럼 땅이 꺼져라 한숨을 쉰다. 화장실 문을 노크하면,

(송지원)   아임 히어!

조은이 토스트를 만들며 유은재를 관찰한다. 유은재가 화장실 앞에서 울상을 짓고 있다가, 자책하듯 이마로 화장실 문을 콩콩 박는다. 이상하게 볼라치면 이상하다.

송지원   (화장실에서 치약이 묻은 칫솔을 갖고 나오며) 나 있다고… (했다가 유은재의 우울한 얼굴을 보고 참는다) 에휴~

유은재는 터덜터덜 화장실로 들어가고, 송지원이 싱크대에 와서 양

치질하는데 우욱! 토할 것처럼 울컥한다. 어쨌거나 조은은 토스트에 잼을 바르며, 이번엔 송지원 관찰에 들어간다.

송지원   (얼른 물로 헹군다. 토하려던 사람이 그렇듯 눈물이 났다) 아우…
        (하다가 조은과 눈이 마주친다)
조은   (슬쩍 시선을 돌린다) …
송지원   (조은에게 다가온다) …
조은   (뭐야? 지켜본다는 걸 들켰나? 짝다리를 풀고 자세를 바로잡는다)
송지원   너 방금 본 거 비밀이다.
조은   에?
송지원   (살짝 고민한다) 너만 알고 있어. 사실 나… 시한부야.
조은   (뭐냐, 이 사람) …
송지원   이렇게 건강해 보이는데 안 믿기지? 그래. 나도 아직 안 믿겨. 어쨌거
        나 다른 하메들한텐 비밀로 해줘.
조은   근데… 왜 나한테는 말해여?
송지원   그게 말이야. 혼자 감당하자니 너무 힘들어. 누구한테든 말해야겠
        는데 너무 가까운 사람한테는 말할 수가 없는 거야. 그 사람도 나만
        큼 괴로워할 테니까… 이런 말 하면 너는 서운할지 몰라도… 너랑
        나는 아직 별 사이 아니잖아. (쓸쓸한 얼굴로 돌아선다) …
조은   (설마 하면서도) 진짜예여?
정예은   (언제 나왔을까. 방에서 나왔다. 간단하게) 거짓말이야!
송지원   (아무렇지도 않게 헤헤 웃는다) …굿모닝조크!

웃기지도 않는다. 조은이 뭐야, 하며 고개를 돌리다가 흠칫 놀라 다
시 정예은을 본다. 학교 갈 준비를 하고 나온 정예은은 지금까지와
완전 다르다. 우중충한 옷 색깔, 긴 치마. (혹은 긴 바지) 눈을 가리듯
앞머리를 내렸다. 유은재가 세수를 끝내고 나온다.

정예은	(유은재에게) 아직 멀었어?
유은재	(한숨 쉰 다음) 잠깐만요. (방으로 들어간다) …
조은	(이 사람들 왜 이래 싫다. 송지원에게) 학교 가는 거 아니에여?
송지원	맞어.
조은	(이상하다, 윤진명 방 쪽을 가리키며) 저기… 윤…
정예은	윤 선배?
조은	에, 그 사람은…
정예은	벌써 출근했지.

― 회사 건물 앞
신입사원이란 이런 것이다. 또각또각 걸어온다. 건물 안으로 들어
간다.

― 벨 에포크 앞
네 명의 하메가 나온다. 세상 다 산 듯한 유은재. 집에 있을 때와 정반
대로 우중충해진 정예은, 평소랑 같은 건 송지원뿐인가? 조은이 그들
을 보며 고개를 갸웃한다. 어쨌거나 네 명의 하메가 벨 에포크를 출
발한다.

타이틀 제 2 회 ― 나는 널 미워하기로 마음먹었다 (부제: 죄와 벌)

3. 타이틀 이미지 몽타주

4. 대학 정문(낮)

송지원, 유은재, 정예은이 들어온다. 세 사람이 헤어진다. 혼자 남은

정예은은 긴장으로 터질 것 같다. 자기 발끝만 보며 최대한 기척을 죽이며 걸어간다.

5. 식영과 건물 복도(낮)

정예은이 걸어온다. 여전히 자기 발끝만 보고 있다. 마주 오던 여학생 두 명 중 하나가 정예은을 보고 긴가민가한다.

여학생1　　정예은?
정예은　　(화들짝 놀라 고개를 든다) …
여학생1　　맞네, 정예은? 복학했어?
정예은　　어? 어…
여학생1　　말도 없이 휴학하고. 넌 좀 맞아야 돼. (때리는 시늉한다) …
정예은　　(움찔한다) …
여학생1　　(장난쳤는데 반응이 그 모양이라 무안하다) 야, 농담이야. 근데 너 좀 변했다.
정예은　　어?

그때, 뒤쪽에서 한유경, 송경아가 나타난다.

송경아　　왔어?
정예은　　(눈에 띄게 안도한다) 어…
한유경　　(여학생1, 2와 눈으로 아는 척하고 정예은을 끌고 가며) 수업 안 늦었어?
정예은　　어… (여학생1, 2에게 눈으로 인사하고 강의실로 들어간다) …

여학생1, 2, 복도를 빠져나간다.

여학생1	예은이 좀 변했지? 애가 우중충해졌네.
여학생2	(그때까지 한 마디도 안 하고 있다가) 너 진짜 모르는구나?
여학생1	뭘?
여학생2	(정예은이 들어간 강의실을 슬쩍 본다) …
여학생1	뭔데? 말해봐… 뭔데?
여학생2	…예은이 정신과 치료 받는대.
여학생1	(처음 들었다. 놀랐다) 왜?

5. 강의실(낮)

아직 수업 전이다. 창문가에 앉은 정예은, 눈을 감고 길게 심호흡한다.

(정예은)　(빠르게 중얼거린다) 괜찮아. 괜찮아. 괜찮아 아무 일 없어. 아무 일 없어.

6. 화장실(낮)

유은재가 거울을 보며 마인드컨트롤 중이다.

유은재　(거울 속 자신을 보며 낮게 중얼거린다) 괜찮아. 괜찮아. 괜찮아. 별거 아니야, 별거 아니야.

화장실 칸 안에서 누군가 나온다. 유은재는 중얼거리던 걸 멈추고 밖으로 나간다.

7. 복도(낮)

유은재가 화장실에서 나온다. 너무 긴장해서 왼팔과 왼다리가 같이 나간다. 신입생인 듯 여학생 두 명이 유은재에게 엉거주춤 인사한다.

신입생들 안녕하세요.
유은재 (나름 씩씩하게) 안녕!

유은재가 환하게 웃는다. 왼팔과 왼다리를 동시에 내밀며 씩씩하게 강의실로 들어간다.

8. 강의실(낮)

삼삼오오 무리지어 있던 심리학과 학생들 20여 명. 유은재가 들어오는 순간 긴장한다. 창가 쪽, 친구들과 같이 있던 윤종열이 천천히 돌아본다. 그도 긴장하긴 마찬가지다. 윤종열과 유은재의 시선이 부딪친다. 강의실엔 정적이!! 1초, 2초, 3초!

윤종열 (긴장을 뚫듯) 안녕!
유은재 (필사적으로 아무렇지 않은 척하느라 목소리가 살짝 뒤집어진다) 안녕하세요.

겨우 인사를 주고받았을 뿐인데, 왠지 주변인들이 안도한다. 시간이 다시 움직인다. 윤종열은 윤종열의 무리와 하던 이야기를 계속하고, 그들과 조금 떨어져서 유은재는 김한소영 등과 여름방학에 대해 묻는다. '여름방학 뭐 했어? 너 좀 탔다' 유은재는 '엄마 집에 갔었어. 시골이라 좀 탔어' 그사이 신율빈이 들어와 유은재를 지나쳐 (유은재, 김한소영 등이 꾸벅 인사한다) 윤종열 등에게 '어이' 인사하며 가는데… 시선이 마주치자 어색하게 외면하는 윤종열을, 그리고 유은재를 발견한다.

신율빈   니들은 아직도 내외하냐? 사귄 지 일 년도 넘었잖아.

아! 누구랄 것도 없이 탄식이 터져 나온다. 겨우 통과했는데 아둔한 누군가가 지뢰를 밟은 것과 같은 느낌?

신율빈   (분위기 파악 못 한 채 김한소영에게) 얘네 하는 거 보면 아직 손도 안 잡은 애들 같지 않냐? 하긴 우리 은재가 워낙 수줍음이 많아서…
유은재   (끝내 자리를 뜬다) …

모두들 '이 냥반아' 하는 얼굴로 신율빈을 본다.

신율빈   (억울하다) 왜? (이 사람 저 사람 보면서) 내가 뭐 잘못했어?
김한소영   (신율빈과 눈이 마주치자 핀잔의 한숨을 쉰다) …
신율빈   뭐? 이것도 성희롱이냐? 그런 거냐?
김한소영   쫌! (할 수 없이 가르쳐준다) 두 사람 헤어졌어요.
신율빈   (몰랐다) 언제? 왜? (어떻게 된 일이야) 어이, 종열이! 사실이야?

9. 구내식당(낮)

송지원, 정예은, 유은재가 점심을 먹는다. 유은재는 식판의 음식을 깨작거릴 뿐이다. '하아' 한숨이 난다.

송지원   됐어! 뭘 대단한 일이라고. 애 낳고 살다가도 헤어지는데. 연애하다

헤어진 게 뭐? 그럼 뭐? 연애하면 다 결혼이냐? 그랬다간 애 아빠가
죄다 첫사랑이게?

정예은 (웃기지도 않는다) 연애도 못 해본 게…

송지원 꼭 해봐야 아남요? (마침 나온 쌈장을 찍어 보이며) 똥인지 쌈장인
지 꼭 찍어 먹어봐야 알아요? (유은재에게) 걱정하지 마. 다 지나가.
다른 사람들이 죄다 너만 보고 네 얘기만 하는 거 같지? 안 그래. 사
람들 네 일에 관심 없어. 너만 네 일에 관심 있는 거야.

유은재 그건 아는데… (한숨 쉰다)

송지원 아는데 뭐?

정예은 지나가지. 지나가긴 가는데, 지나가기 전 그 잠깐이 힘든 거지…

유은재 (고개를 끄덕인다) …

송지원 그런 걸 걱정할 거면 연애는 왜 공개했냐?

유은재 공개 안 했어요… 들킨 거지.

송지원 그러니까 왜 들키냐구?

정예은 이봐요. 아저씨, 당신이 연애를 안 해봐서 그러는데… 누구 좋아하
는 게 숨겨져요? 안 숨겨져요.

송지원 (흥 칫 핏이다) 그까짓 연애… 뇌 호르몬이 장난하는 게 뭐 대단하
다고…

정예은 남자에 목매는 게 누군데…

송지원 이것 보세요. 아줌마! 정확히 합시다. 내가 원하는 건 연애가 아니에
요. 내가 간절히 원하는 것!!

정예은 (주변의 눈치를 보며) 야! 하지 마.

유은재 (여기서 이러면 큰일이다) 선배애! 하지 마요.

송지원 (그러거나 말거나 단전에 기를 모은다) 그것은 바로 세…

10. 클럽(밤)

'섹시섹시섹시…' 노래가 흘러나온다. 송지원이 노래에 맞춰 춤을 춘다. 홀이 내려다보이는 테이블, 학보사 OB들이 임성민, 박해나 등 현역에게 술을 산다. 남자 선배가 송지원을 바라보며 술을 마신다. 그는 팔찌를 했다. 뭐 대단한 의미가 있는 건 아니고 꽤 멋을 부렸고, 또 멋이 난다는 의미다. 다른 사람들은 '대학 언론인상' 상패를 돌려 본다' 상패에는 '임성민, 송지원, 박해나' 수상자의 이름이 적혀 있다.

남선배   (대학언론인상 상패를 보다가 임성민에게 돌려준다) 상금 받았지?
         요샌 얼만가?
임성민   2백만 원요.
남선배   (이런) 야! 이 술 니들이 사!
임성민   그게 아직 남았겠어요? 벌써 털렸지. 선배도 알면서…
남선배   이것들이… 돈 있을 때 선배 생각 안 나지?
임성민   (두 손으로 공손히 선배들 잔에 잔을 부딪치며) 선배사랑 내리사랑!

테이블의 일행이 술을 마시는 동안, 송지원이 돌아온다.

송지원   (오자마자 술잔을 비운다) 아우, 좋다!
여선배   너 참 여전하다.
팔찌선배   (말없이 송지원에게 술 따라준다) …
송지원   (두 손으로 받으며 넉살 좋게) 고맙습니다. (여선배에게) 이렇게라도
         풀어야지, 안 그럼 몸에서 사리 나와요.
여선배   너 아직도 그대로냐?
송지원   (불쌍한 척 입 내미는 걸로 긍정한다) …
팔찌선배   뭐가?
여선배   (말하기 좀 그렇다. 송지원의 눈치를 슬쩍 보며) 아, 뭐 그냥…
송지원   (그게 뭐 어때서) 저 아직 모쏠이거든요.

팔찌선배	설마.
송지원	그쵸? 이상하죠? 이해 안 가죠? 근데 사실이랍니다. 난요. 취직보다 딱지 떼는 게 더 급해요. 내가 딱지 떼는 날, 그날! 일간지에 광고 낼 거예요. '축 송지원 여자 되다!'
임성민	(팝콘이든, 안주 옆에 장식으로 나온 파슬리든 집어던지며) 넌 쫌… 아무 데서나 그냥… 아휴…
송지원	(구시렁댄다) 말을 못 하게 해.
남선배	성민이는 아직 3학년이니까 됐고 (송지원과 박해나에게) 너네는 취직 준비하고 있냐?
송지원	(상패 끌어안으며) 이게 있는데 뭐가 걱정이에요?
여선배	요새 그런 거 없는 애들이 어디 있냐? 다들 하나씩은 갖고 있지.
송지원	진짜요?

팔찌선배가 술을 마시며 웃고 떠드는 송지원을 바라본다. 그는 송지원에게 흥미가 있다.

11. 클럽 화장실(밤)

칸에서 나온 송지원이 손을 닦는다. 밖에서 들리는 음악 소리에 살짝 살짝 몸을 흔든다. 그는 기분 좋게 취했다.

12. 클럽 화장실 입구(밤)

송지원이 화장실에서 나오다가 팔찌선배를 발견한다.

송지원	(웨이터처럼, 혹은 마술사처럼 두 손으로 휘저어 한쪽을 가리키며)

남자는 저쪽! (지나가려는데)

팔찌선배   (화장실에 가려던 게 아니다) 너 그거 진짜냐?

송지원   (해맑다) 뭐가요?

팔찌선배   취직보다 더 급한 게 남자랑 자는 거라는 거?

송지원   (헤헤 웃는다) …

팔찌선배   진짜면 …나갈래?

송지원   (여전히 해맑다) 어딜요?

팔찌선배   하러.

송지원   (그제야 상황 인식이 되었다. 눈을 깜박인다) …

팔찌선배   난 너 괜찮은데…

송지원   (당황한 걸까? 웃는 얼굴 그대로 눈만 깜빡이는데) …

팔찌선배   가자. (송지원의 손을 잡아끈다) …

너무 좋아서 그런 걸까? 송지원은 넋을 반쯤 유실한 것 같다. 팔찌선배가 끄는 대로 따라간다.

13. 클럽 앞, 엘리베이터(밤)

팔찌선배가 송지원의 손목을 잡고 나온다. 엘리베이터 버튼을 누른다. 그때까지도 송지원은 아까와 같은 표정이다. 웃는 모습 그대로 굳어버린 얼굴! 팔찌선배가 송지원을 끌어당겨 어깨에 손을 얹는다. 엘리베이터 문이 열린다. 팔찌선배가 가볍게 송지원을 엘리베이터 쪽으로 미는데, 줄이 끊어진 마리오네트처럼 송지원이 풀썩 쓰러진다. 팔찌선배가 가까스로 바닥에 부딪치려는 송지원을 받는다. 엘리베이터에 타려던 사람, 내리던 사람들이 주춤대며 그들을 에워싼다. 송지원은 기절한 게 아니다. 모든 감각이 희미해진 거다. '119… 야야… 송지원… 뭐야, 왜 이래?' 사람들의 말소리가 아득하다. 시야도 마찬가지다. 송지원은 한곳을 응시하고 있지만 눈동자는 열려 있다. 천장의 불빛이 순간순간 블랙아웃된다.

웨이터가 나오고, 임성민과 동료들, 선배들이 달려온다. 임성민이 팔찌선배를 밀어내고 송지원을 받아 안는다. '지원아, 지원아, 송지…' 아득하던 목소리가 갑자기 터진다. 마치 고막에 찼던 물이 갑자기 빠진 듯.

임성민	…원! 누가 119 좀…
송지원	(중얼거린다) 예쁜 구두!
임성민	뭐?
송지원	(정신이 들었다. 주변을 둘러본다) 어…?
임성민	괜찮어? 정신 들어?
송지원	(고개를 끄덕인다. 팔찌선배와 눈이 마주친다) …
팔찌선배	(안도하면서도 어이없다)

상황은 끝났다. 임성민이 송지원을 일으키고, 사람들은 흩어진다.

(안예지)	그래서 누굴 것 같애?

14. 푸드트럭 앞(밤)

조은과 안예지가 여름에 먹을 법한 간식을 먹고 있다. 키가 크고 보이시한 조은과 웨이브 진 머리, 소녀 같은 액세서리, 꽃무늬 프린트 치마를 입은 안예지는 얼핏 남녀 커플처럼 보이기도 한다.

안예지	(말투도 애교스럽다) 그 편지 받을 사람 말이야.
조은	(슬쩍 보고 먹기만 할 뿐) …

안예지   네 명이라 그랬지? (엄지손가락 펼치며) 왠지 구박하고 싶은 애.

15. 버스 안(밤)

2인용 자리, 창 쪽에 유은재가 앉아 있고. 그 옆에 여학생이 앉아 있는데, 여학생의 무릎을 다리 사이에 끼울 만큼 가까이 남학생이 서 있다. 둘은 사귀는 사이다. 남학생과 여학생은 손을 잡았고. 잠시도 눈을 떼지 않는다. 유은재는 이어폰을 낀 채 창 쪽을 보는데, 유리창에 좋아 죽는 커플의 모습이 비친다. 마음이 좋을 리 없다. 소리 없이 '치' 하는데 그 순간 남학생이 유은재의 어깨를 톡톡 친다. 유은재가 놀라 이어폰을 빼며 남학생을 본다. 살짝 겁먹었다.

남학생   저쪽 자리 있는데 …
유은재   예? (뒤늦게 알아차리고) 예…

유은재가 가방을 챙겨 자리를 옮기는데 버스가 출발한다. 볼썽사납게 휘청한다.

   • 인서트 – 푸드트럭 》
안예지   (검지를 펼치며) 밖에 나갈 때랑 집에 있을 때가 완전 다른 분홍색 햄스터.

16. 구내식당(낮)

정예은과 한유경, 송경아가 밥을 먹는다. 한유경과 송경아는 뭔가 이야기를 하지만 정예은은 눈을 내리깔고 조용히 밥만 먹는다. 남학생들이 정예은 옆을 지나자 정예은이 잔뜩 긴장한다.

•인서트 - 푸드트럭 》

안예지 말도 많은데 거기다 거짓말까지 하는 애.

17. 골목, 벨 에포크 앞(밤)

임성민과 송지원이 걸어온다. 송지원 가방을 임성민이 들었다. 송지원은 기절했던 사람 같지 않다. 신나서 상황 설명을 하고 있다.

송지원 정확하게 생각나는 건 거기까지야. (성대모사한다) '나갈래' 그다음부턴 기억 안 나.

임성민 미친 새… 그래서? 진짜 나갈라고 그런 거야?

송지원 어… 아마도.

임성민 진짜? 한 번 할라구?

송지원 (그게 잘못된 거냐) …메이비?

임성민 야! 네가 그 선배를 얼마나 봤다고? 잘 알지도 못하잖아.

송지원 (구시렁댄다) 뭐… 하고 나서 아는 거냐, 알고 나서 하는 거냐…

임성민 (차라리 말을 말자) …너나 그 새끼나.

송지원 (구시렁… 할 말은 한다) 뭐어? 남자들은 동정이라 그러면 큰일 났다, 당장 떼버려라 그러면서 왜 여자는 그럼 안 되는데? 남녀 차별이냐?

임성민 아무 데나 갖다 붙이지 좀 마라. (어이없어 중얼댄다) 남녀차별… (좋아하네. 차근차근 설명한다) 이노마야. 넌 성교육 시간에 뭐 했냐? 남자든 여자든 자기 몸은 소중한 거구. 처음은 더 소중한 거니까 응? 쫌…

송지원 너나 소중히 해. 아끼다 똥 되는 거야. (하다가) 너 혹시…?

임성민	뭐?
송지원	너 그거냐? 숫총각!
임성민	(너랑 무슨 말을 하냐. 말을 말자. 가방을 송지원에게 안긴다) 가.

그러고 보니, 벨 에포크 앞이다.

송지원	이눔의 시키. 이거, 이거, 어쩐지… 마법을 쓴다 했어.
임성민	아니라구!!!
송지원	괜찮아. 괜찮아. 현실을 받아들여! 그동안 힘들었지?
임성민	(한숨 쉰다. 포기했다. 돌아선다) …
송지원	(소리친다) 야, 임성민. 힘내! 비밀은 지켜줄게. 네가 아직 동정이라는 거 아무한테도…

임성민이 달려온다. 송지원이 안으로 도망친다.

18. 푸드트럭(밤)

손님이 더 들어온다. 조은과 안예지가 접시를 들고 안쪽으로 옮겨간다.

안예지	(손가락이 세 개밖에 없다) 또 누구지? 네 명이라고 했는데… 구박하고 싶은 애, 분홍색 햄스터, 거짓말쟁이…
조은	(관심 없는 척 듣고 있었다, 툭 던진다) 잘난 척하는 사람.
안예지	아, 맞다! 잘난 척…

19. 베란다(저녁 무렵 – 회상)

조은이 만화책을 쌓아놓고 읽는다. 몰입해 읽고 있다. 윤진명이 맥주 한 캔을 들고 나온다.

윤진명   재밌어? (의자에 앉느라고 책을 집어 테이블에 옮겨놓으며 제목을 본다. 표지만 봐도 알 수 있다. BL물이다. 제목마저 낯부끄럽다. '널 망가트려주겠어')

조은   (테이블에 올려놓은 다리를 내려놓는다)

윤진명은 자기 책을 펴면서 슬쩍 웃은 것도 같다. 윤진명이 읽는 책은 하드커버의 두꺼운 책이다. 제목은 『총, 균, 쇠』. 조은이 내려놓은 책 뒷면은 남자와 남자가 마주 보고 있는 낯 뜨거운 장면… 고때 하필, 저녁노을이 윤진명의 얼굴을 환하게 비추고. 조은 쪽에는 그늘이 진다.

(안예지)   아우, 재수없어.

20. 푸드트럭(밤)

조은   (슬쩍 본다) …
안예지   난 지하철에서 책 읽는 사람 싫어. 내가 한참 게임하고 있는데 그 옆에서 보란 듯이 책 펴면 좀 짜증 나.
조은   책 읽는 거야 지 자유인데… 좀 사람 주눅 들게 만들더라구. 근데 나만 그런 거 같지는 않아.

21. 거실(밤 – 회상)

송지원이 온몸으로 핸드폰 레이싱 게임을 하고 있다. 구경하는 유은재와 정예은도 표정 장난 아니다. '으으으윽(위기)' '아아아악(멸망)' '어얼(안도)' 다양한 감탄사들. 조금 떨어진 곳 조은이 눈에 띄지 않게 그들을 지켜본다.

송지원, 정예은, 유은재   (죽었다) 아아악!
유은재   아깝다.
정예은   나 한 번만.
송지원   좀 이따가.

다시 게임이 시작되고, 온몸으로 게임하는데 유은재, 정예은이 슬그머니 일어나 방으로 들어간다.

송지원   (의기양양) 봤어? (돌아보며) 봤지?
윤진명   (언제 왔을까. 신발 벗으며 송지원을 본다) 응?
송지원   아… 어…

짜장짱짱, 침묵 속에서 커지는 음악 소리.

송지원   (왠지 변명하게 된다. 음악 소리 줄이는데 말소리도 줄어든다) 이건 나 아는 선배가 테스트 해달라고… 새로 출시하는 거라고… 꼭 부탁한다고…
윤진명   (별 반응 없이 물 마시러 온다)

송지원이 눈치 보며 방으로 들어간다. 좀 떨어진 소파에 반쯤 누워 하메들을 관찰하던 조은과 윤진명만 남았다. 두 사람 시선이 부딪치고 조은이 슬쩍 시선을 돌린다.

22. 푸드 트럭(밤)

안예지 직장 다녀?

조은 응, 얼마 전에 취직했대.

안예지 어디?

조은 어디라고 했는데 까먹었어. 그렇게 유명한 데는 아닌가 봐.

안예지 왜? 거기 다 연대라며?

조은 그렇긴 한데… 나이가 많아서 그랬나 봐.

안예지 너 어디 다니는지 얘기했어?

조은 응.

안예지 좀 쫄렸겠다.

조은 (안예지와 같은 생각이지만) 우리 학교가 뭐 어때서…

안예지 거기보단 후지잖아.

조은 (다 먹었다. 안예지 입가에 음식이 묻은 걸 본다. 자기 입가를 가리키며) 뭐 묻었어.

안예지 (얼굴 들이민다) 닦아줘.

조은 (휴지를 빼서 툭 던지고는) 잘 먹었습니다.

안예지 (칫 하면서 웃는다. 휴지로 입가를 닦는다)

23. 거실(밤)

조은이 들어온다. 아무도 없다. 식탁에 누군가의 노트북이 펼쳐져 있다. 조은이 슬쩍 키보드를 눌러 내용을 확인하고, 옆의 수첩 등을 뒤적인다. 화장실 문이 열리면 돌아서서 물을 따르는 척한다.

조은 (물 따라 돌아서며) 되게 조용하네여. 다들 안 왔어여?

송지원 왔어.

•인서트 》》
정예은이 침대에 누워 있다. 하루 종일 긴장해서 힘들다.

•인서트 》》
유은재가 누워 있다. 돌아눕는다. 하루 종일 긴장했더니 죽을 것 같다. 그 위층, 윤진명도 출근 복장 그대로 누워 있다.

송지원	그까짓 거 갖고 뭐가 힘들다고… (문득 자랑하듯) 나 오늘 기절했다.
조은	(안 믿는다) 아, 예~ 시한부엔 기절이죠. (방으로 들어간다) …
송지원	진짠데… (다시 노트북으로 돌아가는데 귀에서 띠 하고 이명이 들린다. 귀를 후비적거린다)

24. 벨 에포크 전경(아침)

다시 아침이다. 윤진명이 출근하고, 네 명의 하메들이 시간차를 두고 간다. 정예은이 유은재와 같이 나간다.

25. 총무부(낮)

윤진명이 들어온다. 가까운 자리 여직원에게 다가간다.

윤진명	경영지원팀 윤진명이라고 하는데요.
여직원	(서류 내주면서) 여기 사인하시구요. (적당한 곳에서 아이디카드를 꺼내준다. 그녀에겐 별일 아니다) …
윤진명	(아이디카드를 받는다. 자기 사진과 이름이 분명하다) …
여직원	(왜 안 가지, 쳐다본다) …

윤진명   (정신 차리고 꾸벅 인사하고 나온다)

26. 회사 복도(낮)

윤진명이 아이디카드를 목에 건다. 얼굴이 앞으로 오도록 바로 잡는다. 어깨를 펴고 걷는다.

27. 대학교 복도(낮)

정예은이 걸어온다. 정예은과 목례하고 지나친 사람들, 정예은을 돌아보며 수군거린다. '쟤가 걔잖아. 남친한테 맞은 애' '아…' 다시 한 번 돌아본다. 정예은은 더더욱 움츠러든다.

28. 학보사(낮)

임성민이 들어온다. 흘깃 본다. 송지원이 고민 많은 얼굴로 벽에 기대앉아 있다.

임성민   뭐 하냐?
송지원   (쳐다도 안 본 채) 별거 아니야, 신경 쓰지 마.
임성민   (그래? 자기 할 일을 한다. 노트북을 켜는데) …
송지원   (한숨을 쉰다) …
임성민   (못 들은 척 커피를 마신다) …
송지원   (더 큰 한숨을 쉰다) …
임성민   (이어폰을 꺼내 귀에 꽂으려는데) …

송지원	(인간이 낼 수 있는 최대치의 한숨을 쉰다) …
임성민	그래, 뭐? 뭔데?
송지원	그렇게 궁금해?
임성민	(저걸 살려 죽여 싶은데) …
송지원	(왠지 우울한 옆얼굴 보이며) 나 오늘 병원 갔다 왔어.
임성민	그래서 뭐? 의사가 뭐? 죽을병이래?
송지원	(고개를 떨군다) …
임성민	(안 속는다… 금방 헤헤 웃겠지 하는데…)
송지원	…
임성민	(송지원의 침묵이 길어질수록 점점 불안해진다. 송지원 앞에 쭈그리고 앉는다. 다정하게) 왜? 병원에서 뭐랬는데?
송지원	나… (고개를 든다. 눈에 눈물이 그렁그렁하다) …
임성민	(가슴이 철렁하는 느낌이다) …
송지원	(마치 암 선고를 받았다는 걸 고백하는 것처럼) 나 아무 이상 없대.
임성민	(또 속았다. 오, 주여. 주먹을 쥐었다가… 더운 콧김을 뿜으며 참는다. 네가 무슨 죄냐? 속은 내가 죄인이지. 일어선다) …
송지원	이상하잖아. 아무 이상 없다는 게 말이 돼? 하다못해 철분이라도 모자라야 안심이지. 나 기절한 여자야. 근데 아무 이상 없으면 어쩌라구? 그건 진짜 큰일이잖아. (말하면서 자연스럽게 손 내민다)
임성민	(무의식적으로 손 잡아 일으키며) 그날 술 마셨잖아.
송지원	맥주 한두 병? 나 송지원이야.
임성민	(꾸벅 인사까지 하며) 예, 임성민입니다! (돌아선다)
송지원	(임성민의 옷자락을 잡는다) 성민아.
임성민	(옷자락을 빼내며) 놔라.
송지원	(더 꼭 잡는다) 나, 진짜 어디 이상한 거 아닐까?
임성민	(송지원 손가락을 하나하나 펴서 옷자락을 빼낸다) 그걸 이제 알았냐? 너 이상해. 아주 이상해.
송지원	(진심이다) 몸이 아니라 마음 어디가…

임성민   (슬쩍 본다) …

송지원   나 기절했을 때 이상한 거 봤어.

•인서트 – 클럽 엘리베이터 앞 》

쓰러진 송지원의 귀에 현장음 너머 점점 커지는 소리. 어린아이들이
합창하는 노랫소리다. '꼭꼭 숨어라. 머리카락 보일라…' 그리고 맥
락 없이 떠오르는 장면들.

- 아그리파 석고상
- 커튼 사이로 보이는 텅 빈 운동장
- 좁은 틈 사이에 숨어 있는 초등학교 3학년쯤 여자아이의 검은색
  구두
- 여자아이가 갸웃하며 빤히 쳐다보다가 '예쁜 구두'라고 말한다.

임성민   예쁜 구두?

송지원   응… 예쁜 구두.

처음으로 심각해진 송지원과 임성민이 마주본다. 그때 후배들이 들
어온다. 심각한 두 사람을 본다. 그중에는 1학년 신입생 오하나도 보
인다.

송지원   (후배들을 슬쩍 보고는 흐흑 하며 뛰쳐나간다) 이 짐승!

동요하는 건 1학년뿐이다. 2학년 이상은 모두 송지원을 안다.

2학년 남학생(조충환)   (이런 상황 익숙하다) 저 사람이 송지원이야.

그제야 1학년들이 '아' 수긍한다. 오하나는 뭔가 도전적인 눈빛으로

송지원이 나간 쪽을 보다가 임성민을 본다.

오하나   (임성민에게) 선배님!
임성민   (그때까지 멍했다가) 왜?
오하나   괜찮아요?
임성민   어… (자리에 앉으며 혼잣말한다) 어디까지가 진짜야…

29. 과 사무실 앞(낮)

유은재가 공지를 확인하고 안으로 들어가려다가 막 밖으로 나오는
사람과 부딪힌다. 하필 윤종열이다. 비틀거리는 유은재를 윤종열이
얼떨결에 잡아준다.

윤종열   (유은재 어깨를 잡은 손을 급히 떼면서) 아, 미안.
유은재   예…
윤종열   (유은재에게 너무 가까이 가지 않도록 조심하며 문을 빠져나간다)
          …
유은재   (왠지 충격받았다. 좀 전에 윤종열에게 잡혔던 어깨를 만져본다) …
(유은재)   미안이래요…

30. 거실(밤)

유은재가 슬픔 가득한 눈으로 식탁에 앉아 있다. 정예은, 송지원이
유은재를 상대하고 있다. 조금 떨어진 곳에서 조은이 그들을 보고
있다.

정예은	속상했겠다.
송지원	그러게… (해놓고 유은재 안 보게 작은 소리로 정예은에게) 근데 그게 왜?
유은재	(한숨 쉬며) 치… 언제는 지 몸처럼 만졌으면서… 이제 손 좀 닿았다고 미안이래…
송지원	(아, 그런 거였어. 이해한다) …근데 너네 어디까…
정예은	(식탁 밑으로 송지원의 정강이를 걷어찬다) 앞으로 어떡하냐? 졸업할 때까진 쭉 봐야 할 거 아니야, 휴학할 수도 없고.
송지원	군대 보내!
정예은	벌써 갔다 왔지.
유은재	(즉각적 진심으로) 또 갔으면 좋겠어요.

31. 술집(밤)

윤종열이 갑자기 오한이 든 듯 몸을 떤다. 같이 술을 마시던 신율빈과 또 한 명의 남자 친구(그의 이름은 황우섭이라고 한다)가 쳐다본다.

윤종열	(팔뚝의 소름을 쓸어내린다) 갑자기 소름이… (정면 벽의 에어컨을 본다)
황우섭	바꿔. 난 더워.

윤종열과 황우섭이 자리를 바꾼다.

윤종열	(자리를 바꾸자마자 술을 쭉 비운다) …
신율빈	(윤종열의 빈 잔에 술 따라주며) 종열이, 요새 술 너무 먹는 거 아니냐?

윤종열	(술잔을 물끄러미 본다) …
신율빈	하긴. 상실로 타는 가슴은 술로 끄는 게지.
윤종열	(이 녀석 참. 여전하구만. 쳐다본다) …
황우섭	너네 왜 헤어졌냐?
윤종열	(말없이 술잔 보다가 벽에 붙어 있는 텔레비전을 본다) 야구한다.
신율빈	선발 누구냐? (같이 야구 본다)
(조은)	(불쑥) 왜 헤어졌어?

32. 거실(밤)

세 명의 하메들이 갑자기 질문하는 조은을 바라본다.

조은	(한 발 빼듯) 아니, 그냥… 요새 헤어질 때 안 좋게 헤어지는 경우도 많은 거 같고… 데이트폭력 같은 것도 그렇고…

세 하메의 분위기가 잠깐 어색해진다. 정예은이 물을 마시는 척 외면한다.

유은재	(서둘러) 아, 그런 건 아니구. 우린 그냥 헤어졌어요. 그쵸?
송지원	응, 얜 그냥 헤어졌어. 누가 바람 피운 것도 아니구. 누가 사기 친 것도 아니구. 때린 것도 아니구… (그래놓고는 또 아뿔싸 싶다) …
조은	(혼잣말처럼) 이유 없이 헤어지기도 하나?
유은재	이유가 있긴 있죠. (마음이 또 아파진다) 마음이 식은 거… 그게 제일 슬픈 이유죠.

분위기 우울해진다. 정예은은 데이트폭력 운운 때부터 이미 우울해졌다.

33. 술집(밤)

텔레비전 속 야구는 공수교대 중이다. 다시 현실로 돌아오는 세 녀석.

황우섭	(술 따라주며) 그래서 왜 헤어졌다구? (불쑥) 차였냐?
윤종열	(술을 마실 뿐) …
(조은)	차였어?

34. 거실(밤)

유은재	(단호히) 아니. 내가 찼어. (정예은, 송지원에게) 맞죠. 내가 찬 거 맞죠?
송지원	(일단 우쭈쭈 해준다) 응, 찼어. 찬 거야. 얘가 찼어.
조은	(별로 안 믿는 눈치다) 분위기가 꼭 차인 거 같길래.
유은재	(울컥한다) 내가 먼저 헤어지자 그랬다구!!!
송지원	그래. 네가 했어. 진정해. (조은에게) 그놈 시키가 연락도 잘 안 되고. 문자 보내도 한참 있다가 답장하고. 약속시간에도 늦구. 또 뭐 있지?
유은재	만나서도 시큰둥하고, 집에 데려다주는 것도 귀찮아하고.

> •인서트 - 술집 ≫
> 윤종열, 황우섭, 신율빈이 야구를 본다. '1점 났다'

유은재	나랑 있을 때도 핸드폰 쳐다보고, 얘기하고 있는데 하품하고…

> •인서트 - 술집 ≫
> 윤종열, 황우섭, 신율빈, 안주가 떨어졌다. 황우섭이 '아줌마, 계란말

이요'

유은재   기념일 잊어버렸을 땐 진짜… 만난 지 삼백삼십삼일. 333. 다시는
           안 오는 날이잖아? 근데 까맣게 모르는 거 있지?

           •인서트 − 술집 》
           텔레비전 속 야구는 끝났다. 술자리도 거의 끝난 분위기다. 막잔을
           따른다. 신율빈 '치어리더 이쁘지 않냐?' '제일 왼쪽 애 괜찮더라'
           (황우섭)

유은재   여름방학 때 어디 가자고도 안 하고. 그전엔 나랑 어디 가고 싶어서
           A안 B안 C안까지 만들었으면서…
송지원   (하품하다가 유은재에게 들켰다) …나쁜 시키!
유은재   (자기가 길게 말했나 싶다) 뭐… 간단히 말하면 그래. 그래서 내가
           헤어지자 그랬어.
조은   그거 차인 거 아닌가?

           송지원과 정예은, 움찔한다.

조은   (눈치 없이) 말만 안 했다뿐이지 차인…
유은재   (버럭) 내가 찼다구. 내가 찼어! 헤어지자고 한 사람이 찬 거잖아!!
조은   (움찔한다) …
유은재   (방으로 들어가며) 말귀 되게 어둡네.
송지원   (조은에게) 조자룡, 자넨 방금 역린을 건드렸네.
조은   에?
송지원   쟤가 지금 첫 연애, 첫 실연이라 그런 디테일에 엄청 민감하거든.
정예은   (구시렁댄다) 누가 보면 연애 숱하게 한 줄 알겠네.
송지원   (음하하하 웃으며 화장실로 간다)

조은	(고개를 갸웃한다)
정예은	왜?
조은	내 별명이 조자룡인 거 어떻게 알았대여?
정예은	진짜야? 조자룡이야? 왜?

35. 술집(밤)

돈을 각출한다.

황우섭	(돈 세고 계산하러 간다) …
신율빈	(가방 챙기다가 갑자기 생각났다) 그래서 왜 헤어졌다구?
윤종열	(잠깐 생각하는 듯… 가방 챙겨 나가면서) …그럼 평생 개만 만나냐?
신율빈	(간단하게 수긍한다) 그건 그렇지.

36. 유은재, 윤진명의 방(밤)

유은재가 침대에 누워 있다. 화가 났다. 뒤돌아 누웠다가 인형을 본다. 목을 조르고 퍽퍽 쥐어박다가 그것도 모자라 침대 밖으로 던져버린다. 화가 가라앉은 유은재는 쓸쓸해져서 인형을 바라본다.

37. 버스 안(밤)

윤종열이 창밖을 본다. 쓸쓸하긴 그도 마찬가지다.

• f.o. ≫

38. 벨 에포크 전경(아침)

윤진명이 나온다. 잠시 후 정예은과 유은재가 나온다. 조은, 송지원이 시간차를 두고 나온다.

39. 강의실(낮)

교수와 엇갈려 조교가 들어온다.

조교   팀플 주제는 이번 주 금요일 여섯 시까지 정해서 조교실에 제출해야 되구요. 결과물은 2주 후 이 시간까집니다. 팀플 명단은 전처럼 출석순이니까…

그 순간, 가방 싸면서 대충 듣던 유은재가 고개를 번쩍 든다. 조교는 계속해서 뭔가를 말하지만 유은재의 귀엔 들리지 않는다. 유은재가 자기도 모르게 윤종열을 돌아본다. 윤종열도 유은재를 봤다가 시선을 돌린다.

40. 심리학과 사무실 앞(낮)

공고가 붙는 곳. 팀플 명단이 붙었다. E조 명단 '오은실, 유은재, 육성준, 윤종열, 장지연…'

41. 화장실 칸(낮)

유은재가 변기 뚜껑을 내려놓고 앉아 있다. 아! 이 일을 어쩌란 말이냐. 소리 없이 절규하고 몸을 흔들어도 보고, 머리를 쥐어 뜯어봐도 소용없다. 머리를 벽에 쿵쿵 찧어도 본다.

(소리)   (놀랐다) 왜요?
유은재   (자기도 놀랐다) 아닙니다.

유은재, 할 수 없다. 피할 수 없다면 맞설 수밖에. 벌떡 일어난다. 문을 연다.

42. 대학교 복도(낮)

유은재가 비장하게 걸어온다. 앞서오던 후배들이 또 눈치를 보며 인사한다.

후배들   안녕하세요.
유은재   (나름 비장하다) 안녕!

유은재는 또 왼팔과 왼다리가 같이 나간다. 강의실 문을 연다.

43. 강의실(낮)

유은재가 들어온다. E조 다섯 명이 모여 있다. 어랏! 윤종열이 안 보인다. 그 대신.

신율빈	(손을 들며) 어이!
유은재	(일단 인사하고 다가오긴 하는데) …?
여학생	바꿨대. 종열 선배랑.
유은재	(어색하다) 아… (가방에서 노트를 꺼내는 척 고개를 숙이는데 왠지 비참하냐) …

44. 유은재, 윤진명의 방(낮)

유은재가 분노의 마음을 글로 쓰고 있다. 마음이 폭주해서 글씨도 날아간다. '나쁜 놈. 나는 뭐 저랑 팀플 하고 싶은 줄 알아. 나도 싫어. 죽기보다 싫다고. 그래도 난 과 분위기 봐서 참았는데. 그럴 거면 왜 좋아한다 그랬어. 지가 먼저 좋아한다, 그랬잖아. 영원히 사랑한다 며' 그래도 분이 안 풀려 북 뜯어서 구겨버린다.

45. 강의실(낮)

강의가 끝났다. 정예은이 가방을 싸는데. 핸드폰이 진동한다. 발신자는 '이수정'이다.

46. 구내 커피숍(낮)

정예은이 들어온다. 여학생 두 명이 손을 든다.

| 이수정 | 예은아, 여기. |
| 서진희 | 정예은! |

정예은	(반갑기도 하고 아니기도 하고) 어… 안녕…
이수정	너무 오랜만이다. 몇 년 만이지? 4년? 5년?
정예은	웅… 그러게…
서진희	너 살 많이 빠졌다. 고등학교 땐 이랬잖아.
정예은	웅… 그랬나? (가만히 한숨을 쉰다)

구석자리. 혼자 앉아 귀에 이어폰을 꽂고 노트북을 두드리던 남학생. 그는 셔츠를 목까지 잠그고, 머리를 가지런히 벗어 넘겼는데 어떻게 보면 모범생이고 어떻게 보면 답답하다. 그의 이름은 권호창이다. 아직은 상관없는 인물이다. 종업원이 그에게 물을 따라주고 정예은의 테이블로 향한다. 정예은은 종업원에게 '오렌지 주스'를 주문한다.

정예은	(슬쩍 보면서) 근데… 웬일이야? 갑자기…
이수정	꼭 일이 있어야 돼? 친구끼리…
정예은	(변명하게 된다) 아니, 꼭 그런 게 아니라…
이수정	얼마 전에 서영이 만났어. 김서영.
정예은	아… 걔 못 본 지도 꽤 됐는데… 서영이 잘 있어?
이수정	임용고시 준비한다고 정신없어.
서진희	그래도 서영인 잘됐지. 나도 교대나 갈걸.
이수정	공부 못 해서 못 간 거잖아. 안 간 것처럼 얘기해?

이수정과 서진희가 웃는다. 정예은도 얼핏 웃는다. 긴장해서 목이 탄다. 물을 마시려는데 물이 없다. 이수정과 서진희가 눈짓을 주고받는 것 같다. 뻣뻣한 목을 풀려고 고개를 든 권호창이 마침 그 모습을 본다.

이수정	(정예은에게) 너어… 휴학했었다며?

정예은	(마침 나온 오렌지 주스를 '고맙습니다' 인사하고 한 모금 마신다) …
서진희	서영이한테 네 얘기 들었어…
정예은	어…
이수정	(목소리 더욱 낮추며) 너 데이트폭력 당했다며?
정예은	(당황한다) 어…
서진희	어쩌다 그랬어?
정예은	(무릎 위에 놓은 가방끈을 움켜쥘 뿐) …
이수정	너같이 똑 부러지는 애가 어쩌다 그런 놈을 만났대?
정예은	(자기 손만 본다) 그냥 뭐…
서진희	(수정에게) 처음부터 이상하진 않았겠지. 그런 놈일수록 처음엔 되게 잘해준다며? 언제부터 이상해진 거야?

정예은은 가뜩이나 불편한 자리가 더욱 불편해진다. 친구들은 몸을 바짝 내밀고 호기심을 드러내는데… 권호창은 아까부터 정예은 테이블을 보고 있다. 권호창에게는 그들의 말은 들리지 않는다. 정예은의 곤란해하는 얼굴이 보인다. 웃고 있지만 울고 싶은 표정. 마치 죄인처럼 우물쭈물하는 얼굴. 그리고 정예은에게 질문하는 이수정과 서진희의 얼굴, 안됐다는 표정을 짓고 있지만 눈은 호기심이 가득하다.

정예은	(용기를 낸다) 나 그 얘기는… 별로 하고 싶지 않은데…
이수정	아니야, 그럼 안 돼, 그런 얘기일수록 계속 말해야 된대. 그래야 트라우마가 안 생긴대.
정예은	…
서진희	너 납치까지 당했었다며?
정예은	…
이수정	너 진짜 대단하다. 그런 일 당하고도 아무렇지 않게 학교 다니고…

나 같으면 절대 그렇게 못 해. 방에서 꼼짝도 못 할걸.

정예은이 주변을 둘러본다. 그녀 스스로는 모르지만, 누가 좀 도와줬으면 하는 마음이다. 권호창과 시선이 스친다. 정예은은 그냥 스치는 시선이지만 권호창은 정예은과 그 친구들에게서 눈을 떼지 못한다. 그때부터 권호창은 좌불안석이 된다. 어떻게 해야 좋을지 몰라 움찔거리고 주변을 둘러본다.

이수정   그 일 있기 전에 뭔가 일이 있었어?
정예은   어…?
이수정   갑자기 그러진 않았을 거 아니야.
정예은   어… 내가 헤어지자고 그래서…
이수정   (자기 말이 맞다는 듯) 그치? 그렇다니까 뭔가 이유가…

끼이익 소리에 세 명이 돌아본다. 권호창이 벌떡 일어나는 바람에 테이블이 밀리는 소리다. 정예은도 수정, 진희라는 친구도 자기들과는 상관없는 일로 여기는데, 권호창이 뻣뻣한 걸음걸이로 다가온다. 권호창이 정예은의 테이블 앞에 선다. 긴장으로 어깨가 솟았다. 불안한 듯 시선이 흔들린다.

서진희   뭐야?
권호창   (긴장해서 숨이 가쁘다) 어… 그게…
이수정   뭐요? (정예은에게) 아는 사람이야?
정예은   (고개를 흔든다) …
권호창   (어떻게 해야 하지) …
서진희   뭐예요? (종업원을 부르려는데) 저기요…

권호창이 갑자기 정예은 손을 잡고 밖으로 도망간다. '어' 하는 순간이다. 정예은은 얼떨결에 권호창에게 끌려간다. 그 와중에도 무릎에 놓은 가방은 챙겨든다.

47. 캠퍼스 일각(낮)

권호창이 정예은 손을 잡고 뛰어온다. 같이 뛰지 않으면 넘어질 것 같아서 정예은도 일단 뛰기는 뛴다.

정예은   (끌려가며) 왜요? 놔요!

그래도 놓지 않자, 정예은이 아아악 소리 지른다. 권호창이 놀라 손을 놓는다. 사람들이 쳐다본다. 남학생들이 다가온다. '뭔데?' '왜요?' 정예은은 일단 도망치고 본다.

48. 건물 뒤(낮)

정예은이 건물 뒤에 숨어서 상황을 살핀다. 남학생들의 질문에 권호창은 뒷걸음질 치며 우물쭈물할 뿐이다. 남학생들이 뒷걸음질 치는 권호창을 붙잡는다. 권호창은 우물쭈물하며 남학생들에게 끌려간다. 정예은의 핸드폰이 진동한다. 정예은은 필요 이상 놀란다. 발신자는 '이수정'이다. 정예은이 서둘러 거절 버튼을 누르고 자리를 뜬다.

49. 캠퍼스 일각, 주차장(저녁)

임성민과 송지원이 걸어온다.

송지원   내가 목욕을 하고 있는데 목욕탕이 유리인 거야. 사방이 다 유리…
임성민   좋았겠네. 너 그런 거 좋아하잖아. 다 벗고 나오는 거.
송지원   나만 벗고 있는 게 뭐가 좋아? 남이 벗어야지. (다시 생각해도 끔찍
         하다. 부르르 떤다) …이게 뭔 꿈일까? 너 꿈 해몽 할 줄 알아?
임성민   모르지.
송지원   (스윽 깔아본다) 아무짝에도 쓸모없는 놈.
임성민   (발끈하려는데) …
송지원   (곧바로) 그래서 내가 이것저것 생각해봤는데 지난번 기절한 이후
         부터 악몽을 꾸기 시작했더라구. 여기서 집중해야 될 게 뭐겠어?
임성민   왜 기절했나?
송지원   그렇지. 왜 기절했나? 기절하기 직전에 무슨 일이 있었나? 내가 기절
         하기 직전의 상황이 뭐였어?
임성민   소원성취 직전이었지.
송지원   (임성민 엉덩이 두드리려 하는데) 우리 성민이 똑똑하구만.
임성민   (그 손목 잡아 원위치시키며) 그토록 원하던 순간이 왔어. 근데 넌
         기절했어? 왜? 너무 좋아서?
송지원   으이그, 그게 너의 한계야. 보이는 것만 보는 거.
임성민   (이놈의 시키가) …
송지원   나 혹시 섹스를 무서워하는 거 아닐까?
임성민   네가??????? 야, 차라리 (생각해본다. 적절한 예가 안 떠오른다)
         어…
송지원   개가 똥을 무서워한다?
임성민   (적당하다) 그거네. 입만 열면 섹스 섹스 하는 게…
송지원   내가 좀 그런 면이 있지? 과하지?
임성민   알긴 아네.
송지원   너 그거 알아? 어려서 큰 수술을 한 애들은 병원놀이를 반복한대.

근데 놀이에선 자기가 의사 역할을 맡는 거지. 내가 섹스 섹스 그러는 건 사실은 무서워서일 수도 있어.

임성민   (그럴듯하다) …

송지원   내가 진짜 하고 싶었다면 지금까지 못 할 리가 없잖아. 나처럼 섹시하고 지적이며 우아하기까지 한 애가. 응? 그렇게 밝히는데. 안 그래?

임성민   (자기도 모르게 고개를 끄덕인다) …그때 기절한 이후로 뭔가 더 생각난 건 없어?

송지원   없어. (진지하다) 그래서 나 요새 시간 나는 대로 야동을 보거든.

임성민   (진지하게 듣다가) 뭐?

송지원   혹시 떠오르는 기억이 있을까 싶어서…

임성민   (어째 얘기가) 근데…?

송지원   전혀…

임성민   아무렇지도 않아?

송지원   응…

임성민   (생각하느라 멈춘다) …

어느 새 주차장이다.

송지원   아! 물론 흥분은 했지. 했는데…

임성민   그건 됐고…

송지원   2D라 그런가?

임성민   뭐?

송지원   (임성민에게 스윽 다가간다) …

임성민   (뒤로 밀린다. 차에 닿는다) 왜 이래?

송지원   협조 좀 해봐.

임성민   뭘?

송지원   현실감! (임성민의 두 손을 잡아 자기 엉덩이에 댄다) …

임성민	(반항하며) 야!
송지원	스읍… 괜찮아. 괜찮아. 금방 끝나. (몸을 밀착시키며 두 손으로 임성민의 얼굴을 잡고 다가간다)
임성민	(꼼짝도 못 하고 있다) …

임성민이 기댄 차 문이 스윽 내려간다.

송지원	(운전자와 눈이 마주치자) 계셨어요?
임성민	(돌아보며) 죄송합니다.

임성민이 허둥지둥 자기 차를 찾는다.

송지원	(쫓아가며) 왜 아무렇지도 않지. 네 탓인가?
임성민	내가 뭐?
송지원	(고민스럽다) 좀 더 했어야 하나?
임성민	하긴 뭘 해? 타.

50. 임성민 차 안(저녁)

임성민이 시동을 건다. 송지원이 차 문을 닫는데 문소리가 좀 크다.

임성민	살살 닫어!
송지원	니예, 니예. (차 쓸어보며) 형님 오기 전에 여행이나 갈까?
임성민	그건 너 혼자 알아서 하고… 용산역으로 가면 돼?
송지원	가평까지 가면 더 좋구.
임성민	닥쳐!

임성민의 차가 출발한다.

51. 사무실(밤)

윤진명이 혼자 야근 중이다. 야근이라기보다는 업무를 익히기 위해
자료를 본다. 배고프다. 지갑을 들고 나간다.

52. 회사 근처 편의점(밤)

윤진명이 들어온다. 선글라스를 낀 남자애가 컵라면과 삼각 김밥을
계산하다가 왠지 긴장해서 쳐다본다. 한밤중에 선글라스라… 근데
어디서 본 것 같은 느낌이 난다. 어디더라… 어쨌거나 빵과 우유를
고르는데, 뜨거운 물을 받은 선글라스를 낀 남자애. 과도하게 윤진
명을 신경 쓴다. 그 때문에 윤진명도 남자애가 신경 쓰인다. 아, 생각
났다.

•인서트 》
2회의 '히소카' 분장을 하고 트레이닝복을 입고 있던 남자.

윤진명과 남자애의 시선이 한순간 엉킨다. 윤진명은 기억이 나서 홀
가분하다. 그 모습이 혜임달에게는 아는 척하는 것 같다. 그때 윤진
명의 핸드폰이 진동한다. '마이 셸'이다.

- 뭐 해요?
- 야근 ㅎㅎ
- 근데 왜 ㅎㅎ?

- 야근이라는 말 해보고 싶었거든요

문자 하면서 자기도 모르게 웃게 된다. 그사이 선글라스 남자애(그는 헤임달이다)는 컵라면이 익기를 기다린다. 그는 아까부터 윤진명을 흘깃거리고 있었는데 윤진명이 웃자, 마침내 윤진명에게 스윽 다가온다.

헤임달   (접선하듯) 저기요. 미안한데요. 내 얘기 하지 마요.

윤진명   (뭐냐) …?

헤임달   연예인도 사생활이 있는 거잖아요. 밥 먹을 땐 좀 냅두는 게 예의 아닌가.

윤진명   누구신데요?

헤임달   (알면서 그런다는 듯) 하아, 참… 그럼 아까 나 보고 왜 웃었어요?

윤진명   (어이없다) …그냥 웃은 거구요. 그쪽이 누군지도 모르고 그쪽 얘기 안 했어요.

헤임달   (끝까지 그러시겠다… 핸드폰 달라고 손 내밀며) 그럼 잠깐 봐봐요.

윤진명   왜요?

헤임달   내 얘기 했나 안 했나…

윤진명   미쳤어요?

헤임달   (왠지 연기하듯) 아, 알았어요. 알았어요. 기분 나쁘게 할려는 건 아니구… 나도 사생활이 있으니까… (돌아서다가) 사진까지 찍은 건 아니죠?

윤진명   (진짜 어이없다) …

헤임달   (할리우드 배우 누군가를 흉내 내듯 한쪽 입꼬리만 올려 쯧 소리 내며 손가락 총 쏜다) 믿어요.

정말 이상한 애다. 윤진명이 빵과 우유 계산하러 가며 돌아본다. 막 컵라면 뚜껑을 열고 먹으려던 헤임달, 선글라스에 김이 끼자 잠깐

머리 위로 들어서 컵라면의 위치를 확인하고 다시 낀다. 컵라면 먹는 것도 왠지 연기하는 것 같다.

53. 기차역 앞(밤)

송지원이 두리번거리며 나온다.

(송지원 엄마) 지원아!

길 건너편. 트럭 안의 송지원 엄마가 얼굴을 내민다.

54. 트럭 안(밤)

송지원이 조수석에 앉아 벨트를 한다.

송지원 엄마 (앉기도 전에) 취직은 아직이냐?
송지원 (큰 소리로) 엄마!
송지원 엄마 (더 큰 소리로) 뭐어?
송지원 절대 묻지 말아야 할 세 가지 몰라? 취직 언제 하냐? 결혼 언제 하냐? 애 언제 낳냐?
송지원 엄마 놀고 있네. 그럼 뭐 물어봐? 날씨 물어봐? (출발한다) 왜 왔어?
송지원 (흐응, 애교 부리며) 엄마 보고 싶어서.
송지원 엄마 (스윽 본다. 사실대로 말하라는 듯) …
송지원 엄마 앞에 봐, 앞에… 운전 중이야.
송지원 엄마 (앞을 보며) 해찰 피지 말고 공부해. 공부해서 취직하고.
송지원 예, 예… (잠깐 뜸 들였다가 조심스럽게) 엄마!

송지원 엄마	(코너 돌면서) 오냐!
송지원	(에이, 뭐 어때) 엄마! 나 어렸을 때 뭔가 충격적인 사고 같은 거 당했어?
송지원 엄마	(아무렇지도 않게 즉각적으로) 어.
송지원	(이렇게 쉽게) 어?
송지원 엄마	한두 번이냐? 천방지축. 넘어지고 떨어지고 빠지고 깨지고.
송지원	아니, 그런 거 말고…
송지원 엄마	그럼 뭐?
송지원	아니, 뭐… (직접적으로 물어보긴 그렇다) 아빠 뭐 해?

55. 송지원의 시골집 거실(밤)

송지원 아빠가 콩을 깐다. 송지원이 들어온다.

송지원	아빠!
송지원 아빠	왔나?
송지원	뭐 해? 벌써 콩이 나왔어?
송지원 아빠	벌써 나왔지. 밥은?
송지원	먹긴 먹었는데…

송지원이 냉장고를 열어본다. 사과를 꺼내서 물에 씻어 먹으면서 아빠를 유심히 본다.

•인서트 ≫
책의 한 구절. '아동 성폭행의 경우 아는 사람이 가해자인 경우가 90퍼센트를 넘고…'

한국판 『사피엔스』, 서울대 배철현 교수가 추적한 인간의 조건

인류가 살아남은 단 하나의 이유!

6백만 년 인류 역사를 꿰뚫는 위대한 비밀!
"인간 본성의 핵심은 이타심이다!"

빅뱅에서 호모 사피엔스까지,
우리가 살아남은 단 하나의 이유
인간의 위대한 여정 배철현 지음 | 값 22,000원

건명원 시리즈

탁월한 사유의 시선

최진석 지음 | 값 17,000원

그해, 역사가 바뀌다

주경철 지음 | 값 16,000원

인간을 읽어내는 과학

김대식 지음 | 값 18,000원

심연

배철현 지음 | 값 17,000원

하루 10분, 나를 깨우는 짧고 깊은 생각

이 책은 주옥같은 28개의 아포리즘과 서울대 배철현 교수의 깊이 있는 해석이 더해진 인문 에세이로, 고독, 관조, 자각, 용기로 이어지는 자기 성찰의 4단계를 제시한다. 매일 아침, 인생의 초보자가 되어 이 책을 읽다 보면 삶에의 열정과 용기를 얻을 수 있을 것이다.

다시, 국가를 생각하다

토드 부크홀츠 지음 | 값 22,000원

위기의 국가를 구한 리더들의 통찰과 혜안!

이 책은 오늘날 부유한 나라들이 직면한 경제적·정치적·문화적 분열 양상을 지적하면서, 이를 국가 경쟁력의 원천이자 혁신의 기회로 전환해야 한다고 주장한다. 또한 알렉산드로스 등 국가적 혼란을 극복했던 역사 속 지도자들을 살펴보며 재건을 이끌 리더의 역할에 대해 다시 한번 생각해볼 기회를 제공한다.

대한민국이 묻는다

문재인이 말하고 문형렬이 엮다 | 값 17,000원

다시 함께 만들어 세워야 하는 완전히 새로운 나라,
문재인에게 묻고 문재인이 직접 답한다!

가장 높은 인기와 가장 많은 오해 위에서 더 나은 민주주의를 위해 묵묵히 한길을 걸어온 그 사람, 문재인.『대한민국이 묻는다』는 정치인 문재인을 만든 기억과 역사, 그가 만든 인권과 정치, 그가 만들 민주주의와 새로운 대한민국을 그의 생생한 육성으로 기록한 대담 에세이다.

도쿄에 왔지만
다카기 나오코 지음 | 고현진 옮김 | 값 11,000원

"내가 상상했던 도쿄는 이렇지 않았어!"

20대 청춘 지방러 다카기 나오코의 고군분투 도쿄지엠 도전기. 전철 막차를 놓쳐 한밤의 거리를 홀로 걷기도 하고, 일러스트레이터 면접 탈락에 좌절하기도 하지만 포기하지 않고 꿈을 향해 나아가는 작가의 서툴렀지만 마음 따뜻했던 날들이 펼쳐진다.

오늘 뭐 먹지?
다카기 나오코 지음 | 고현진 옮김 | 값 11,000원

"오늘도 내 밥은 내가 한다!"

혼자 산다는 것은 곧 혼자 요리하고 혼자 먹는다는 것. 자취 십여 년차 '프로 혼밥러' 다카기 나오코의 망쳐도 부담 없고 어설퍼도 괜찮은 집밥! 얼렁뚱땅 엉터리 레시피로 만드는 황홀한 집밥 에피소드가 펼쳐진다.

혼자 살아보니 괜찮아
다카기 나오코 지음 | 하지혜 옮김 | 값 11,000원

혼자 사는 즐거움이 생생하게 펼쳐지는 생활 공감 만화!

자취 생활의 희로애락이 펼쳐지는 달콤 쌉싸름한 어쿠스틱 싱글 라이프. 느리지만 행복하고 담담하지만 리얼한 혼자 살기의 즐거움을 그려냈다. 혼자 산 지 18년째에도 여전히 고군분투하는 다카기 나오코의 웃음 가득한 혼자 살기 시리즈 완결편.

낮에 뜨는 달 1, 2
혜윰 지음 | 값 각 11,000원

네이버 웹툰 시대극 장르 랭킹 1위
독자 평점 9.9점의 압도적 지지로 드라마화 예정!

천오백 년의 시간, 열아홉 번의 생이 지나도록 한 여자를 떠나지 못하는 한 남자의 뜨겁지만 차가운, 애잔하지만 위험한 사랑 이야기! 시간이 멈춘 남자와 현재를 사는 여자의 전생 로맨스가 펼쳐진다.

실연당한 사람들의 일곱 시 조찬모임
백영옥 지음 | 값 15,000원

오직 단 하나, 당신의 슬픔만이 나를 위로할 수 있어!

실연당한 사람들의 마음에 단단한 위로를 건네는 백영옥의 깊고 아름다운 연애소설.
헤어졌다고 말하고 헤어지지 못하는 우리들에게 이별에 대처하는 태도를 되돌아보
게 한다.

비하인드 도어
B. A. 패리스 장편소설 | 이수영 옮김 | 값 14,000원

"난 절대 당신을 떠나지 않아, 하지만 죽일 수는 있지."

완벽한 남편, 완벽한 결혼, 그리고 완벽한 거짓말
세상에서 가장 다정한 남편은 공포의 냄새를 즐기는 사이코패스였다!
영국 아마존 킨들 1위! 100만 부 판매 돌파
『나를 찾아줘』, 『걸 온 더 트레인』을 잇는 압도적 심리스릴러

마티네의 끝에서
히라노 게이치로 장편소설 | 양윤옥 옮김 | 값 15,000원

"이런 확실한 감정은 인생에 단 한 번 찾아오는 것이 아닐까"

일본 판매 15만 부 돌파, 와타나베 준이치 문학상 수상작!
아쿠타가와상 수상작가 히라노 게이치로가 그려낸 사랑하는 방법을 잊어버린 어른
들을 위한 연애소설.

고슴도치의 소원
톤 텔레헨 장편소설 | 유동익 옮김 | 값 13,500원

"나한텐 아무도 안 와. 근데… 나도 안 가, 아무한테도."

먼저 다가가는 것이 두려운 세상의 모든 소심이들을 위한 이야기
네덜란드 국민작가 톤 텔레헨이 전하는 어른을 위한 특별한 동화 소설
에쿠니 가오리, 오가와 요코, 다니카와 슌타로 등 일본 문단의 극찬 릴레이!

빨강머리 앤이 하는 말

백영옥 지음 | 값 16,000원

추억 속 빨강머리 앤의 웃음, 실수, 사랑과 희망의 말들!

삶의 한가운데에서 기대를 잊고 실망에 지쳐가는 우리에게, 웃음과 위로를 찾아주는 빨강머리 앤이 하는 말! 백영옥은 유년시절의 추억에 깊이 새겨졌던 앤의 사랑스러운 말들을 다시 불러와, 일상 속 작은 행복을 아낌없이 누리는 법을 제안한다. 20만 부 돌파 베스트셀러!

서울 문학 기행

방민호 지음 | 값 18,000원

불멸의 문인들이 사랑한 도시, 서울을 걷다.

방민호 교수와 함께 걷는 시와 소설의 사연 깃든 문학의 길!
이상, 윤동주, 박인환, 김수영, 박완서… 한국 문학사에서 작가 열 명의 작품을 통해 서울이라는 도시가 작가와 맺어온 관계를 한 겹 한 겹 선명하게 드러내 보인다.

정희

서정희 지음 | 값 16,000원

쉰다섯, 비로소 시작하는 진짜 내 인생!

깊은 밑바닥에서 한 발 한 발 자신의 힘으로 딛고 올라온 그녀가 갇혀 지낸 32년을, 그리고 앞으로의 더 밝은 미래를 노래한다. 누구보다 나를 사랑하는 것이 중요한 것임을 깨닫게 하는 책.

트렁크 하나면 충분해

에리사 지음 | 민경욱 옮김 | 값 14,000원

"소중한 것만 남기는 미니멀라이프!"

단순한 버림을 넘어 소중함을 채우다! 트렁크 하나에 들어갈 물건만으로 살아가는 니혼블로그무라 1위 미니멀리스트의 실천 매뉴얼. 옷 18벌, 식기 7가지, 구두 5켤레. 이 책을 통해 나에게 정말 소중한 물건이 무엇인지 깨닫게 될 것이다.

프레임
최인철 지음 | 값 16,000원

나를 바꾸는 심리학의 지혜

30만 독자의 사랑을 받아온 심리학 바이블 『프레임』의 10주년 기념 개정증보판. 서울대 심리학과 최인철 교수가 '프레임'이라는 개념을 본격적으로 소개하고 인간과 사회를 바라보는 다양한 시각을 제시한다. 오만과 편견으로 가득 찬 세상에서 후회하지 않고 현명하게 살고 싶다면 프레임을 바꾸자.

가끔은 격하게 외로워야 한다
김정운 지음 | 값 18,000원

내 삶의 주인 되는 주체적 문화심리학

'고독저항사회' 대한민국, 우리는 왜 외롭기를 거부하는가? 100세 시대의 숙명, 외로움과 직면하라! 외로움에 익숙해져야 더는 외롭지 않게 된다. 4년간의 격한 외로움의 시간이 빚어낸 예술적 사유, 인문학적 성찰, 사회분석적 비평을 한 권의 책으로 만난다.

혼자 잘해주고 상처받지 마라
유은정 지음 | 값 15,000원

당신의 마음을 더 단단하고
선명하게 만드는 심리 테라피

자존감 심리치료센터를 운영하며 가족과 연인, 친구에게 상처받은 수많은 사람을 만나온 유은정 원장이 타인에게 상처받지 않고 자기 자신을 사랑하는 방법을 알려준다. 일, 사랑, 공부, 관계 그 모든 시작이 서툴고 어색한 사람들에게 전하는 이야기다.

테드 토크 TED TALKS
크리스 앤더슨 지음 | 값 16,000원

'18분의 기적' TED가 공개하는 마법 같은 스피치 노하우!

2,100개의 무료 강연동영상, 전 세계 시청횟수 39억 뷰, '세상을 바꾸는 18분의 기적'이라 불리며 대중연설의 새로운 기준이 된 TED! 이 책은 TED처럼 말하는 화술뿐만 아니라 수석 큐레이터 크리스 앤더슨의 창의적 사고법, 사람들이 알고 싶어 하는 TED에 관한 궁금증과 그 뒷이야기까지 흥미진진하게 풀어내고 있다.

늦어서 고마워
토머스 프리드먼 지음 | 값 38,000원

역사상 가장 거대한 변화가 시작됐다!
모든 것이 뒤바뀌는 '가속의 시대'에 어떻게 적응할 것인가?

빌 게이츠부터 오바마 대통령까지, 전세계 지식인이라면 반드시 찾는 토머스 프리드먼의 신간. 기술 발달, 세계화, 자연 환경이 폭발적인 속도로 변화를 거듭하는 현재를 '가속의 시대'라 부르며, 정부와 기업, 개인이 나아가야 할 방향을 제시한다.

빚 권하는 사회에서 부자되는 법
박종훈 지음 | 값 16,000원

월급의 절반이 대출 이자? 더 이상 은행에 월급을 뺏기지 마라!
KBS 박종훈 기자의 생존 재테크 전략

장기 경제 불황을 눈앞에 둔 지금, 우리에게 필요한 생존 전략은 무엇보다 '빚을 관리하는 기술'이다. 우리가 빚을 지고 살 수밖에 없는 이유를 분석하고 빚 정리의 기술 5단계와 똑똑하게 대출받는 법, 내 월급 안전하게 불리는 재테크 전략을 소개한다.

(혼자 공부하는) 가상현실 개념사전
정동훈 지음 | 값 17,000원

포켓몬은 잡으면서 VR은 모른다고?
우리 삶을 뒤흔들 강력한 미디어 '가상현실'의 A에서 Z까지

가상현실, 증강현실, 혼합현실… 당신은 미래 세계를 얼마나 준비하고 있나요? 혼란스러운 미디어 신개념을 15가지 키워드로 소개하며, 비즈니스 트렌드를 빠르게 따라잡고 싶은 4차산업혁명의 스타플레이어들을 가상현실 세계로 안내할 친절한 다이제스트 북.

최고의 리더는 아무것도 하지 않는다
후지사와 구미 지음 | 값 15,000원

섀도우 리더, 조용한 리더십이 성장하는 조직을 만든다!

다양화되는 사회에 정답은 없다. 근사치를 현장에서 찾아야 한다. 자신의 권한을 현장에 넘기고 조직원의 지지를 받는 리더, 훌륭한 리더일수록 '리더다운 업무'를 아무것도 하지 않는다. 15년간 NHK 방송을 통해 기업 CEO를 인터뷰하며 알아낸 살아남는 기업의 리더십을 담은 책.

송지원 아빠는 러닝셔츠에 반바지를 입었다. 그냥 배 나온 아저씨일 뿐이다.

• 인서트 ≫
책의 한 구절. '아는 사람 중에서도 가족의 일원인 경우가 가장 많으며…'

송지원이 설마 설마 하며 아버지를 보는데.

송지원 아빠　(다급하게 손짓까지 하며 부른다) 지원아, 지원아.
송지원　　　(주춤 다가간다) 왜?
송지원 아빠　빨리 빨리… (송지원이 가까이 오기를 기다렸다가 한쪽 엉덩이를 들더니 방귀를 뿡 뀐다)
송지원　　　(아빠의 목을 휘감아 헤드락 걸며) 에이, 진짜…
송지원 아빠　(켁켁대면서도 낄낄댄다).

송지원이 아빠와 함께 한 덩어리가 되어 뒤로 넘어진다. 문득 송지원이 손을 푼다.

송지원　　　죄송합니다!
송지원 아빠　(켈룩대다가 의아하다) 뭐가?
송지원　　　아빠를 상대로 말도 안 되는 상상을 했습니다. (고개까지 숙이며) 그 점 진심으로 사과드립니다.
송지원 아빠　뭔 상상?
송지원　　　(고개까지 흔든다) 으으응, 말 못 해. 죽어도 말 못 해. 아빠도 모르는 게 나아.
송지원 엄마　(들어온다. 싱크대를 보더니) 설거지 좀 해놓으라니까.
송지원 아빠　콩 까고 할라 그랬지.

56. 송지원의 시골집 방(밤)

송지원이 책상을 뒤진다. 서랍도 열어보고… 책꽂이도 훑어보고. 엄마가 자두를 들고 들어온다.

송지원 엄마   올해는 자두가 잘어. 뭐 찾어?
송지원   (자두 하나 먹으며) 내 일기장 어딨어?
송지원 엄마   그런 게 어딨어? 없어.
송지원   버렸어? 에이, 다른 엄마들은 그런 거 뒀다가 딸 시집갈 때 주고 그러더만. 엄마 나 줏어왔지?
송지원 엄마   (파리채로 송지원 등짝을 후려갈긴다) 일기나 쓰고 그런 소리를 해라.
송지원   에이, 드럽게… 진짜…

57. 송지원의 시골집 전경(밤)

창문 중 하나의 불이 꺼진다. 별은 밝고, 풀벌레가 운다. 시골 밤은 고요한데…

(송지원)   엄마, 엄마!

58. 송지원 엄마, 아빠 방(밤)

어둠 속, 갑자기 불이 들어온다. 자다 말고 갑자기 소환된 송지원 엄마, 아빠, 눈이 부시다.

송지원 아빠	(잠결에도 벌떡 일어난다) 왜? 왜? 무슨 일인데? 뭐가? 왜?
송지원	(사진을 들이밀며) 얘 누구야?
송지원 엄마	(정신이 들자 화가 난다) 이놈의 지지배가 한밤중에…
송지원 아빠	(아이고… 하면서 다시 눕는다) …
송지원	한밤중 아니고, 아직 열한 시도 안 됐고. 얘 누구냐고?
송지원 엄마	(얼핏 보고) 네 친구를 내가 어떻게 알아?
송지원	그러지 말구 잘 봐.
송지원 엄마	(다시 본다)

사진 속. 초등학교 3학년쯤 송지원과 또 다른 여자애의 사진이다.

송지원 엄마	(다시 자리에 누우며) 몰라. 불 꺼!
송지원	(이불을 뒤집어쓰는 엄마를 보다가) …엄마 나 진짜 줏어왔지?
송지원 아빠	(눈 감은 채로 킬킬댄다) 줏어올라면 제대로 된 걸 줏어왔겠지 너 같은 걸 줏어왔겠냐?
송지원 엄마	내 말이…

송지원이 불 꺼주고 방을 나온다.

59. 송지원의 시골집 거실(밤)

송지원이 사진을 보다가 사진의 뒷면을 본다.

•인서트 》
여자애가 빠한 얼굴로 중얼댄다. '예쁜 구두'

송지원이 고개를 갸웃한다. 무심코 사진 뒷장을 본다. '문효진 2005

년 5월 10일. 체험학습'이라고 어린아이 글씨로 적혀 있다.

송지원   (되뇌인다) 문효진… (모르는 이름이다) …

송지원이 방으로 들어가면 거실은 다시 어둠에 잠긴다.

60. 거실(밤)

정예은이 유은재에게 오늘 있었던 일을 하소연 중이다. 생각할수록 열 받는다. 윤진명은 막 씻고 나왔다. 수건으로 발의 물기를 닦는다.

정예은   사실 고등학교 때도 별로 안 친한 애들이었거든. 그냥 이름만 알고 지내던 애들이 갑자기 연락 와 갖고… 입으로는 어떡하니 어쩌다 그 랬니 그러는데, 눈은 막 반짝반짝하는 거 있지. (흉내 내며) 말해. 말해야 정신적으로 좋대. 지들이 내 상담사야? 결국 묻고 싶었던 건 그 거 아냐? 왜 맞았니? 맞을 짓 한 거 아니니? (버럭) 아, 짜증 나. 나 바보 됐나 봐. 한 마디도 못하고 그 얘길 다 듣고 있었어.

유은재   (정예은이 버럭 하는 바람에 움찔한다) 근데 그 남자는 왜 그랬대 요. 선배 손 잡고 도망친 남자.

정예은   (짜증이 이어진다) 몰라. 내가 어떻게 알아!

유은재   (구시렁댄다) 그 성질 반만 거기서 부리지…

윤진명   (다가온다) 그래도 너 좋아졌나 부다. 전 같았으면 꼼짝도 못 했을 거 아냐?

정예은   (그러고 보니 그렇다) 그러게… 돈만 들어간다 생각했는데 정신과 상담이 도움이 되나 봐.

윤진명   약은 언제까지 먹어야 된대?

정예은   그만 먹고 싶은데 먹다 그만두면 안 된다고…

유은재	(갑자기) 어… 어…
정예은	왜? (돌아본다) …

조은이 문 앞에 서 있다. 대화가 끊겼다. 조은이 스윽 보고 신발을 벗는다. 그사이 하메들이 서로 눈빛을 교환한다.

유은재	(송지원 흉내 내본다) 어이, 조장군. 늦었네. 일찍일찍 다녀!
조은	(유은재 오버의 이유를 안다. 자기 방으로 향한다) 됐어. 안 어울리는 짓 하지 마.
유은재	(딴에는 노력했는데…) …

분위기는 싸해졌다.

정예은	(할 수 없다) 있잖아.
조은	(방문 손잡이를 잡은 채 돌아본다) …
정예은	내가 작년에 일이 좀 있었어. 누굴 만나다가 헤어졌는데 그 과정에서 안 좋은 경험을 했어. 데이트폭력. (조은을 슬쩍 본다) 그것 때문에 병원에 다니는 중이야.
조은	…
정예은	뭐 좋은 얘기도 아닌데 먼저 얘기하기도 그렇고… 그러다 보니까 너만 빼놓고 우리끼리 얘기하게 됐는데 일부러 그런 건 아니야.
조은	…예.

유은재와 윤진명이 한시름 놓는다.

조은	(문득) 작년 크리스마스 땐 네 사람만 여기 살았어요?
윤진명	(질문이 느닷없지만) 글쎄…
조은	강 언니는요?

윤진명	네가 강이나를 어떻게 알아?
조은	(유은재를 턱으로 가리키며) 쟤가 맨날 강 언니 강 언니 그러길래…
유은재	(또 반성한다) 미안…
조은	뭐가?
유은재	너 모르는 사람 얘기해서…
조은	(그게 뭐… 으쓱 하고는) 그 사람은 언제 나갔어요?
윤진명	나 귀국한 다음날 나갔으니까 10월 5일.
정예은	(기억이 안 난다) 크리스마스 때 우리 네 명만 있었나?
유은재	예, 성악과 들어왔다가 한 달도 못 살고 나갔잖아요.
정예은	우린 나가면 빨리 나가고 살면 되게 오래 사나 봐.
조은	(조금 심각해진다) …
윤진명	근데 그게 왜?
조은	아뇨… 그냥… (꾸벅 인사하고 방으로 들어간다) …
윤진명	(치우고 방으로 들어가며) 근데 왜 조장군이야?
유은재	(따라가며) 송 선배가 지은 별명인데요. 조은, 조운, 조자룡, 조장군…

61. 교내 커피숍(낮)

조은이 수첩에 뭔가를 적는다.
윤진명. 29세, 대학을 8년 만에 졸업, 중국 4개월 여행, 직장인, 보스 기질.
송지원. 23세, 대학 신문기자, 수다 강박, 거짓말, 섹드립.
정예은. 23세, 1년 휴학, 데이트폭력, 정신과 상담, 정신과 약 복용, 공황장애?
유은재. 21세, 실연 중, 손바닥에 상처, 음침, 우울한 성격.
조은이 정예은 이름 밑에 줄을 긋는다. 그때 안예지가 살금살금 다

가와서 조은의 눈을 가리려는데, 조은이 돌아보지도 않고 손을 스
윽 밀어버린다.

안예지   어떻게 알았어?
조은   향수.
안예지   (조은을 뒤에서 끌어안으며) 기특해라. 내 향수 냄새도 알구…

조은이 안예지가 뒤에서 끌어안은 자세 그대로 수첩을 본다. 하메들
에 대한 정보와 특징이 메모되어 있다. 커피숍의 손님 몇 명이 그녀
들의 과도한 스킨십에 관심을 보인다. '뭐야, 쟤네' 이런 느낌이다.

조은   (안예지의 팔을 풀며) 뭐 마실래?
안예지   사주는 거야? 아이스 커피.

정예은의 이름에 동그라미가 쳐져 있다. 주문 벨을 들고 조은이 돌
아온다.

안예지   (정예은 이름 가리키며) 얘가 유력 용의자야?
조은   (침묵으로 긍정한다) …
안예지   진짜 이런 게 있구나. 그놈은 어떻게 됐대? 때린 놈.
조은   감옥 갔나 봐.
안예지   (일단 긍정한다) 응… 그치만 이상하잖아. 피해자가 왜 그런 편지를
          받어?
조은   그니까… (수첩에서 분홍색 편지를 꺼내 본다) 금방 표가 날 줄 알
          았는데…

          •인서트 – 거실 ≫
          1회 찜질방에 다녀오는 신의 연장이다. 목욕을 끝내고 나온 하메들

이 아이스크림과 음료를 골라서 나온다. 송지원이 조은에게 하나를 던진다. 조은이 얼떨결에 받는다. 나른하고 느긋하게 하메들이 걸어 간다. 조은이 그들의 뒷모습을 보다가 자기도 모르게 슬쩍 웃는다. 아이스크림을 먹으며 그들 사이로 끼어든다.

조은   이런 이상한 편지를 받을 사람은 되게 이상하고 못되고 그럴 줄 알 았는데…

안예지   (불쑥) 네가 젤 이상해.

조은   …?

안예지   남의 편지 전해줄라고 이러는 사람이 어딨냐? 이사까지 가구. 너 뭐 있지?

조은   (창밖을 본다) …

62. 거리(낮 - 며칠 전)

조은이 한곳을 노려보고 있다. 그녀가 노려보는 것은 조영학과 그 나이 또래의 여자와 일곱 살쯤 여자아이이다. 굳이 비교하자면 조영학 과 함께 있는 여자는 조은의 엄마보다 나이도 많고 키도 작고 어깨 와 등에 군살이 붙은 그냥 아줌마다. 일곱 살 여자아이의 정수리쯤 에 올려 묶은 머리가 걸을 때마다 흔들린다. 여자아이가 뭐라고 하 며 엉덩이를 씰룩거리자 조영학과 여자가 웃는다. 눈가의 주름, 크게 벌어진 입. 하얗게 드러나는 치아! 조은은 그들 일가족의 '함박웃음' 을 응시한다. 조영학이 문득 돌아본다. 조은이 홱 돌아선다. 손에 잡 히는 대로 문을 열고 안으로 들어간다.

63. 헌책방(낮 - 며칠 전)

조은은 들어온 곳은 헌책방이다. 그는 자신이 필요 이상 문을 세게 닫은 것도, 그래서 사람들이 쳐다보는 것도 의식하지 못한다. 그저 사람들의 시야에서 벗어났으면 좋겠다. 서가 사이로 들어간다. 다른 사람의 시선에서 벗어나 심호흡을 한다. 그는 보고 싶지 않은 장면을 본 것이다. 분노와 슬픔이 절반, 감정은 쉽게 가라앉지 않는다. 책이 툭 떨어진다. 반대쪽에서 책을 깊숙이 꽂았나 보다. 조은의 워커 앞에 떨어진 책 제목은 『지연된 정의』.

조은이 책을 집어 드는데 책갈피가 저절로 펼쳐진다. 뭔가 꽂혀 있다. 분홍색 편지지가 반으로 접혀 꽂혀 있다. 조은이 편지를 읽는 동안, 서가 양쪽으로 사람들이 오간다. 편지를 다 읽은 조은이 뒷면을 본다. 편지 뒷면에 급하게 휘갈겨 쓴 주소… 베껴 쓰다가 틀린 듯 줄을 쭉 긋기도 했다. '마포구 연남로 22번지 2층'

64. 교내 커피숍(낮)

'마포구 연남로 22번지 2층'이라고 쓰여진 분홍색 편지지.

안예지   말해봐. 너 뭐 있지?
조은   있긴 뭐가 있어…
안예지   치… 그래서 어떡할 거야?
조은   응?
안예지   이 편지 받을 사람 찾으면 그 다음에 어떡할 거냐구?

그때, 조은의 핸드폰이 진동한다.

65. 미용실(낮)

꽤 규모가 큰 미용실이다. 헤어디자이너가 세 명, 헬퍼가 여섯 명쯤 되는 곳. 직원들이 왠지 일 이외의 다른 일에 신경을 쓰고 있는 느낌이다. 어디선가 와장창 소리가 난다. 잡지를 보던 손님들이 움찔한다.

직원   신경 쓰지 마세요. 위층에서 공사 중이라…

조은이 들어온다. 직원들이 안도한다. 조은이 직원들에게 꾸벅 인사하고 2층으로 올라간다.

66. 원장실(낮)

조은이 들어온다. 날뛰는 원장을 말리느라 애쓰던 직원이 조은을 보자 안도한다. 조은의 엄마가 조은을 보자 순간 울 것 같은 얼굴이 된다. 마지막 순간 인상을 쓰면서 외면한다. 직원이 나간다. 조은의 엄마가 소파에 앉는다. 조은도 적당한 곳에 앉는다. 둘 다 말이 없다. 창밖으로 해가 진다.

조은   (일상적이다) 왜 또?
조은엄마   그냥 갑자기 열불이 나서…
조은   여기 선생들이 엄마 미쳤다고 그러겠다.
조은엄마   할 수 없지 뭐. (치우기 시작한다)
조은   (엄마를 쳐다본다. 짜증 나고 불쌍하다) …
조은엄마   뭐?
조은   (같이 치워준다) 이거 비싼 거 아니야?
조은엄마   아이씨… 그러게.

67. 버스 안(밤)

조은이 자리에 앉아 분홍색 편지를 읽는다.

●인서트 》
- 활짝 웃던 조영학, 조영학과 함께 있던 여자, 일곱 살 여자아이
- 자기 집 앞에서 땀 흘리고 서 있던 조영학

(조은) (스스로에 대한 다짐이다) 단순해질 거야. 알고 보면 좋은 사람이라거나, 그럴 수밖에 없는 사정이 있다거나 그런 건 너무 피곤해.

68. 버스 정거장, 골목(밤)

버스에서 내린 조은이 골목으로 들어간다.

(조은) 좋거나 믿거나 하나만 할 거야. 친구이거나 적이거나 하나만 할 거야.

●인서트 》
지금보다 15년쯤 더 젊은 조영학이 열 살쯤 된 조은의 머리를 쭝쭝 땋아준다. 익숙한 손놀림이다. 그때의 조은은 길고 탐스러운 머리를 가진 여자아이다.

(조은) 너무 많이 알고 싶지 않아. 알고 나면 불쌍해질 테니까. 불쌍해지면 미워할 수 없을 테니까.

●인서트 》

- 하하호호 웃고 있는 조영학과 조영학의 여자
- 울 것 같은 조은의 엄마

(조은)　　이해하고 싶지 않아. 이해하지 않을 거야. 절대로 이해해주지 않겠어.

69. 2층 현관 앞(밤)

조은이 계단을 올라온다.

(안예지)　　그래서? 이 편지 받을 사람 찾으면 어떡할 거야?

　　　　　•인서트 ≫
일곱 살쯤 여자아이의 올려 묶은 머리가 흔들린다. 여자아이가 웃는다.

조은　　(스스로에게 다짐하듯 중얼거린다) 복수해줄 거야.

70. 거실(밤)

조은이 들어온다. 송지원이 시골에서 가져온 음식들을 유은재, 윤진명, 정예은이 맛보고 있다. 송지원이 뭐라고 했는지 하메들이 하하하 웃는다.

(조은)　　(현관에 서서 하메들을 응시한다) 그러니까 누구야? 너희들 중 누가 다른 사람의 인생을 망가트려놓고 웃고 있는 거야?

(정예은)   거기서 뭐 해?

돌아보는 하메들의 얼굴이 왜곡된다. 야비하고, 잔인하고, 사악하다.

71. 에필로그(바바리맨을 만난 하메들)

— 골목길
- 정예은이 바바리맨을 만난다. 아아아아악. 비명을 지른다.
- 유은재가 바바리맨을 만난다. 소리도 못 지르고 어버버버거린다.
- 윤진명이 바바리맨을 만난다. 포커페이스다. 핸드폰을 꺼낸다. '경찰서죠'
- 송지원이 바바리맨을 만난다. 헉!

•점프 》
바바리맨이 도망간다. 송지원이 쫓아간다. '잠깐만요. 잠깐 얘기 좀 해요'

- 조은이 걸어온다. 바바리맨은 조은에게 반응하지 않는다. 소 닭 보 듯, 두 사람은 그냥 지나친다.

3회

나는 살아남았다

1. 프롤로그

— 삼겹살 집
경영지원팀 회식 자리다. 직원이 윤진명까지 네 명이다. 조팀장(40
대 초반, 남)이 폭탄주를 만다.

홍자은   (작은 소리로 윤진명에게) 아우… 저게 무슨 석기 시대 문화야. 딱
              싫어.
윤진명   (무표정하게 팀장의 잔을 받는다) …
조팀장   자, 원샷!

각자 원샷한다. 홍자은은 불만이고, 어떤 직원은 팀장의 눈치를 보
고, 윤진명은 잔을 물끄러미 보다가 시원하게 원샷한다.

— 노래방
회식 2차를 왔다. 조팀장이 노래를 한다. 40대에 안 맞게 아이돌 노
래를 한다. 남자 직원 두 명이 탬버린을 흔들며 백댄싱을 하다가 랩
을 하려고 뛰쳐나온다.

홍자은   (못마땅하다. 에코 때문에 목소리 높이며) 신입사원 환영식인데 지
        만 신났어. 요새 2차 오는 팀이 어딨다구… 짜증 나죠?
윤진명   (무표정하다. 팀장 노래 끝나면 박수 친다) …

        ─ 편의점 앞
        취한 홍자은을 윤진명이 부축해 자리에 앉힌다.

홍자은   (자기 설움에 취해 울먹인다) 사는 게 너무 슬퍼. 왜 이렇게 슬픈지
        모르겠어. 난 진짜 내가 이렇게 살 줄 몰랐어. 난 좀 제대로 살 줄 알
        았는데…
윤진명   (홍자은의 머리를 똑바로 해준다) 선배님, 잠깐만요. 잠깐 있어요.

        편의점으로 들어간다. 편의점 주인이 이 상황을 지켜보다가 문을 열
        어준다.

        ─ 편의점
        숙취 해소 약을 매대에 놓는다.

아저씨   (바코드 찍으며 이해한다는 듯) 참… 돈 벌기 힘들죠?

        ─ 편의점(과거)
        윤진명이 편의점 직원 복장을 하고 있다. 회식을 끝낸 회사원들이
        들어온다.

회사원1   아, 죽겠다. 내일 출근 어떻게 하나?
회사원2   윤팀장, 진짜 집에 가기 싫은가 봐. 그럴 거면 결혼을 왜 했대?
회사원3   월차 내고 싶다.
회사원2   사표부터 쓰고 내든가…

'죽겠다'를 연발하면서 금방 계산한 숙취 해소 약을 먹는 회사원들을 윤진명이 물끄러미 바라본다. 윤진명이 무표정한 얼굴로 바코드를 찍어나간다. 바코드소리에 윤진명이 회상에서 깨어난다. 희미하게 웃는다.

아저씨   000원입니다.

윤진명   (카드를 꺼내준다)

— 도로
윤진명이 홍자은을 택시에 태워 보낸다.

윤진명   선배님, 집에 가면 전화해요. 예? (기사에게) 잘 부탁합니다.

택시가 출발한다. 윤진명이 멀어지는 택시를 보다가 버스 정거장을 향해 또각또각 걸어간다.

타이틀 제3회 — 나는 살아남았다 (부제: 이기적 유전자)

2. 타이틀 이미지 몽타주

의자 뺏기 놀이다. 어린아이들이 의자 주변을 돈다. '둥글게 둥글게' 노래를 부르면서… 웃고 있지만, 모두가 호루라기 문 입을 주시한다. 노래가 계속될수록 긴장이 높아진다. 마침내 '삐익!' 호각이 울린다.

3. 벨 에포크 앞(아침)

윤진명이 계단을 내려온다. 출근 차림이다. 또각또각… 하이힐 소리가 경쾌하다. 누가 봐도 직장인 모습이다.

4. 지하철(아침)

1인 시위를 하는 사람이 서 있다. 사람들은 그에게 시선을 주지 않는다. 윤진명도 마찬가지다. 피켓을 든 사람 앞을 지나쳐 버스 정거장으로 향한다. (앞으로 지하철 신에서는 따로 지문이 없어도 늘 1인 시위를 하는 얼굴이 까맣게 탄 아저씨가 있다)

5. 거실(아침)

핸드폰 진동 소리. 잠시 후.

(송지원) (충격 받았다) 에에, 진짜? 거짓말…

잠시 후, 송지원이 방에서 나오더니 소파에 털썩 주저앉는다. 세상 다 산 표정이다.

유은재　　(화장실에서 나오며) 왜 저래요?
정예은　　(토스트를 접시에 담고 아이스티를 컵에 따라 식탁에 앉는다) 청첩장 받았대.
유은재　　누가 결혼하는데요?
정예은　　초등학교 동창.
유은재　　첫사랑?
정예은　　아니, 여자 동창이래.

유은재	근데 왜 저래요?
송지원	(옆으로 툭 쓰러져 누우며) 난 한 번도 못 해봤는데 내 나이의 누구는 매일 매일 할 수 있잖아. 공식적으로… 난 너무 뒤처졌어.
유은재	아, 선배 진짜…
송지원	(확 일어선다) 너도 우울하게 해줘?
유은재	뭐요?
송지원	내 친구, 신랑이랑 대학 CC였대. 첫사랑.
유은재	(치) 그게 뭐… (냉장고에서 우유를 꺼낸다)
송지원	(아무렇지 않은 유은재를 불만스럽게 보다가 다시 툭 쓰러진다) 우리 은재가 변했어. 옛날엔 놀리는 재미가 쏠쏠했는데… 아! 뭐 하나 내 맘 같지 않구나.

그때, 유은재의 핸드폰이 문자 왔다고 진동한다.

유은재	(무심코 문자 보다가 이상한 비명 지른다) 아아아.
정예은	넌 또 왜?
유은재	우리 개강파티 한대요.
송지원	(기운내서 일어난다) 그게 왜?
정예은	바보야. 남친도 올 거잖아.
송지원	아…
유은재	(그 와중에도 바로 잡는다) 전남친이구요. 어떡해요? 가요. 말아요?
송지원	가! 죄 지었어? 가서 즐겨! 먹고 마셔!
유은재	(그런가) …
정예은	가지 마. 가봤자 뻘쭘하기만 해.
유은재	(그렇죠?) …
송지원	그놈은 올 거잖아. 왜 너만 안 가? CC 깨지면 왜 여자만 피해 다니고 그래? 난 그거 불만이야. 그러지 마.
유은재	(그건 그렇다) …

정예은	어쩔 수 없잖아. 세상이 그런 걸. 너네 사귀다 헤어진 거 다 아는데. 다른 사람도 불편하게 뭐 하러 가.
유은재	(그건 또 그렇다) …
송지원	불편할 게 뭐 있어? 가? 가서 마이크 잡고 말해! '오늘부터 싱글입니다. 많은 대시 부탁합니다'
유은재	(결론 낸다) 가지 말아야겠다.

그때, 문이 벌컥 열린다. 조은이 놀라 뛰쳐나온다.

정예은	넌 또 왜? 무슨 문자를 받았는데?
조은	윤 선배 회사, 오앤박이 그 오앤박이예여?

6. 오앤박(아침)

여학생들이 몰려 있다. 새벽녘 추위를 감당하기 위한 담요부터, 물, 선물, 대포카메라까지… 새카맣게 썬팅을 한 밴이 주차장으로 들어간다. 여학생들이 몰려들자 경비들이 막아선다. 윤진명이 저 사람들은 뭔가 싶어 쳐다보다가 역시나 같이 쳐다보고 있던 혜임달을 발견한다. 혜임달은 늘 그렇듯 선글라스를 끼고 있다. 혜임달도 윤진명을 발견하고, 누군지 알아보지만 쌩 까고 건물로 향한다. 윤진명도 건물 쪽으로 향한다. 밴을 놓친 여학생들은 아침부터 선글라스를 낀 혜임달을 슬쩍 보지만 관심 없다.

혜임달	(여학생들의 무관심한 시선도 짜증 나고, 홱 돌아보며) 왜 쫓아와요?
윤진명	(대꾸 없이 혜임달을 지나쳐 건물 안으로 들어간다) …

7. 오앤박 로비(아침)

윤진명이 가방에서 아이디카드를 꺼내 엘리베이터 버튼에 댄다. '5'층이 뜬다. 헤임달이 와서 아이디카드를 댄다. 'B1'층이 뜬다. 두 사람은 나란히 서지만 각자 엘리베이터를 타고 각자의 자리로 향한다.

8. 거실(아침)

조은   (아직도 흥분상태다) 오앤박이면 …그거잖아요.
송지원   (그 반응 충분히 이해한다) 그래. (아이돌 그룹 이름 댄다) 12성좌, 제5열, 핫플레이스.
조은   와…

9. 오앤박 복도(낮)

여직원 두 명이 오면서 수군댄다. '저건 사람이 아니야? 사람이 어떻게 모공이 없어?' '속눈썹이 이만해' 그들과 지나쳐 윤진명이 지나간다. 아이돌 그룹이 모여 있다. 길쭉길쭉하다.

윤진명   저기요.
한 명   (돌아본다. 마침 윤진명은 노트를 들고 있다) 사인요? (수첩을 잡으려는데) …
윤진명   (노트를 삭 비킨다) 아뇨, 좀 비켜주세요.

아이돌들이 윤진명 포스에 주춤 비켜준다. 윤진명이 아이돌을 지나쳐 경영지원팀 사무실로 들어간다.

10. 경영지원팀(낮)

홍자은이 핸드폰으로 몰래 아이돌 사진을 찍는다. 남직원들도 마찬
가지다. 사진을 찍어 아는 사람들에게 전송한다. 행복하다. 그 옆 윤
진명은 회사 소속 아이돌 그룹의 5년치 손익 현황을 분석하는 중이
다. 아스가르드의 손익 현황은 갈수록 엉망이다. 신입이 봤을 때도
이건 아니다 싶다.

11. 구내식당(낮)

조은과 안예지가 식판을 들고 와 자리에 앉는다. 조은은 아직도 윤
진명의 회사에 대해 이야기 중이다.

조은 (뭔가 신났다) 처음에 윤 선배가 그 회사 합격했다고 그랬을 때 다들
    나 같은 반응이었대. 근데 윤 선배는 아이돌하면 아직도 H.O.T랑 젝
    키밖에 모른대. 웃기지 않냐?

안예지 (시큰둥하다) 나이가 많다며…

조은 윤 선배 스물아홉밖에 안 됐어.

안예지 그럼 할머니지 뭐.

조은 야, 제5열은 우리 엄마도 안다.

안예지 (뭔가 마음에 들지 않는다) …

조은 근데 송 선배가 제5열 광팬이라…

안예지 송 선배?

조은 왜 그 말 많다는 사람 말이야.

안예지 (비꼰다) 거짓말한다는… 선배. 선배… 언제부터 선배 하기로 했어?

조은 (못 알아챘다) 그냥 뭐… 선배 하라고 해서 그러기로 했어.

안예지 유은재, …걔는? 걔도 선배야?

조은	이름 부르긴 좀 그렇잖아. 그러고 보니까 은재 선배랑 너랑 닮은 데가 있다.
안예지	(못마땅하다. 밥알을 짓이긴다) 뭐가?
조은	너도 순정만화 읽게 생겨 갖고 이토 준지 읽잖아. 은재 선배가 하는 게임이 뭔지 알아? 팔다리가 그냥…
안예지	(숟가락을 팽개친다. 버럭 소리 지른다) 그만 좀 해!

식당 안의 사람들이 돌아본다.

안예지	선배, 선배, 이 선배, 저 선배… 좋겠다. 선배 많아서! 언제는 재수없어서 싫다며? 음침하고 말 많고 얄미워서 싫다며?
조은	(안예지는 전에도 이런 적이 있었다. 물끄러미 바라볼 뿐) …
안예지	너 그 집 왜 들어갔어? 너 요새 그 편지 얘긴 하지도 않더라. 너 요새 왜 그래? 너 되게 재수없어. 짜증 나! (나가버린다) …

식당 안 사람들이, 조은과 안예지를 흘깃거리며 수군댄다. '뭐야?'
조은이 바닥에 떨어진 숟가락을 집어 식탁에 올려놓는다. 안예지의
식판에 음식이 많이 남아 있다.

12. 약국 앞(저녁)

조은이 약국에서 나온다. 체한 느낌이다.

13. 벨 에포크(저녁)

20대 초반의 남자가 핸드폰에 찍힌 주소와 우편함의 주소를 확인한

다. 안으로 들어간다. 젊은 남자는 커다란 배낭을 멨다. 2층 계단을 올라간다. 어라? 남자가 비밀 번호를 누른다. 에러가 난다. 한 번 더 누르는데 또 에러가 난다. 도둑인가? 도둑치고는 담대하다. 배낭을 내려놓고 계단을 쿵쾅쿵쾅 내려오더니, 대문 옆, 돌 틈에서 열쇠를 꺼낸다.

남자   (다시 2층으로 올라가며) 더워 죽겠구만…

두 개의 열쇠 중에서 하나를 끼워 문을 열고 안으로 들어간다. 잠시 후, 조은이 등장한다. 2층으로 올라간다.

14. 현관, 거실(저녁)

조은이 들어온다. 못 보던 샌들이 있지만 조은은 그런가 부다, 한다. 조금 크긴 하지만, 자기 신발보다 크지는 않다. 화장실 앞에 옷가지가 널려 있다. 반바지 티셔츠… 그런가 부다, 한다. 약간 남자 옷 같지만, 자기 것보다 더 그렇지는 않다. 화장실에서는 물소리가 들린다. 일단 약부터 먹는다. 트림을 해보려고 노력한다. 물소리가 멈춘다. 겨우 트림이 나온다. 화장실에서 벌거벗은 남자가 나온다. 수건으로 머리를 털며! 조은은 물끄러미 벌거벗은 남자를 본다. 비명을 지르는 것은 남자다. 남자가 비명을 지르며 화장실 안으로 들어간다.

(송지원)   뭐야? 우리 집에서 나는 소리야? …
송지원   (등장한다) 남자 소린데…

소리에 이어 송지원, 유은재, 정예은이 들어온다. 식탁 앞에 물끄러미 서 있는 조은을 본다.

유은재	방금 네가 소리 질렀어?
송지원	(신발 벗어젖히며) 남자라니까.
정예은	(남들보다 더 경계하다가 화장실 앞에 벗어놓은 옷을 발견한다)

하메들이 뒷걸음질 친다. 옷으로부터 멀어진다. 그때, 화장실 문이 빼꼼 열리더니 벌거벗은 남자가 나온다. 더듬더듬 옷가지를 집더니 사라진다. 들어갔던 팔이 다시 나와 남은 속옷을 들고 간다. 조은은 그때까지 표정 변화 없이 물끄러미 서 있다.

송지원	뭐야? 누구야? 너 남자 데려왔어?
조은	(무덤덤한 걸까) 아뇨.
유은재	뭐야? 근데 왜 여기 있어? 신고해요. 얼른. (그러면서 자기가 신고하려고 112를 누르는데)
(남자)	(화장실 안에서 다급하다) 아닙니다. 아닙니다. 잠깐만요.

남자 목소리에 하메들이 으아아악 소리 지르며 한 덩어리가 된다. 조은은 움직이지 않는다. 그러다 보니 하메들이 조은 뒤로 숨게 된다. 화장실에서는 서두르고 있나 보다. 우당탕 소리. 으윽 소리… 하메들 긴장했다. 달칵. 화장실 손잡이 돌아가는 소리에도 으악! 화장실 문이 열리고 이제 막 샤워를 한 키 작은 젊은 남자가 나온다. 유은재는 112를 눌러놓고 여차하면 통화 버튼을 누를 태세다.

송지원	누구세요?
젊은 남자	집주인…
송지원	(즉각적) 거짓말!
유은재	(동시에 통화 버튼 누른다) …
젊은 남자	대리요. 대리! 집주인 대리.
유은재	(종료 버튼 누른다) 대리요?

젊은 남자	나 온다는 얘기 못 들었어요? 대고모 할머니가 얘기한다고 했는데.
송지원	누가 온다고는 했지만 젊은 남자일 거라고는… (정예은을 본다)
정예은	(송지원한테 작은 소리로) 왜 2층에 있냐고 물어봐.
송지원	(이 말에 빨리 대답하라는 듯 손짓한다)
젊은 남자	올 아빠가 분명히 2층이라고… 봐요. (아빠에게 받은 문자 보여준다. 마포구 연남로 22번지 2층, 비밀번호 1652)
송지원	(아직은 믿을 수 없다) 주인집은 1층인데…
젊은 남자	잠깐만요. 아빠랑 통화 좀…

젊은 남자가 아빠랑 통화하는 동안 '아빠, 난데, 문자 잘못 보냈지? 아, 진짜 아빠 때문에 엉뚱한 집에 들어왔잖아. 어쩔 거야'

유은재	(통화 소리 들으며 겨우 안심했다. 시종일관 무표정인 조은 보며) 근데 너 참 담담하다.
정예은	그러게.
송지원	(믿음직하다) 역시 조장군. 으음! 근데 너 왔을 때 (턱으로 가리키며) 뭐 하고 있었어?
조은	(송지원의 턱짓에 통화중인 젊은 남자를 보는데, 좀 전에 봤던 벌거벗은 남자로 보인다. 갑자기 화장실로 뛰어 들어간다)

하메들도, 젊은 남자도 눈으로 조은을 쫓는다. 토하는 소리 들린다.

15. 계단, 2층 현관 앞(밤)

윤진명이 퇴근한다. 계단을 올라온다. 현관문 사이에 운동화가 끼어 있다. 왜 문을 열어놨지 싶다. 말소리 들린다.

(송지원)   이름이 장훈이야?

16. 거실(밤)

윤진명이 들어왔을 때 하메들과 젊은 남자는 오해를 풀고 이야기 중이다. 조은은 속이 메스꺼운 걸 참고 있다.

송지원   (윤진명을 본다) 윤 선배! 집주인 대리.

젊은 남자   (씩씩하게 인사한다) 안녕하십니까?

윤 선배   (인사하고는) 할머니 조카? 아저씨가 올 줄 알았는데…

정예은   (젊은 남자랑 같은 집에서 살게 된 게 불편하다) 그러니까…

송지원   (젊은 남자랑 같은 집에서 살게 돼서 행복하다) 조카 손자래. 근데 이름이 외자예요? 외자 이름이 많네. 훈이. 은이.

장훈   (왠지 머뭇댄다) 아뇨. 장훈이 이름이구요…

송지원   성은?

장훈   (살짝 망설인다. 들릴락 말락) 서…

송지원   서? (생각 없이) 서장훈… (다시 한 번 서장훈을 본다) 아, 서장훈…

하메들   (서장훈이라기에는 많이 짧은 서장훈을 본다) …

서장훈   (이런 반응 한두 번이 아니다) 예, 맞습니다. 이름이 주인을 디스하고 있죠.

송지원   (분위기 반전을 시도한다) 하하하, 괜찮아요. 내 사촌 중엔 송혜교도 있는데 뭘…

윤진명   (아까부터 좀 이상해 보이는 조은이 신경 쓰였다) 왜? 속 안 좋아?

조은   (무심코 서장훈을 보는데… 또다시 벌거벗은 모습으로 보인다. 구토가 치민다. 화장실로 뛰어 들어간다) …

유은재   왜 저러지?

송지원   (농담한다) 축하드립니다. 3개월입…

정예은   (등짝을 후려친다) …
서장훈   저는 그럼…

소파에 놓아두었던 배낭을 들고 서장훈이 밖으로 나간다. 조은이
화장실에서 나오다가 서장훈과 다시 마주치고 다시 토하러 들어간
다. 서장훈, 뭘 저렇게까지… 싶다. 나가는 서장훈을 정예은이 본다.

(한유경)   남자?

17. 캠퍼스, 구내 커피숍 앞(낮)

한유경, 송경아, 정예은이 걸어온다. 한유경은 이야기하면서 계속 머
리를 만지작거린다.

정예은   응, 그것도 스물두 살. 군대 갈라고 휴학 중이래.
한유경   괜찮겠어?
정예은   (한숨이 난다) …
한유경   그 집 사람들 좀 무신경한가 봐. 너가 어떤 상황인지 알면서… 남자
         를 집에 들이냐?
정예은   (자기 생각도 그렇다) …
송경아   그럼 죽을 때까지 남자 안 보고 사니? 조금씩 적응해야지. (한유경
         에게) 네 걱정이나 해. 채용 공고 나는 거 보면 진짜 깝깝하다. (커피
         숍으로 들어가려는데)
정예은   (잡아끈다) …딴 데 가자.
송경아   왜?
정예은   그냥…

어쩔 수 없이 다른 곳으로 간다. 커피숍 구석자리. 권호창이 구부정한 자세로 노트북을 들여다보고 있다.

18. 거실(밤)

조은이 소파에 앉아 핸드폰을 본다. 송지원이 통화하며 나온다. '알았어. 지금 가고 있어' 송지원이 신발을 신고 나가버린다. 송지원이 나간 걸 확인하고 잠시 후. 조은이 송지원의 살짝 열려 있는 방문을 스윽 들여다본다.

19. 정예은, 송지원의 방(밤)

조은이 정예은 책상을 뒤져본다. 단서가 될 만한 것을 찾지만 그게 뭔지는 모른다. 송지원 책상을 본다. 노트북 화면이 열려 있는데 좀 전까지 동영상을 보던 중인 듯, 이어폰이 연결되어 있고, 화면은 정지된 상태. 화면 가득 분홍빛이다. 뭐지, 슬쩍 스페이스 바를 누른다.

20. 거실, 정예은, 송지원의 방(밤)

송지원과 정예은이 들어온다.

송지원   골목이라 무서운 거야? 밤이라 무서운 거야?
정예은   둘 다.
송지원   큰길은 안 무서워?

정예은	좀 나아.
송지원	(휴~ 한숨 쉰다. 지친다) …
정예은	(방으로 들어가며) 그래도 버스는 혼자 탔잖아. 주말에 내가 탕수육… (하다가 멈춘다) …

조은이 서장훈을 만나던 날 표정 그대로 굳어 있다. 어찌 보면 무덤덤하고 어찌 보면 영혼이 나간 듯한 모습.

정예은	여기서 뭐 해?
조은	(그제야 돌아본다) …
정예은	(노트북을 보면 야동이다. 송지원 보며) 너 또 이런 거 보고 있었어? 아우, 이 죄 많은 인간…

조은이 갑자기 뛰쳐나가느라 송지원이 밀쳐지고 그 바람에 이어폰 줄이 엉켜 빠진다. 아항! 신음 소리. 화장실로 들어간 조은이 또 토한다.

송지원	쟤 또 토하네. (큰 소리로) 조장군, 병원 가봐. (방으로 들어오며 걱정스럽다) 쟤 어디 안 좋은 거 아니야.
정예은	아우, 그거나 좀 어떻게 해!
송지원	(노트북의 정지 버튼을 누르며 명령한다) 조용히 해!

21. 사무실(밤)

윤진명이 숫자로 빽빽하게 채워진 작업을 끝낸다. 컴퓨터를 끈다. 인사하고 일어난다.

22. 오앤박 앞(밤)

헤임달이 뛰쳐나온다. 무대화장을 하고 얼굴에 번개 모양의 페이스페인팅까지 했다. 얼핏 〈데스노트〉의 류크와 같은 콘셉트인데, 이번엔 무대의상까지 갖춰 입었다. 가죽 바지에 찢어진 러닝셔츠쯤? 어쨌거나 현실 세계에선 보기 힘든 패션이다. 갓길에 주차된 차들을 훑는다. 찾는 게 없다. 아아악! 진짜… 그때, 윤진명이 나온다.

헤임달	저기요.
윤진명	(돌아본다) …
헤임달	(이제까지의 일도 있고 퉁명스럽다) 핸드폰 좀 빌려줘요.
윤진명	(뭐야 싶다) …
헤임달	저 알죠? 헤임달.
윤진명	해와 달?
헤임달	(답답하다) 아스가르드 서브보컬! (윤진명 목에 건 출입증을 가리키며) 같은 회사잖아요.
윤진명	(아참, 아이디카드 떼는 걸 잊어버렸다. 떼서 가방에 넣는다) 저는 경영지원팀이라 잘…
헤임달	(느닷없이 춤을 추며 자기 파트를 노래한다) …

지나가던 사람들이 본다.

윤진명	(창피해서 핸드폰을 준다) …빨리 쓰고 줘요.
헤임달	(매니저에게 전화한다) 형! 어디예요? 나 안 탔잖아요. 한두 번도 아니구 진짜…
윤진명	(슬쩍 본다. 지난번에도 그렇게 된 거구만) …
헤임달	(듣다가) 버스를 어떻게 타요? 무대화장 했는데… 아, 빨리 데릴러 와요.

23. 봉고차 안(밤)

멤버들뿐만 아니라 매니저 메이크업, 코디까지 타고 있어 좁다.

매니저   그러게 누가 느리적거리래. 지금 차 돌리면 늦어! (듣다가) 택시비 같은 소리 하네… 그럼 그냥 있어. 니들이 일곱 명인지 여섯 명인지 아는 사람도 없는데…

24. 오앤박 앞(밤)

혜임달   (급해졌다) 아뇨, 갈게요. 가요. 가니까 기다려요. 네? 들어가세요. 형! (전화 끊는다. 짜증도 난다) …뜨기만 해봐라.
윤진명   (어쨌거나 핸드폰을 빼가려는데) …
혜임달   돈 좀 꿔줘요. 10만 원만.
윤진명   (핸드폰 빼간다) 싫어요.
혜임달   에이, 같은 회산데…
윤진명   모른다니까요.
혜임달   (아까 했던 춤과 노래 다시 한다) …
윤진명   (혜임달이 턴할 때 자리를 뜬다) …

멀리서 다른 아이돌 그룹을 기다리던 여고생 팬들, 쟤 뭐야? 미쳤나 봐. 수군댄다. 혜임달이 윤진명을 쫓아온다.

윤진명   쫓아오지 마요.
혜임달   버스 타러 가는 거예요.

25. 버스 정거장(밤)

버스가 온다. 윤진명이 타려고 움직이는데 헤임달도 움직인다. 너도 이 버스냐? 싶다.

26. 버스 안(밤)

사람들 헤임달을 본다. 아무래도 눈에 띄는 의상과 분장이다. 2인용 자리가 빈다. 윤진명이 자리에 앉는다. 헤임달이 옆자리에 앉는다. 다른 자리도 있는데… 사람들이 수군대며 사진찍는다.

헤임달　(윤진명에게) 사진 찍지 말라 그래요.
윤진명　내가요? 왜요?
헤임달　소속사 아티스트를 보호해야죠.
윤진명　나 그쪽 모른다구요.
헤임달　나 진짜… 뜨기만 해봐. 이런 거 다 얘기할 거야. 해투 같은 데 나가서…
윤진명　그건 알아서 하고, 말 시키지 마요.

이어폰을 끼고 창밖을 본다. 버스 안 승객들은 윤진명과 헤임달을 번갈아 본다. '아는 사인가 봐', '창피하겠다'

27. 버스 정거장(밤)

버스가 멈춘다. 헤임달이 버스에서 내린다. 어디로 가야 할지 모르겠다. 시간은 촉박하다.

28. 버스 안(밤)

윤진명이 창밖을 본다. 혜임달이 지나가는 아줌마에게 길을 물으려는데, 혜임달을 본 아줌마가 비명을 지르며 핸드백을 휘두른다. 그러거나 말거나, 윤진명은 외면한다. '마포 구민잔치'라는 현수막이 보인다. 초대가수 이름 제일 마지막 쪽에 '아스가르드'가 보인다.

29. 거실(밤)

밖에서 희미하게 앰프 소리 들린다. 어디선가 공연 중인가 보다. 송지원과 정예은, 조은이 되는 대로 앉아 책을 읽거나 공부 중이다. 유은재가 나온다.

유은재   (핸드폰 화면 보여주며) 선배, 이 영화 뭔지 알아요?
정예은   (본다) …
송지원   (넘겨본다) 〈이터널 선샤인〉.
정예은   맞다.
유은재   아… 〈이터널 선샤인〉…! 무슨 영화예요?
송지원   기억을 지우는 남자에 관한 이야긴데… (확실치 않다) 어떤 남자가 사랑을 잃어버렸어. 그 기억이 너무 고통스러워서 아예 기억을 지웠는데 무의식 속엔 계속 여자에 대한 기억이 남아 있는 거야. 그래서 다시 같은 여자를 만나서 또 사랑하고 헤어지나… 뭐 그런 이야기인 것 같은데… 맞지?
정예은   대충 비슷한 거 같은데… 나도 오래전에 봐서…
유은재   (왠지 얼굴이 환해진다. 하나하나 되새기듯) 잃어버린 사랑 때문에 고통스러워하는 남자요…
정예은   (그런 유은재를 빤히 본다) …

유은재	(현실로 돌아온다) 왜요?
정예은	왜? 전 남친이 SNS에 글 올렸어? 그 영화 재밌다고?
유은재	(뜨끔하지만) 아아뇨.
송지원	맞구만 뭘…
유은재	아녜요.……… (슬쩍) 프로필 사진에…
송지원	(두 사람 이야기를 듣다가) 정 여사는 그걸 어떻게 알았어?
정예은	(그 정도야) 나도 다 해본 거거든.
유은재	진짜요? 선배두 그랬어요?
정예은	하루 일과의 시작과 끝이 그거였지.
조은	남친이랑 헤어진 거 아니었어?
유은재	(떳떳치는 못하다) 헤어졌지.
조은	근데 왜 봐?
유은재	아니, 그냥… 뭐…
조은	스토커도 아니구…
유은재	(부정한다) 야아! SNS 좀 봤다고 무슨.
정예은	그래, 그건 너무했다. 그냥 감정을 정리하는 과정 중의 하나야.
유은재	(내 편이다) 그쵸? (정예은에게) 근데…

그때 윤진명이 들어오고 유은재는 입을 다문다.

조은	(다급하다) 윤 선배, 오앤박이라면서요?
윤진명	응.
조은	제5열 봤어요?
윤진명	아니…
조은	핫플레이스는요?
윤진명	몰라. 오늘 길쭉한 애들 몇 명 보긴 했는데…
조은	어떻게 생겼는데요? 몇 명이었어요? 다섯 명이면 제5열이고 여섯 명이면 핫플레이슨데.

윤진명   (별 관심 없다) 아, 걔 봤어. 아스가르드.
조은   그게 뭔데요?

다른 하메들도 모른다.

윤진명   헤임달 몰라? (아까 헤임달이 했던 노래와 춤 해보다가 좀 뻘쭘해진
다) …
송지원   지금 뭐 한 거야?
윤진명   별거 아니야. (방으로 들어간다) …
유은재   (윤진명이 방으로 들어가기를 기다렸다가) 근데… 비공개로 해논
거는 어떻게 봐요?
정예은   그건 못 봐.
유은재   (실망한다) 못 봐요?
정예은   근데… 타고 타고 들어가서 대충 뭔 내용인지 짐작하는 방법이 있
는데…

정예은이 유은재에게 방법을 설명한다. 실례를 보여주기 위해 핸드
폰을 보며 설명한다. '누가 좋아요를 눌렀잖아. 그 사람 거를 타고가
면, 거기 어딘가에 댓글을 달아놨을 거란 말이지'

30. 강의실(낮)

유은재가 강의를 듣는다. 대각선으로 떨어진 곳, 윤종열이 보인다.
핸드폰을 연다. 윤종열의 프로필 사진 〈이터널 선샤인〉의 한 장면이
다. 유은재가 상상에 빠져든다.

31. 윤종열의 방(밤)

영화 〈이터널 선샤인〉의 클라이맥스 부분이다. 윤종열이 노트북으로 영화를 보며 오열한다.

윤종열   (흐흐흑) 내가 미쳤지… 은재야…!

32. 강의실(낮)

유은재, 자기도 모르게 배시시 웃음이 새어 나온다. 들킬세라 표정관리한다. 강의가 끝난다. 김한소영이 다가온다.

김한소영   오늘 개강파티 어떡할 거야?

유은재   …

33. 파티룸(밤)

음악은 신나는데, 사람들은 왠지 조심스러운 것 같다. 심리학과 1.2학년 개강파티다. 이쪽 끝과 저쪽 끝, 유은재와 윤종열이 최대한 멀리 떨어져 앉아 있다. 윤종열 옆에는 1학년 여학생이 앉아 있다. 사람들은 삼삼오오, 가까이 앉은 사람들끼리 소근소근, 홀짝홀짝댄다. 유은재는 가까이 앉은 김한소영 등과 신입생의 이야기를 듣고 있다.

김한소영   (신입생에게) 고향이 어디야?

유은재의 얼굴은 김한소영 등에게 향했지만, 귀는 저 멀리… 윤종열의 목소리에 반응한다.

신입생	천안이요.
(윤종열)	('선배님, 누구 닮았어요'란 여자 후배의 말에) 나? 내가 누구 닮았지? 정우성?
유은재	(육성으로) 칫…
신입생	(뭔가 실수했나 싶다) …
김한소영	(쳐다본다) …
유은재	(앗차) 고향이 천안이야? 난 예산인데…

저 멀리서 윤종열 웃음소리가 소음을 뚫고 유은재 귀에만 들린다.

신입생	(마침) 우리 엄마 고향이 예산인데…
유은재	(더 큰 소리로 웃어주마. 박수까지 치면서 웃는다) 하하하하하하, 진짜 웃긴다.

신입생도 김한소영도 그 주변의 사람들도 뭔가 싶다.

유은재	(삐질) 아… 엄마 고향이 예산인 사람, 처음 봐서…

갑자기 음악이 빵빵 터진다.

황우섭	(큰 소리로) 자자. 뻘쭘한 시간들 즐기셨나요. 여름밤은 짧고 우리 한번 놀아봅시다!

•점프 》
음악이 빵빵한 가운데 심리학과 1, 2학년 학생들이 돌아가는 빈병

을 바라본다. 두구두구두구구구… 남학생들 몇 명은 테이블을 두드린다. 빈병이 멈추자 일제히 환호가 터진다. 황우섭이 맥주잔을 휙 돌려 회오리를 일으킨 다음 여학생 앞에 '탁' 놓는다. 신입 여학생은 어쩌지 하는 얼굴이다. 남학생들이 '흑기사, 흑기사'를 연호한다.

신입생   (맥주잔을 누구한테 줄까 하다가 윤종열 앞에 놓으며) 선배님!

누가 뭐랄 것도 없이. 헐! 유은재를 바라본다. 유은재, 자기도 모르게 웃는 얼굴 그대로 굳어버린다.

황우섭   오케이 여기까지! 다음 게임!

      • 점프 ≫
눈치게임 중이다. 1, 2, 3… 남남(男男)이 걸렸다. 진한 러브샷한다. 다시 처음부터 시작한다. 유은재와 한 남학생이 걸렸다. 헐! 모두들 윤종열을 본다. 윤종열 '하하하' 어색하게 웃으며 외면한다.

황우섭   게임 집어쳐!! 노래합시다. 노래!!

      • 점프 ≫
누군가 열창한다. '널 그리는 널 부르는 내 하루는 애태워도 마주친 추억이 반가워. 날 부르는 목소리에 어느새 수많은 니 모습만…' (노래는 얼마든지 바꿀 수 있음) 유은재가 따라하다가 문득 돌아보면 김한소영이 '측은하다'는 듯 바라보고 있다. 유은재가 얼른 입을 다문다. 황우섭이 상자를 휘젓다가 번호를 뽑는다.

황우섭   18번.

윤종열이다. 윤종열이 마이크를 잡고 무대에 선다. 유은재가 관심 없는 척 술을 마신다. 모니터에 뜨는 노래 제목을 보는 순간, 유은재 가슴이 철렁한다. '옛사랑!' 딴청 피우듯, 술 마시며 듣는 윤종열의 노래, 특정 가사가 유난히 콕콕 박힌다.

윤종열	(노래한다) 남들도 모르게 서성이다 울었지. '지나온.'
(유은재)	지났어? 나도 지났거든. 벌써 지났거든.
윤종열	…일들이 가슴에 사무쳐… 텅 빈 하늘 밑 불빛들 켜져가면 '옛사랑.'
(유은재)	그래, 옛사랑이지. 너무 옛날이라 기억도 안 난다.
윤종열	그 이름 아껴 불러보네. 찬바람 불어와 옷깃을 여미우다 후회가 또 '화가 나' 눈물이 흐르네.
(유은재)	(어이없다) 화가 나? 지가 화날 게 뭐야? 내가 뭘 잘못했는데?

모두들 합창한다. '이제 그리운 것은 그리운 대로 내 맘에 둘 거야. 그대 생각이 나면 생각난 대로 내버려두듯이'

윤종열	사랑이란 게 지겨울 때가 있지.
(유은재)	허… 지겨워? 지겨운 사람이 프사는 왜 그따위로 해논 거야.

노래가 끝난다.

• 점프 ≫
유은재가 무대에 선다. 비장하다. 전주 나온다.

유은재	(진심을 담아 열창한다) 아무 일도 내겐 없는 거야. 처음부터 우린 모른 거야. 오, 넌 그렇게 날 보내줄 수는 없겠니.

• 점프 ≫

이제 그만 내게 미련 보이지 마.

두 번 다시 넌 나를 찾지 마.

나로 인해 아파할 테니까.

　•**점프** 》

(하필 그때 윤종열을 본다)

가져가. 내게서 눈먼 너의 사랑을.

모든 게 집착인 걸 너도 알고 있잖아.

지독했던 사랑 따윈 모두 지워버려줘.

동기들이 윤종열을 본다. 윤종열은 딴청 피우며 맥주를 홀짝인다.

유은재　(의기양양하다) 길진 않을 거야. 마지막 순간까지… (하다가 가사를 보고 멈칫한다. 에에, 이게 아닌데… 애매해진다. 어쨌거나) 사랑해애… (돌아서서 울상을 지으며 혼잣말한다) 무슨 가사가 흐름이 없어…

토하는 소리 선행한다.

34. 화장실(밤)

화장실 칸 안에서 누군가 토하고 있다.

(김한소영)　괜찮아?

물 내리고, 김한소영이 신입생 여자애를 부축해 나온다. 유은재는 두 사람의 가방을 들고 있다.

| 유은재 | 괜찮아? |
| 신입생 | 죄송해요. |

35. 도로(밤)

개강파티가 끝났다. 취한 사람을 보내는 중이다. 취한 신입생을 먼저 택시에 태우고 김한소영이 탄다. 유은재가 가방을 건넨다.

| 유은재 | 조심해서 가. |

저쪽에, 역시 취한 후배를 보내는 윤종열 등도 보인다. 윤종열과 유은재의 눈이 마주친다. 유은재가 쭈뼛댄다. 윤종열이 역시 머뭇대다가 다가온다.

| 윤종열 | (머쓱하다) 괜찮어? |
| 유은재 | (역시 머쓱하다) 예⋯ (옛날 일이 생각난다) |

•인서트 – 시즌1 7회》
유은재가 나오자 윤종열이 쫓아나온다. '데려다준다'고 말한다.

윤종열도 그때를 생각하고 있다.

| 윤종열 | ⋯ (한동안 망설이다가) 조심해서 가라. |
| 유은재 | 예⋯ |

윤종열 가버린다.

36. 버스 정거장(밤)

유은재가 버스를 기다린다. 버스가 온다. 버스에 탄다. 창문에 머리를 기댄다. 노래가 선행한다. '영원한 사랑'을 맹세하는 노래다.

37. 결혼식장(낮)

축가가 진행 중이다. 간주 중에 신랑이 슬쩍 춤을 추자, 신랑 친구들이 휘파람 불고 환호한다. 이에 질세라 신부가 슬쩍 웨이브를 탄다. 송지원 등 신부 친구들이 득달같이 일어나 환호한다. 신부 엄마가 창피해서 얼굴을 가린다.

• 점프 ≫
가족사진 촬영 시간이다. 한 테이블을 차지한 송지원과 초등학교 친구 네 명이 식사를 하며 잡담 중이다.

친구1	진아 쟤(신부) 초등학교 때 장래 희망이 백댄서였는데…
친구2	진짜? 진아가 춤 잘 췄어?
친구1	몸으로 하는 건 다 잘했지. 달리기도 잘하고, 춤도 잘 추고… (송지원 보며) 얘 장래희망은 현모양처!
송지원	(먹다가 켁 하고 놀란다) 진짜? 내가?
친구1	그래. 5학년 때. 내가 그거 보고 얼마나 웃었다고.
친구2	넌 어떻게 그걸 다 기억하냐? 내 장래희망은 뭐였어?
친구1	넌 회사원인가 아마 그랬을걸.
송지원	야, 그럼 너 혹시 문효진이라고 알아?
친구1	문효진? 우리 초등학교 동창이야?
송지원	응, 아마 3학년 때 나랑 같은 반이었을 거야. 2반.

친구1	모르겠는데…

다른 친구들도 모르겠단다.

(소리)	신랑 신부 친구분들 나오세요.
친구2	사진 찍으란다.

친구들, 사진 찍으러 일어난다.

친구1	문효진이 왜?
송지원	(나가면서) 그냥… 같이 찍은 사진은 있는데 누군지 전혀 생각이 안 나서…
친구1	문효진. 문효진… 글짓기 잘하던 애 개 아니야? 글짓기 대회 나가서 상 받은 애?
친구2	걘 정호준이지. 하나도 안 비슷하구만.
사진사	키 작은 분은 앞으로 나오세요. 거기 단발머리(송지원)! 앞으로 앞으로…
송지원	(신부 옆으로 가면서) 졸업 앨범 찾아봤는데 문효진 이름은 없더라구.
신부	누구?
송지원	있어. 문효진이라구… 흐흥, 너 오늘 이쁘다.
신부	고마워.
송지원	너 같지 않구.
신부	(주먹 쥐어 보인 다음) …근데 문효진이 왜?
송지원	(뜻밖이다) 문효진 알아?
신부	걔 전학 간 애잖아. 3학년 여름방학 되기 전에 갑자기.
사진사	(주먹 쥐어 보이며) 앞에 보시고. 하나, 둘, 셋. 웃어요! 한 번 더 갑니다.

송지원	(시키는 대로 웃은 다음) 왜 전학 갔는데…?
신부	(그걸 물어볼 줄은 몰랐다) 어…? (돌아보는데)
사진사	신부 앞에 보시고, 하나, 둘, 셋! 한 장 더.

신부, 송지원도 사진사의 신호에 따라 웃는다. 사진사가 준비하는
동안 신부가 송지원에게 뭐라고 한다.

사진사	한 번 더. 하나, 둘, 셋!

팡! 사진이 찍힌다. 사진 속, 다들 웃고 잇는데 송지원만 놀란 표정
이다.

38. 벨 에포크, 1층 정원(낮)

조은이 적당한 곳에 앉아 핸드폰으로 사진을 본다. 안예지와 찍은
사진들이다. 키 크고 삐쩍 마른 조은과 빨간색 염색을 하고, 눈썹을
거의 밀다시피 한 안예지가 카메라를 노려보고 있다. 조은과 안예지
는 오랜 친구 사이다. 안예지와의 카톡 창을 열어본다. 마지막 메시
지가 3일 전이다. '아직 화났어?'라는 문자를 쓴다. 보낼까 말까 고민
하는데, 1층 문이 열린다. 서장훈이 나온다. 서장훈이 아는 척하려고
하는데, 조은이 시선을 피하며 서둘러 계단을 올라가버린다. 서장훈
은 기분이 나쁘다. '에이씨' 하다가 조은이 두고 간 비닐봉지를 본다.
비닐봉지에는 어묵, 당근, 치즈 같은 것들이 담겨 있다. 아, 뭔가 생각
이 난다.

39. 거실(낮)

윤진명, 유은재 등이 밥 먹을 준비를 한다. 조은이 들어온다.

유은재   왜 빈손이야?
조은   (그제야) 아…

다시 나가려는데 초인종이 울린다. 현관으로 나가려던 조은이 깜짝
놀란다. 어쩌지 하는데…

윤진명   문 열어줘.
조은   (할 수 없이 문을 연다)
서장훈   (편의점 비닐봉지를 들어 보이며) 이거 놓고…
조은   (비닐봉지를 빼앗듯 받아 들고는 문을 닫아버린다) …

40. 2층 현관 앞 계단(낮)

서장훈의 코앞에서 문이 닫힌다. 자신의 추측이 맞았다는 생각이
든다. 계단을 올라간다.

41. 옥상(낮)

서장훈이 나온다. 정예은이 이불을 널고 있다. 땅에 끌릴 것 같은 이
불을 서장훈이 얼른 받아준다. 이불을 너느라 서장훈은 정예은의
긴장을 못 보았다.

서장훈   저기요. …데이트폭력 겪었다는 사람…
정예은   (이불 너머에서 애매하게 서 있을 뿐) …

서장훈	아빠한테 대충 전해 들었거든요. 그 일 때문에 남자 무서워하니까 신경 쓰라고…
정예은	…
서장훈	근데 첫날 하필 내가 그런 실수를 해서… 나 때문에 증상이 더 심해진 건 아닌가 걱정이 돼요. (이불을 다 널었다) …
정예은	…
서장훈	그날 토할 때는 왜 저러나 싶었는데… 아마 너무 놀래서 그런 거 아닌가 싶어요.
정예은	(뭔 소리야) 예?
서장훈	(정예은을 돌아보며) 말 안 해요?
정예은	…?
서장훈	(쑥스럽긴 하다) 그게… 샤워 하고 아무 생각 없이 그냥 나왔는데… 하필 그 여자분이 봐서…
정예은	(뭔가 오해가 있다는 걸 눈치챈다) …
서장훈	그래서… 제가 어떻게 해야 되나 싶어요. 상태가 어느 정돈지 몰라서… 말도 걸면 안 되는 건지… 인사 정도는 해도 되는 건지… 어떡하면 좋을까요?
정예은	(자기를 걱정해주는 사람들이 많다는 걸 듣고 있다가) …고마워요.
서장훈	예?
정예은	신경 써줘서…
서장훈	아뇨, 내가 실수한 게 먼저니까…
정예은	(빈 바구니를 들고 옥상을 빠져나간다) …

42. 정예은, 송지원의 방(밤)

정예은이 거울 앞에 선다. 거울 속 자신을 바라본다. 오래도록 본다.

43. 구내 커피숍 앞(낮)

권호창이 구석 자리에 앉아 노트북을 두드린다. 늘 그렇듯 체크무늬 반팔 티셔츠를 목까지 잠가 입었다. 정예은이 창문을 통해 그를 바라본다. 심호흡을 한다. 한 발 내딛는다.

44. 구내 커피숍 안(낮)

권호창이 노트북 작업 중이다. 정예은이 다가와 테이블 옆에 서는데도 즉각 알아차리지 못한다. 자기 리듬에 맞춰 고개를 들었다가 정예은을 발견한다. 벌떡 일어나려다가 테이블에 다리가 걸려서 끼익 소리가 난다. 정예은은 긴장했고. 권호창은 당황했다. 정예은이 옆에 의자를 끌어다 앉는다. 권호창은 왠지 잘못한 아이처럼 두 손을 내리고 시선을 떨군다.

정예은	(상대방이 보통의 남자처럼 행동하지 않자 마음이 진정된다) 지난번에… (목을 푼다) 지난번에 왜 그랬어요?
권호창	예? …
정예은	지난번에 저기에서… 나랑 내 친구들이랑 얘기하고 있을 때 왜 갑자기 날 끌고 나갔냐구요.
권호창	친구였어요?
정예은	…
권호창	(고개까지 꾸벅한다) 죄송합니다.
정예은	아뇨, 죄송하다는 말을 들으려는 게 아니라 왜 그랬냐구요?
권호창	그게… 친구 아닌 줄 알고… 괴롭힘 당하는 줄 알고…
정예은	왜 그렇게 생각했는데요?
권호창	표정이… 내가 초등학교 중학교 때 왕따를 당했는데 날 괴롭히던 애

	들 표정이 딱 그랬거든요. (슬쩍 눈을 들어 정예은을 보면서 쑥스럽게 웃는다) …근데 내가 잘못 봐서…
정예은	(권호창은 약자처럼 보인다. 그래서 마음이 편해진다) 잘못 본 거 아니에요. 맞아요. 그때 괴로웠거든요.
권호창	(활짝 웃는다) 그죠, 맞죠? 역시… 그런 것 같았어요.
정예은	(바본가 싶다) 그렇게 웃을 만한 일은 아닌데…
권호창	(잘못했구나 느낀다) 아…
정예은	그땐 고마웠어요.
권호창	(쑥스럽기도 하고 좋기도 하고) 예? …예…

정예은은 물끄러미 권호창을 바라본다. 어색해진 권호창은 자판을 몇 개 두드렸다가 다시 지운다. 상대방이 어색해하면 이쪽은 왠지 자신감이 생기기도 한다.

정예은	근데 맨날 혼자 뭐 해요? 지나가면서 봤는데 맨날 혼자 뭐 하던데…
권호창	(신난다) 내가 프로그래밍한 앱이 있는데 그게 오류가 나서… (말도 더듬지 않는다. 노트북 화면을 돌려주며 설명하려 한다)
정예은	(창밖의 한유경, 송경아를 발견했다) 아, 미안. 나중에요. 친구가 와서…
권호창	나중에…?
정예은	예… 고마웠어요. (일어난다) …

45. 구내 커피숍 앞(낮)

송경아와 한유경이 창 너머, 정예은을 본다. 권호창에게 인사를 하고 커피숍을 빠져나오는 중이다.

송경아	예은이 남자 생길라나 보다.
한유경	벌써?
송경아	야, 1년이 넘었다.
한유경	그래도…
송경아	네가 너무 걱정하는 거야. 예은이 재가 독한 데가 있어서 혼자 놔두면 어떻게든 일어서. 너무 보호하지 마.
정예은	(어느 새 나왔다) 뭘…?
송경아	(말 돌린다. 창 너머 권호창을 턱짓하며) 누구야?
정예은	아, 그냥 별거 아니야. (떠나려는데) …
송경아	쫓아오는데?
정예은	(돌아본다) …
권호창	(쫓아나왔다) 저기요. 전화번호요.
송경아	(어얼… 정예은의 어깨를 툭 친다) …
한유경	(걱정스럽다) …
권호창	나중에 얘기할라면 전화번호가 있어야… (자기 핸드폰으로 받아 적을 준비를 하면서 쳐다본다) …
정예은	(두 명의 친구―알려주라고 부추기는 송경아와 걱정스럽게 보는 한유경―를 번갈아 보다가) 010-

46. 학보사 (낮)

임성민이 오하나를 비롯한 세 명의 신입생들과 마주앉았다. 임성민 앞에는 그들이 제출한 기사가 있다. 임성민이 막 기사를 읽었다. 오하나를 비롯한 신입생 세 명은 긴장했다.

임성민	(고개를 드는데 긍정적인 얼굴이다)
신입생들	(얼굴 밝아진다) …

(송지원)   (한숨 소리, 땅이 꺼진다) …

신입생들이 어두운 얼굴로 임성민 뒤를 본다. 송지원이 팔짱 끼고 벽에 기댄 채 고개를 흔든다.

임성민   (자기 보라는 듯 테이블을 콩콩 두드린 다음) 잘 썼어. 처음 치고는 잘 쓴 거야.
신입생들   (얼굴 밝아진다) …
송지원   처음 치고 잘 쓴 게 뭐가 중요해. 그냥 잘 써야지.
신입생들   (그건 그렇다) …
임성민   괜찮아. 그러니까 인턴 기간이 있는 거지. 하나하나 배우면 돼.
송지원   해도 안 되는 게 있단다. 노력해서 다 되면 뭐? 나도 김연아 하게? 너는 박태환 하고 너는… (노려보는 임성민과 눈이 마주쳤다) 혼잣말이야. 혼잣말. 볼일 봐.
임성민   (다시 신입생들을 향하지만 이미 말이 꼬였다) 10분만 있다가 하자. 너 나와! (성큼 성큼 나간다) …
송지원   (밖으로 나간다) 아, 왜…
오하나   (송지원이 마음에 안 든다) …

47. 학보사 앞(낮)

송지원이 나온다.

임성민   너 여기 그만 와.
송지원   갈 데가 없어. 밖은 너무… ('추워'라고 하려다가) 더워.
임성민   너 취직 준비 안 해?
송지원   하기 싫어.

임성민	안 하면 너 백수 될래?
송지원	(파닥거린다) …시집이나 갈까?
임성민	누가 데려간대?
송지원	너라도 어떻게…
임성민	닥쳐!
송지원	(입 내민다) …
임성민	그건 어떻게 됐어? 결혼식 갔던 거. 잃어버린 기억을 찾아온다며?
송지원	(왠지 시큰둥하다) 아 그거…

• 인서트 – 결혼식장 ≫

신부가 바쁘다. 사진을 찍으랴 수다 떨랴.

신부	3학년 여름방학 끝나고 전학 갔잖아.
송지원	왜?
신부	(사진사를 향해 웃어준 다음) 기억 안 나? 이상한 소문 났잖아.
송지원	…
신부	미술 선생님이 걔 이상한 그림 그렸다고.
송지원	이상한 그림?
신부	아이, 참… (말하기 좀 그렇다) 벗고 있는 거.

송지원	(귀를 후비적거리며) 그냥 뭐… 3학년 때 전학 갔대. 그래서 기억에 없나 봐.
임성민	그게 다야?
송지원	(창밖을 본다) 뭐 대충…
임성민	그럼 이제 다 됐네. 공부만 하면 되겠네. 이제 오지 마! (안으로 들어가서 문을 잠근다) …
송지원	야… (문을 열려고 하지만 잠겼다. 돌아선다. 왜 거짓말을 했을까?)

48. 조은의 학교 강의실(낮)

조은이 강의를 듣는다. 옆자리가 비어 있다. 안예지는 학교에 오지 않았다.

49. 학교 건물 앞(저녁)

여학생들은 모두 삼삼오오다 '뭐 먹을까?' '홍대 앞에 맛있는 떡볶이 집 생겼다던데' 늘 같이 다니던 안예지가 없는 조은만 혼자다. 어디로 가야 할지 모르겠다.

50. 버스 정거장, 골목길(밤)

조은이 버스에서 내린다. 골목을 걷는다. 한숨이 난다. 뒤에서 자전거 벨소리가 들린다. 조은이 한쪽으로 물러선다. 자전거가 지나치려다가 멈춘다. 서장훈이 내린다. 서장훈을 본 조은이 무시하듯 외면한다.

서장훈   아, 쫌…
조은   뭐가여…
서장훈   그 무시하는 거… 왜 사람을 무시해여?
조은   (구시렁댄다) 무시는… 내가 언제…
서장훈   지금도 무시하네… 사람이 말하는데 딴 데 쳐다보구…
조은   (그렇다면 봐주마. 억지로 본다) 내가 뭐여…
서장훈   데이트폭력, 그것도 아니라며… 난 또 그건 줄 알았지. 사람 헷갈리게 말이야. 도대체 왜 그래여?

조은	그럼 뭐… 그런 걸 봤는데 뭐… 기분 나쁘니까 그렇지.
서장훈	나는 뭐… 보여주고 싶어서 보여줬나? 기분 나쁠 건 뭐야? 기분 나쁘면 내가 나쁘지.
조은	(자기도 모르게 서장훈의 몸을 틸트다운 하려다가 황급히 돌린다. 부끄러워진다) …
서장훈	(눈치챘다) 왜 자꾸 봐여?
조은	(얼굴 빨개진다) 안 봤어여!
서장훈	(자기도 얼굴이 빨개진다. 자전거로 몸을 가리기 위해 반대편으로 자리를 옮긴다) 응큼해 갖고는… 너 자꾸 상상하지?
조은	안 해! 그 징그러운 걸 내가 왜?
서장훈	징그럽… 야, 다 그래. 다 그렇게 생겼어.
조은	아, 됐어. 그만해… (걸음을 빨리한다) …

흥! 그렇다면, 서장훈이 자전거에 올라타더니 조은 옆을 쌩 지나간다. 조은, 웃기지도 않는다.

51. 벨 에포크 앞(밤)

조은이 집 앞에 도착했을 때, 서장훈이 대문간에 쭈그리고 있는 여자를 깨우고 있다.

서장훈	저기요. 여기서 이러면 안 돼요. 집에 가요. (조은이 다가오자) 이 사람 핸드폰 좀 찾아봐여.
조은	(그냥 지나치려한다) 내가 왜? (그런데 옷이 낯익다)
서장훈	내가 그랬다가 나중에…
조은	(서장훈을 밀치고 여자애 얼굴을 들여다본다) 안예지!
서장훈	아는 애야?

안예지	(조은을 알아본다. 술 취했다) …나쁜 년!
조은	너 왜 이러고 있어.
안예지	이 나쁜 년. 이 개 같은 년.
서장훈	뭐 잘못했나 봐?
조은	구경 났어? 들어가!
서장훈	(자전거 끌고 들어간다) …
조은	야, 일어나! 집에 가. 데려다줄게.
안예지	싫어. 안 가.
조은	너 진짜… 짜증 나게 왜 이래?
안예지	짜증 나? 너가 더 짜증 나. 너 요새 자꾸 이상해져. 자꾸 변하잖아. 그럴 거면 죽어버려. 죽어버렸으면 좋겠어.

조은이 안예지를 억지로 일으킨다. 안예지가 반항하는 바람에 같이 넘어지려는 걸 서장훈이 뒤에서 잡아준다. 조은은 너무 가까이 다 가온 서장훈의 얼굴 때문에 움찔한다.

서장훈	뭐, 또?
조은	(툴툴댄다) 내가 뭘…
서장훈	업혀!

서장훈이 안예지를 업는 걸 조은이 도와준다.

| 안예지 | (눈을 감은 채로 중얼거린다) 미워. 죽어버려… |

52. 계단(밤)

안예지를 업은 서장훈이 계단을 올라간다. 조은이 안예지의 신발과 가방을 들고 쫓아간다.

53. 거실(밤)

서장훈이 안예지를 업고 들어오자 하메들이 놀란다. 조은이 얼른 자기 방문을 연다.

54. 조은의 방(밤)

서장훈이 안예지를 눕힌다. 조은이 안예지의 신발 한쪽을 벗겨 밖으로 나간다. 서장훈이 안예지 밑에 깔린 셔츠자락을 빼내려는데…

안예지   (눈 감은 채로) 너 미워… 정말 미워.

서장훈   예, 예…

안예지   (한숨처럼…) 난 너밖에 없단 말이야. 너도 나밖에 없었잖아.

서장훈   (안예지를 본다) …

안예지   (…울먹인다) 근데 왜 변해? 변하지 마. 변하지 마. 제발…

조은이 들어온다. 서장훈이 안예지에게서 떨어진다. '좀 전에 들어버린 고백'을 생각하며 조은을 본다.

조은   뭐어…?

서장훈   뭔가 할 말이 있을 거 같아서…

조은   …

서장훈   (귀를 기울이는 척) 뭐? 고맙다구?

조은   (우물쭈물) …그렇게 듣고 싶으면 그렇게 듣든가…

55. 거실(밤)

서장훈이 하메들의 인사를 받으며 신발을 신는다.

윤진명   수고했어.

서장훈   옙…

송지원   역시 집안엔 남자가 있어야 돼.

서장훈   그니까요. 든든하죠! (인사하고 나간다)

송지원   (아쉽다) 조금만 길면 더할 나위 없을 텐데…

조은   키 큰 남자 좋아해여?

송지원   넌 아니냐?

조은   난 뭐…

송지원   하긴 넌 네가 크니까…

윤진명   옆으로 재워. 누워서 토하면 위험해.

조은   예… (눈치 본다) 죄송해여. 얘가 나한테 화난 게 있어서…

정예은   뭘 잘못했는데…?

조은   (생각해본다) 모르겠어여.

유은재   (살짝 우울해진다. 윤종열을 생각했다) 상처란 게 준 사람은 없는데
         받은 사람만 있어요.

송지원   네 얘기냐?

유은재   (왠지 슬픈 눈으로 송지원을 보더니 방으로 들어가버린다)

송지원   (왠지 미안해진다) 난 그냥 찍은 건데…

하메들이 자연스럽게 방으로 향한다. 조은도 방으로 들어간다.

56. 조은의 방(밤)

조은이 들어온다. 술 취한 사람이 그렇듯 괴로운 얼굴로 안예지가 잠들어 있다. 조은이 안예지를 옆으로 눕혀준다. 책 속에서 분홍색 편지를 꺼내본다.

(유은재)　상처란 게… 준 사람은 없는데 받은 사람만 있어요.

조은의 상념은 안예지의 괴로워하는 소리에 끊긴다.

57. 벨 에포크 전경(아침)

해가 뜬다.

58. 조은의 방(아침)

안예지가 눈을 뜬다. 머리가 아프다. 자기가 어젯밤에 무슨 짓을 했는지를 떠올린다. 으으응… 죽고 싶다. 조은이 바닥에 쪼그리고 잠들어 있다. 안예지는 침대에 걸터앉아 조은을 바라본다. 왠지 슬프다.

59. 거실(아침)

새벽이다. 방문이 살짝 열리며 안예지가 나온다. 빈 거실에 아침 햇빛이 쏟아진다. 다섯 개의 컵을 본다. 열린 화장실, 다섯 개의 칫솔을 본다. 베란다 빨래 건조대. 각각 다른 취향의 속옷(섹시, 청순, 기능, 캐릭터, 올이 풀린 거)과 양말… 안예지가 현관에 서서 거실을 둘러본다.

•**인서트** ≫
다른 네 명의 하메들과 일상을 사는 조은이 보인다.

문소리가 들린다. 안예지가 막 거실을 나갔다.

60. 정예은, 송지원의 방(아침)

인형의 귀를 위로 해서 묶어놓았다. 뭔가 발랄해진 느낌이다. 인형의
말간 눈이 정예은을 보고 있다. 정예은이 옷장 문을 연다. 우중충한
옷을 한아름 끌어낸다.

61. 거실(아침)

유은재, 송지원, 조은이 아침을 준비하다가 돌아본다. 정예은이 옷
을 들고 밖으로 나가다가 하나를 흘린다. 유은재가 집어서 올려
준다.

유은재	왜요?
정예은	버릴려고.
송지원, 유은재	(놀란다) …
정예은	이제부터 버스 정거장까지 나 데릴러 오지 마. (옷을 들고 밖으로 나 간다)

송지원과 유은재가 서로를 본다. 다행이다. 그동안 힘들었는데…

62. 대학교 복도(낮)

조은이 걸어온다. 저 멀리 안예지가 눈치 보며 서 있다. 조은이 안예지를 보다가 어쩔 수 없이 픽 웃는다.

안예지   (그제야 배시시 웃으며) 미안.
조은   아침에 왜 그냥 갔냐?
안예지   쪽팔려서…
조은   쪽팔린 줄은 알어?
안예지   (고개 끄덕인다) …
조은   (걸어가며) 어제 얼마나 먹은 거야?
안예지   (팔짱 낀다) 소주 두 병…
조은   (놀란다) 미쳤구나…
안예지   하고 반!
조은   앞으로 그러지 마.
안예지   (순순히) 응, 그러니까 너도 그러지 마.
조은   내가 뭘?
안예지   (장난처럼) 내 앞에서 딴 사람 얘기하지 마.
조은   (안예지를 보다가 강의실로 들어간다) …
안예지   (따라가며) 그리고 그 집에서 빨리 나와. 그 집 기분 나빠.

63. 사무실(저녁)

윤진명이 야근 중이다. 홍자은이 누군가와 문자를 하다가 씩씩댄다.

홍자은   나쁜 놈… (슬쩍 윤진명을 본다. 물어봐주길 바라는 눈치다)
(윤진명)   (노트북만 바라본다) 나는 늘 거리를 잰다. 필요 이상 가까워지지

	않도록.
남직원	왜? 남자친구랑 싸웠어?
홍자은	(기다렸다는 듯) 남자들은 왜 그래요? 왜 맨날 지네 엄마 아빠가 먼저예요?
(윤진명)	나는 늘 거리를 잰다. 필요 이상 다가오지 못하도록.

• 점프 》
어느 순간 돌아보면 사무실엔 윤진명만 남았다.

64. 버스 정거장, 골목(저녁)

정예은이 내린다. 다른 날과 달리 화사한 옷을 입었다. 골목으로 들어가려는데 남자가 골목에서 나온다. 얼핏 고두영을 닮았다. 정예은이 움찔한다. 정예은은 갑자기 골목이 무서워진다. 정예은의 호흡이 가빠진다. 골목이 왜곡된다.

65. 거실(밤)

유은재가 혼자 술을 먹고 있다. 이미 취했다. 취해서 센티해졌다. 조은이 나온다. 스윽 보고 물을 마신다.

유은재	〈이터널 선샤인〉 봤어?
조은	아니.
유은재	영원히 잊혀지지 않는 기억은 행복일까? 저주일까?
조은	(아까부터 문자 왔다고 간헐적으로 진동하는 핸드폰 턱짓하며) 핸드폰이나 봐.

유은재	(취했다. 핸드폰을 들여다보며) 영원히 잊을 수 없을 만큼 사랑한 건 행복일까? 저주일까? (핸드폰 본다) 아… 예은 선배 데리러 가야겠 다. (비틀비틀 일어나더니 현관에 주저앉아 신발을 신다가) 내 기억 은 얼마짜릴까? 난 얼마만큼 사랑한 걸까? (옆으로 픽 쓰러진다) …
조은	(깨운다) 야… 야!

조은이 유은재 손에서 떨어진 핸드폰을 집어본다. 정예은의 문자. '미안. 나 버스 정거장인데 혼자 못 가겠어' 송의 답장이 보인다. '나 아직 학교인데…' 윤의 문자. '야근 중' 조은이 잠깐 생각하다가 방으로 들어간다.

66. 버스 정거장(밤)

정예은이 버스 정거장에 홀로 서 있다. 핸드폰을 꼭 쥐고 골목을 바 라본다. 누군가 데리러 와주길 기다린다. 버스 정거장의 지붕 밖으 로 나갈 수가 없다.

67. 사무실(밤)

윤진명이 일어선다. 일이 끝났다.

68. 편의점(밤)

선글라스를 낀 헤임달이 죽과 쌍화탕을 들고 카운터로 향한다. 왠 지 아파 보인다. 트레이닝복을 입었다. 그때 윤진명이 들어온다. 서로 쓰윽 볼 뿐 무시한다.

점원   4천 9백 원입니다

혜임달   (주머니에서 꺼낸 천 원짜리를 확인한다. 대략 천 원 정도가 모자라
            다. 죽만 계산한다) 이것만 주세요.

점원   3천 9백 원입니다.

윤진명이 우유를 가져온다. 계산을 끝낸 혜임달이 나간다.

점원   9백 원입니다.

윤진명   (지갑을 꺼내려는데 방금 전 혜임달이 빼놓은 쌍화탕이 보인다) …

(윤진명)   거리를 둔다는 것은 스스로를 고립시킨다는 것. 거리를 둔다는 것은
            그만큼 외롭겠다는 것. 생존! 그렇다. 이것이 나의 생존 전략이다. 나
            는 차단막을 댄 경주마처럼 살았다. 나는 그렇게 살아남았다. 그리
            고 그렇게 살아남을 것이다.

69. 편의점 앞(밤)

아픈 혜임달이 터덜터덜 걸어간다.

(윤진명)   저기요.

혜임달   (빨리 움직일 수가 없어 천천히 돌아본다) …

윤진명   (다가와 편의점 봉투를 건넨다)

혜임달이 얼떨결에 받는다. 봉투 안엔 쌍화탕과 죽이 서너 개 들어
있다. 고개를 들었을 땐 윤진명은 저만치 걸어가고 있다. 혜임달은
열이 있는 것 같다. 얼굴이 붉다.

70. 조은의 방(밤)

조은이 침대에 누워 책을 보는데, 자꾸만 문소리에 귀를 기울인다. 문소리가 난 것 같다. 벌떡 일어난다.

71. 거실(밤)

조은이 방에서 나온다. 헛것을 들었나 보다. 유은재는 아직도 소파에 자고 있다.

| (윤진명) | 나는 늘 거리를… |
| 조은 | (말을 끊듯) 에이씨… |

72. 버스 정거장(밤)

정예은이 의자에 앉아 있다. 눈물도 나지 않는다. 그저 멍할 뿐이다.

(조은)	저기…
정예은	(돌아본다) …
조은	(괜히 겸연쩍다) 은재 선배가 술 취해서… 못 올 것 같아서… 나라도 괜찮으면…
정예은	고마워. (일어난다) …

정예은이 조은과 함께 골목길로 들어간다. 골목에서 정예은이 조은의 팔을 잡는다. 조은과 정예은, 두 사람이 골목으로 들어간다.

73. 골목, 벨 에포크 앞(밤)

조은과 정예은이 걸어온다. 두 사람이 벨 에포크로 들어간다.

• f.o. ≫

74. 골목, 벨에포크 앞(아침)

윤진명이 출근한다.

75. 지하철 역 앞(아침)

1인 시위를 하는 사람의 얼굴이 새까맣다. 윤진명이 냉정한 얼굴로 그 앞을 지나간다. 그의 시야에서 벗어난 윤진명은 그가 마음에 걸린다. 살짝 돌아본다.

76. 회의실(아침)

전체 회의다. 윤진명이 메모지를 펼친다.

고이사　상반기 계획은 여기까지구요. 마지막으로 작년 한 해 영업 손실이 가장 큰 아티스트는 아스가르드입니다. 사실 아스가르드는 연 3년째 최대 손실을 기록하고 있는데요. 데뷔 이래 매년 적자를 기록하고 있습니다. 안타깝지만 회사 규정에 따라 전속계약 해지에 대한 전 사원의 찬반 투표를 실시할 예정입니다. 올해부터는 기권이 없습니다. 계약 해지에 찬성이냐 반대냐 둘 중 하납니다.

윤진명이 필요한 메모를 하다가 정면을 본다. 아스가르드 데뷔 앨범인 듯, 5년 정도 앳된 혜임달이 잔뜩 폼을 잡고 있다.

(윤진명)   나는 거리를 두어야만 했다.

77. 에필로그(하메들의 프사)

- 프로필 사진은 사막의 미어캣이다. 대문 글은 생존이다. 윤진명의 카톡 프사다.
- 대문 글. '먼저 너 자신을 긍정하라' 정예은의 프로필 사진은 셀카다. 얼짱 각도다.
- 유은재의 프로필 사진은 어린 시절 사진이다. '당신은 사랑받기 위해 태어난 사람'
- 조은의 프로필 사진은 어라! 분홍색 리본이 달린 소녀의 모자다. 대문 글은 '아무도 모른다'
- 송지원의 프로필 사진은 코믹 짤이다. 대문 글은 '웃기지?'

4회

나의 마음 갈대와 같도다

1. 프롤로그1(아침)

벨 에포크 전경이다. '아아아악' 유은재의 비명 소리. '놀랐다'는 비명이 아니라 '큰일 났다'라는 비명!

2. 프롤로그2(아침)

유은재, 윤진명의 방. 침대, 막 일어난 부시시한 유은재가 핸드폰을 움켜쥐고 이젠 소리도 못 내고, 학학대며 경악 중이다.

윤진명   (들이닥친다) 왜?
정예은   (뒤따라온다) 뭔데? 무슨 일이야?
송지원   (말하려는데 치약 거품이 나올까 봐 입을 다문다) …
조은   (키 작은 하메들 뒤에서 넘겨다본다) …
유은재   (숨을 헐떡이며 하메들에게 핸드폰을 보여준다)

수신자 '윤종열'
문자 보낸 시간 AM. 1시 3분

문자 내용 '자요?'

송지원	헐!
정예은	너 미쳤어?
유은재	(죽고 싶다) 예, 나 미쳤나 봐요

타이틀 제4회 — 나의 마음 갈대와 같도다 (부제: 첫사랑)

3. 타이틀 이미지 몽타주

흔들리는 갈대, 바람에 나부끼는 이파리들, 바람에 떠다니는 연, 바람을 타고 춤추는 검은 비닐봉지. 미친 듯이 흔들리는 현수교. GPS를 찾지 못해 우왕좌왕하는 포켓몬 마스터. 그밖에 흔들리는 모든 것들.

4. 유은재, 윤진명의 방(어젯밤)

노트북 모니터, 〈이터널 선샤인〉의 마지막 장면이다. 엔딩 음악과 함께 자막이 올라간다. 유은재 책상에 빈 맥주 캔이 주르륵. 유은재가 침대에 걸터앉아 맞은편에 앉아 있는 인형을 애틋하게 바라본다. 달콤한 상실감! 핸드폰을 집어 윤종열과의 문자 창을 불러낸다.

(유은재)	(사정하듯) 안 돼.
유은재	(아련한 얼굴로 쓴다. '자요?')
(유은재)	안 돼!!!!! (다급하다) 안 돼. 안 돼. 안 돼.

그러나 어젯밤의 유은재는 끝내 보내기를 누르고 인형을 끌어안는다. 아~! 비통한 탄식음.

5. 거실(낮)

유은재가 무릎 꿇고 앉아 머리를 움켜잡고 괴로워한다. 무릎 바로 앞에 핸드폰이 놓여 있는데. 조심스레 액정을 켜보면 변함없는 '자요?' !!! 차라리 옆으로 쓰러지고 만다. 그러거나 말거나 하메들은 일상을 보낸다. 송지원은 한자 공부 중이고, 정예은은 빨래를 개고. 조은은 늦은 아침으로 콘프레이크를 먹고, 윤진명은 노트북으로 보이 그룹 '아스가르드'의 영상을 본다.

조은　　(먹으며 영상 들여다보다가) 윤 선배도 이런 거 봐요?

윤진명　일 때문에… 얘네 어떤 것 같아? (노트북을 움직여 보기 좋게 해주고 소리를 키워준다)

조은　　(잠깐 보다가) 재밌는데요.

윤진명　(뜻밖이다) 그래?

조은　　(지나가며) 코미디 프로예요?

정예은　(음악 듣다가 끼어든다) 이거 그거 아니야? (음을 흥얼거려본다) …

윤진명　(왠지 기대를 갖고 보는데) …

정예은　아니구나. 민요다.

유은재　(그러거나 말거나 쓰러져 있다가 소리 없이 몸부림친다. 이게 꿈이었으면…)

송지원　(쓰윽 나타나며 EBS 강사처럼 카메라를 보더니) 취중망언성 후회! 술 취해 한 말은 술 깬 후에 후회한다는 뜻으로 …

유은재　(벌떡 일어난다) 이거 지우는 방법 없을까요? 아직 안 봤는데…

윤진명　없어.

조은	없어.
정예은	없어.
송지원	있지!
유은재	(아! 구원이다. 기대에 차서 돌아본다) …
송지원	(쭈그리고 앉아 유은재와 눈높이를 맞춘다) 너 그 오빠야네 집 알지?
유은재	예.
송지원	그 집에 가. 몰래!! 핸드폰을 훔쳐. 몰래!! 문자를 지워! 몰래! 완벽하지?
유은재	(잠시나마 기대를 가졌던 자기가 바보 같다. 다시 쓰러진다) 왜 그랬을까? 왜 그랬을까? 왜 그랬을까아아아?
송지원	(일어나 다시 카메라를 보며) 복습합니다. 취중망언성 후회. 주자가 말한 열 가지 해서는 안 되는…
유은재	(버럭) 시끄러워요!
송지원	(찌그러든다) …
윤진명	뭐 어때? 술 먹고 한 번쯤, 그런 실수하잖아.
유은재	(그런가? 반쯤 일어나 희망을 갖고 윤진명을 본다) …
조은	윤 선배도 그런 실수한 적 있어여?
윤진명	(큰일 날 소릴) 아아니.
유은재	(다시 쓰러진다) …
정예은	난 있는데.
유은재	(위로가 되지 않는다. 돌아눕는다)

그때. 띵동 카톡 알림음. 유은재가 홱 돌아 핸드폰을 본다.

조은	내 거야.
유은재	(버럭) 알림음 바꿔!
조은	(뭐라고 하려는데) …

| 윤진명 | (눈으로 말린다) … |
| 정예은 | 오늘만 네가 이해해. |

조은이 참는다. 문자는 안예지가 보낸 거다. 미리 알림으로 보고 문자판을 열지 않는다. '영화 보자' 유은재가 핸드폰을 본다. 아직 1이다.

유은재	(당장이라도 문자 보낼 것처럼) '하하하' 하고 보낼까요? 지금이라도 농담인 것처럼.
윤진명	아니.
정예은	안 돼.
조은	더 이상해.
송지원	왜? 난 괜찮은 것 같은데…
유은재	(포기한다. 핸드폰 내려놓는다) …
송지원	(입 내민다) 내 말만 안 들어…

6. 화장실(낮)

유은재가 세수한다. 적당한 곳에 올려놓은 핸드폰을 새끼손가락으로 눌러 연다. 아직 1이다.

7. 유은재, 윤진명의 방(낮)

유은재가 스킨로션을 바르다가 핸드폰 열어본다. 아직 1이다.

8. 거실(낮)

유은재가 밥 먹다가 핸드폰 열어본다. 아직 1이다.

유은재   (버럭, 짜증 난다) 뭐 하는 거야? 왜 안 읽어?

조은   읽고도 안 읽은 척하는 걸 수도 있어.

유은재   진짜?

조은   몰랐어? 미리 알림으로 볼 수도 있고. 에어플레인 모드로 읽으면 1 자 안 없어지는데. 연애하는 사람은 다 아는 거 아냐?

유은재   (몰랐다) 그래…?

송지원   조장군은 그걸 어떻게 알았어? 연애도 안 하면서.

조은   예지 문자 가끔 그렇게 읽어요… 답장하기 싫을 때…

유은재   (윤종열의 SNS를 뒤진다) 진짜 읽고 씹는 거 아냐? (친구를 타고 타 고 들어간다. 활활 타오른다)

송지원   (뜨거운 것에 손을 대듯 유은재 등에 손을 가져가다가) 앗 뜨거!

9. 베란다(낮)

재활용 쓰레기를 버리던 조은, 누군가 구겨버린 종이 뭉치를 발견한 다. 거실을 확인한다. 하메들은 각자 자기 일에 빠져 조은을 못 본다. 조은이 종이 뭉치를 펴본다. 팀플 사건 때 유은재가 휘갈겨 쓴 분노 의 메모가 보인다. 메모를 주머니에 넣는데. 문자 알림음, 조은이 깜 짝 놀란다. 안예지다. '뭐 하느라고 문자도 안 봐. 보고도 안 본 척하 는 거 아니야?' 할 수 없다. 조은, 카톡 창을 열고 답장한다 '미안. 씻 고 있었어…'

10. 벨 에포크 정원(낮)

서장훈이 정원에서 근육 운동 중이다. 조은이 2층에서 내려오다가
서장훈을 본다.

서장훈 (조은의 시선을 느끼고도 그냥 두었다가) 아주 눈을 못 떼는구만.

조은 (당황해서 시선을 돌린다) 내가 뭐어…

서장훈 뭘 또 그렇다고 외면하고 그러시나… 그냥 봐. 보고 싶으면 봐야지
뭐. (팔의 근육 부풀리며 혼잣말처럼) 그렇게 멋있나?

조은 근육 커지면 키 작아 보이는데…

서장훈 야!

조은 뭐?

서장훈 (말을 돌린다) 어디 가?

조은 왜 반말해?

서장훈 너도 하네. 걔 만나러 가? 술주정뱅이?

조은 (본다) …

서장훈 둘이 사겨?

조은 뭐?

서장훈 그런 얘기 많이 듣지?

조은 그게 왜 궁금한데?

서장훈 그러게… 그냥 궁금하네.

조은 미친… (화내려다가) 너 걔한테 관심 있냐?

서장훈 어?

조은 (켈켈 놀린다) 관심 꺼. 걘 키 큰 남자 좋아해.

서장훈 (발끈하려다가) 그냥 키 큰 사람을 좋아하는 게 아니구?

조은 (화내고 싶지만 시간을 확인한다. 나간다) …

서장훈 (나가는 조은을 지켜보다가 근육 운동을 서너 차례 하다가 근육이
너무 큰가 싶다)

11. 영화관(낮)

멜로 영화다. 극장은 커플들 천지다. 손 잡고, 어깨를 감싸 안고, 영화엔 관심 없이 뽀뽀를 하고… 안예지가 조은의 어깨에 머리를 기댄 채 영화를 본다. 잘 어울린다.

12. 영화관 화장실 입구(낮)

조은과 안예지가 나온다.

안예지   (가방을 조은에게 맡기며) 나 화장실.

조은이 안예지 핸드백을 들고 기다리다가 역시나 여자친구의 핸드백을 들고 화장실 앞에 서 있던 남자와 눈이 마주친다. 잠시 후 화장실에서 나온 안예지가 조은을 찾는다. 조은은 저만치 떨어진 곳에 있다.

안예지   (다가오며) 왜 여깄어? 한참 찾았잖아. (가방을 받아들고 자연스럽게 조은의 팔짱을 바짝 낀다) …
조은   (배낭을 다시 메는 척, 안예지의 팔을 푼다) …
안예지   (기다렸다가 팔짱을 다시 끼며) 가자.

13. 떡볶이 집(저녁)

조은과 안예지가 떡볶이를 먹는다. 분홍색 편지와 유은재의 메모가 나란히 나와 있다.

조은	어때?
안예지	(신중하게 두 장을 번갈아 본다) …
조은	비슷하지?
안예지	웅… 근데 휘갈겨 쓴 거라… 그런 건 대충 다 비슷하지 않나?
조은	넌 화날 때 (종이를 가리킨다) 이래? 이런 거 써?
안예지	아니.
조은	나도 이런 거 안 해.
안예지	그러니까 네 말은 그 집에 사는 건 편지를 받을 사람이 아니라 편지를 쓴 사람이다? 그게 그… 구박하고 싶은 애구?
조은	웅, 은재 선… (안예지 눈치를 본다)
안예지	(생각해본다)
조은	그동안 쭉 봤는데… 그렇게 나쁜 사람들은 아니더라구. (분홍색 카드를 들어 보이며) 이런 편지를 받을 만큼.
안예지	(왠지 싸한 느낌으로) 그런 편지 쓰는 사람도 이상한 거 아니야?
조은	(순간 말이 막힌다) …아, 그냥. 순간적으로 화나서 쓴 거지…
안예지	(평소의 안예지로 돌아온다) 넌 그냥 그 사람들 나쁜 사람 만들고 싶지 않은 거잖아? 치, 그럴 거면 뭐 하러 그 집에 이사까지 갔어?
조은	…
안예지	(밥을 먹는다. 다른 이야기한다) 우리 엄마 어제 백화점 가서 얼마 긁은 줄 알아? 3백! 남편이 바람을 피우면 이혼을 하든가 결판을 내야지. 왜 카드를 긁어? 그래놓고 너 땜에 이혼 못 한대지. 나 고등학교 때는 너 대학만 가면 이혼한다 그러더니. 이젠 너 시집만 가면 이혼한대. 웃기지도 않어. 자기가 생활력 없어서 이혼 못 하는 걸 왜 내 탓을 해?
조은	…
안예지	너네 집은 뭐 별일 없어?
조은	그렇지 뭐…
안예지	아, 짜증 나. 속 안 썩이는 부모랑 살고 싶다. 그치?

조은	(웃고 만다) …
안예지	(물끄러미 보다가) …너 사실은 아무도 미워 못 하지?
조은	응?
안예지	네 아빠도, 그 집 하메들도 그냥 미워하는 척하는 거야. 맞지?
조은	…

14. 벨 에포크 거실(저녁)

정예은은 빨래를 개고, 윤진명과 송지원은 저녁 준비를 한다. 정예은
이 빨랫감 속에서 섹시한 속옷을 발견한다.

정예은	(누구 거지, 보다가) 송, 네 거야?
송지원	(일단 감탄해주고) 오올… (간단히) 아닌데. (윤진명에게) 윤 선배 살림 펴서 하나 장만한 거 아니야, 셰프랑, 으응.
윤진명	내 거 아니야.
정예은	은재 취향은 아니고…
송지원	(혹시) 조장군! 갑옷 속에 그런 걸 입고 있었단 말이지.
정예은	설마.
송지원	왜? 윤 선배가 콧소리도 내는 세상인데…
윤진명	(동선에 걸렸다) 비켜.
정예은	(한쪽으로 치워놓는다) 저번에 강 언니 왔을 때 놓고 갔나 부다.

어쨌거나 한가로운 일요일 오훈데… '아아아악' 유은재의 비명 소리.
이것저것 하던 윤, 송, 정 놀란다. 유은재가 핸드폰을 움켜쥐고 방에
서 뛰쳐나온다.

송지원	왜 또?

유은재	좀 전에 1이 없어졌어요.

송지원, 정예은, 윤진명이 유은재에게 다가온다. 네 명이 문자판을 본다. 두근두근두근… 유은재의 심장이 터질 것 같다. 그러나 문자판의 화면이 스르르 어두워져 꺼져버리는 순간, 유은재의 고개도 뚝 떨어진다.

송지원	(하던 일로 돌아가며) 씹혔네.
정예은	(역시 돌아가며) 씹혔어.
윤진명	(유은재의 어깨를 툭툭 쳐주고 하던 일로 돌아가는데) …
유은재	내가 아직도 저 못 잊은 줄 알면 어쩌죠?
윤진명	(가볍게) 못 잊은 거 아니야?
유은재	(억울하다) 잊었어요.
정예은	못 잊은 것 같은데?
유은재	(항의조다) 잊었다니까요.
송지원	에에이, 못 잊었…
유은재	(버럭) 잊었다구요!!! (방으로 들어가버린다)
송지원	(문소리에 움찔한다) 나만 갖고 그래.

15. 유은재, 윤진명의 방(저녁)

유은재가 침대에 눕는다. 아! 1이 사라진 문자판!! 유은재가 소리 없이 파닥거리다가 인형을 발로 걸어찬다.

16. 윤종열의 방(같은 시간)

금방 일어났나 보다. 유은재 침대에 있는 인형과 같은 인형이 얼핏 보인다. (색깔은 좀 다를 수 있다) 부스스한 얼굴로 '자요?'라고 적힌 문자판을 본다. 무슨 뜻일까? 머리를 긁적인다. 왜? 라고 썼다가 지운다. 무슨 일 있어? 라고 썼다가 지운다. 에이! 포기한다. 핸드폰을 툭 던지고 밖으로 나간다.

(윤종열) 엄마, 밥!

(윤종열 엄마) 너 어제 몇 시 들어왔어? 요새 아주 그냥 술독에 빠져 갖고는…

17. 버스 정거장(아침)

유은재가 내린다. 비장하다. 중얼중얼하면서 걸어간다.

유은재 (심각한 얼굴로 대사를 암기한다) 어제는 문자를 잘못 보냈어요. 하하하. 엄마한테 보낸다는 게 그만. 어제는 문자를 잘못 보냈어요. 하하하. 엄마한테 보낸다는 게 그만…

옆에 지나가던 학생이 쳐다본다. 나한테 하는 얘긴가…

18. 대학교 복도(낮)

마주 오는 사람들, 흘깃거린다. 잔뜩 긴장한 유은재가 또다시 오른팔과 오른발을 동시에 내밀며 걸어온다. 입은 웃고 있지만 눈은 비장하다.

후배들 (눈치 보며) 안녕하세요.

유은재 　　(정면을 응시한 채 기계적으로) 안녕.

윤종열이 마주 온다. 유은재의 긴장도가 높아진다.

유은재 　　(드디어… 때가 왔다) 어제는 문자를 잘못 보냈어요, 하.
윤종열 　　그렇지? 그럴 거 같더라. (간단하게 대답하고 가버린다) …
유은재 　　(미처 다 웃지 못한 웃음을 웃는다) 하하…

19. 베란다(낮)

유은재가 멍하니 창밖을 보고 있다. 갑자기 '큭큭큭' 웃는다. 그러다
가 한숨을 푹 쉰다.

20. 거실(낮)

윤진명은 빨래를 갠다. 조은은 소파에 누워 핸드폰 중이다. 송지원
은 베란다의 '유은재'를 구경 중이다. 정예은이 방에서 나온다. '뭘
보나' 송지원 옆으로 다가온다. 송지원과 정예은이 이야기를 나누는
동안에도 유은재의 감정은 이랬다저랬다 널을 뛴다. 웃었다, 한숨 쉬
었다, 좌절했다가 뭐 어때? 했다가…

송지원 　　(빙글 돌아서서 카메라를 정면으로 응시하며) 지금 여러분은 미친
　　　　　 년 널뛰는 현장을 보고 계십니다. 이 분야 전문가 모시고 잠시 한 말
　　　　　 씀 들어보겠습니다. (가상의 마이크 쥔 손을 정예은에게 가져가며)
　　　　　 어떻게 보십니까?
정예은 　　그럴 때지 뭐.

송지원	(뭐 대단한 의견이라는 듯) 아, 그렇습니다! 지금은 그럴 때랍니다! 그럼 이 상황이 언제까지 이어질 걸로 보십니까?
정예은	보통 실연의 상처는 연애 기간의 2분의 1이라고 하던데!
송지원	연애 기간 1년 6개월! 그것의 2분의 1이면! 9개월!!! (실점한 것처럼) 아! 이게 웬일입니까? 앞으로 우리는 9개월 동안이나 미친년 널뛰는 장면을…
유은재	(들어온다. 송지원을 스윽 본다) …
송지원	잠시 전하는 말씀 듣고 오겠습니다. (로고송 부른다) JTBC~

참 한결같은 송지원이다. 정예은의 핸드폰이 울린다. 모르는 번호다. 정예은이 선뜻 전화를 받지 않자 송지원이 쳐다본다.

정예은	(조심스럽게 받는다) 여보세요… 권호창? 아, 권호창… 왜요? …할 얘기요? …예, 알았어요. (전화를 끊는다) …
송지원	(눈을 희번덕거리며) 남자지?
정예은	(그게 뭐) 응.
송지원	데이트?
정예은	(약간의 으쓱함이 있다) 데이트라기보다는 좀 보자 그래서…
송지원	'좀 보자 그래서' 아, 저 거만함! 잘생겼어?
정예은	잘생김의 기준이 뭔데?

각자의 머리에 생각의 말풍선이 떠오른다.
윤진명… 박재완을 떠올린다. '생긴 걸로는 뭐…'
유은재… 윤종열을 떠올린다. '이 정도면 뭐…'
조은… 서장훈을 떠올린다. '키만 크면 뭐…' 하다가 급히 지운다. '미쳤나 봐'
송지원… 지그시 45도 각도 허공을 바라보지만, 결국 아무것도 떠오르지 않는다. 까마귀만 날아간다.

• 인서트 – 학보사 ≫

카메라가 임성민을 본다. 임성민이 스윽 한번 쳐다본다. '뭘 봐' 하듯.

어쨌거나 정예은이 조금은 신나는 얼굴로 방으로 들어간다.

21. 구내 커피숍(낮)

정예은이 들어온다. 누가 봐도 데이트룩이다. 권호창은 늘 앉는 자리에 있다. 스타일도 늘 하던 그대로다. 정예은이 살짝 실망한다. 정예은이 다가오자 권호창이 어색하게 손을 반쯤 든다.

정예은   (자리에 앉으며) 여기밖에 몰라요?
권호창   예?
정예은   맨날 여기만 있는 거 같아서…
권호창   아… (헤헤 웃는다) 그런 얘기 많이 들어요.
정예은   할 얘기 있다면서요.
권호창   예, 지난번에 얘기하던 거요.
정예은   예?
권호창   저번에 내가 개발한다는 앱에 대해 말하다가 말았잖아요. 다음에 얘기하자고… (노트북 보여준다) 이게 내가 프로그래밍한 건데요.
정예은   (얘 뭐냐 싶다) …
권호창   말하자면 휴대용 거짓말탐지기 같은 건데. 평상시 말소리를 녹음하면, 음성 정보가 입력이 돼서…
정예은   잠깐만요.
권호창   (자기 얘기에 취했다) 자동 처리돼서 입력한 다음에…
정예은   (조금 더 큰 소리로) 저기요.
권호창   예?

정예은	진짜 그 얘기할라고 불렀어요?
권호창	(진짠데…) 예… 지난번에 그랬잖아요. 나중에 다시 얘기하자고…
정예은	(어이없다) 아…
권호창	(자판을 톡톡 두드린다. 이 상황이 어색하다) 내가 또 잘못 알아들은 건가요?
정예은	예…
권호창	아, 죄송합니다.
정예은	혹시 외국 살다 왔어요?
권호창	아뇨… 왜요?
정예은	그게… 말귀가 어두운 거 같아서…
권호창	(하하하 웃는다) 그런 얘기 많이 듣는데…
정예은	(이게 웃을 일인가 싶다) 저 그럼 따로 할 얘기는…
권호창	없는데…
정예은	그럼 가도 되죠?
권호창	예? 예…

뭐야? 정예은이 일어난다. 권호창은 꾸벅 인사할 뿐이다.

22. 거실(저녁)

정예은이 들어온다. 소파에 누워 책을 보던 송지원이 고개를 꺾어 쳐다본다.

송지원	왜 이렇게 일찍 와?
정예은	(짜증 났다) 몰라! (물을 마신다. 다시 생각해도 어이없다) 뭐 하자는 거야, 진짜. 짜증 나.
송지원	(신난다) 왜? 뭔데? 만나자마자 모텔 가재? 근데 모텔비도 너보고

내래?

정예은   (짜증 낸다) 뭔 소리야?

송지원   (카메라를 보며) 위 사항은 정 여사의 전 남친인 고…

그때, 유은재가 문을 벌컥 열고 나온다. 충격받은 얼굴이다. 핸드폰을 들고 있다.

송지원   또 뭔 일이다요?

유은재   이 나쁜 새끼, 소개팅한대요.

정예은   진짜? 헤어진 지 얼마나 됐다고.

유은재   그러니까요.

송지원   근데 어떻게 알았어?

유은재   (핸드폰 보여주며) 봐봐. 윤 선배 일친의 일친인데… 소개팅 제안 왔음. 3 대 3. 체대 2학년.

송지원   체대?

유은재   역도 선수랑 해라.

송지원   역도 무시합니까? 우리 장영란 무시하는 겁니까?

유은재   아뇨, 타이트한 옷 좋아하니까… 레슬링도 좋구…

정예은   체대엔 리듬체조나 피겨도 있어.

유은재   (홱 째려본다) 그래서 뭐요?

정예은   (찌그러든다) 아니, 우리 학교 체대가 다양하다고.

유은재   (왠지 분하다) 남자 소개해줘요!

정예은   맡겨놨니?

유은재   (조른다) 좀 소개해줘요. 남자는 남자로 덮어쓴다면서요. (조은에게) 아는 남자 없어?

송지원   (자판 청소 다 끝냈다. 노트북 닫으며) 내가 해줄게.

유은재   (왠지 못 미덥다) 선배가요?

송지원   21세기 마담뚜. 송뚜! (있지도 않은 수첩에 적는 척하며) 조건이 뭔데?

유은재　그냥 남자면 돼요. 그 대신 이번 주 목요일까지 해야 돼요.

송지원　왜?

유은재　하루라도 더 빨리 만날 거예요. 그쪽보다. 알았죠? (방으로 들어간다) …

정예은　이상한 데서 승부욕을 발휘하네.

23. 학보사(낮)

신입생들, 2, 3학년 기자들이 되는 대로 앉아 있다. 문이 벌컥 열린다. 송지원이 들어온다. 스캔하듯 남자들 얼굴을 하나하나 본다.

조충환　편집장님이요? 아까 나가셨는데…

송지원　그건 됐고. 너로 하자.

조충환　뭘요?

송지원　소개팅.

조충환　예?

송지원　(띠 하는 이명이 들린다. 손가락을 귓구멍을 흔들어 소리를 쫓으며) 시끄러!

사람들　(쳐다본다) …

송지원　(조충환에게) 이번 주 목요일 시간 되지?

24. 사무실(낮)

평가표! 볼펜이 거침없이 표시한다. 10점 만점을 기준으로 하는데 죄다 1, 2, 1, 2다. 홍자은이 아스가르드에 대한 평가를 한다. 팀 전

체에 점수를 주고, 한 장을 넘기면 각 멤버별 평가가 나온다. 헤임달은 1, 1, 1, 1, 1이다. 홍자은의 아스가르드 평가엔 시간이 걸리지 않는다. 윤진명은 아직 첫 질문에도 대답하지 않았다. 망설인다.

홍자은   (슬쩍 건너보며) 아직도 안 했어요?
윤진명   좀 어렵네요.
홍자은   이번 주까지 아닌가?
윤진명   맞아요.
홍자은   (어깨를 으쓱 하고 밖으로 나간다) …

윤진명이 사내 인터넷에 접속한다. 아스가르드의 오늘의 스케줄을 체크한다.

25. 공연장(저녁)

함성으로 고막이 터질 것 같다. 특정 색깔의 풍선이 구름처럼 움직인다. 팬들이 떼창을 해서 정작 가수의 목소리는 들리지도 않는다.

26. 주차장(밤)

봉고차에서 나온 아스가르드 팀원들, 누군가는 쓰레기통을 발로 걸어찬다. 그들은 화가 나 있다. 헤임달이 그들과 떨어진다. 주먹으로 나무를 치려다가 생각해보니 아플 것 같다. 손바닥으로 친다. 에잇! 에잇! 에잇! 저 멀리 윤진명이 걸어 나오는 게 보인다.

헤임달   (쫓아간다) 누나, 누나!

윤진명	(돌아본다) …
혜임달	여긴 웬일이에요?
윤진명	(들고 있던 평가표를 슬쩍 가방에 넣는다) 아, 그냥… 근데 왜 공연 안 해요?
혜임달	(다시 열 받는다) 아, 씨… (주변을 스윽 의식하며 참는다) 욕하지 말아야지. 우리 시간 있었거든요. 7분. 근데 뒤에 소다미 시간이 짧다고, 우리 시간을 그냥 뺐어요. 지 맘대로. 짜증 나. 뜨기만 해봐, 진짜…
윤진명	(그렇게 된 거구나) …
혜임달	미안해요.
윤진명	…?
혜임달	좋은 무대 보여줄 수 있었는데…
윤진명	(별로 그런 기댄 없었는데) 아… 아뇨…
혜임달	약이랑 죽 잘 먹었어요. (연습한 제스처, 입술 쓸며 총 쏘기 보여준다)
윤진명	(부담스럽다. 살짝 외면한다) 아, 감긴 나았어요?
혜임달	예, 누나 사랑 덕분에…
윤진명	에?
혜임달	(좀 쑥스러워한다) 이건 비밀인데… 나 그런 거 처음 받아봐요. 조공.
윤진명	조공?
혜임달	팬이 주는 선물요.
윤진명	(진심 놀란다) 예?
혜임달	누난 내 1호 팬이에요.
윤진명	(고개까지 흔든다) 아니에요. 얼마 되지도 않구 같은 회사구…
(소리)	야!

매니저가 오라고 손짓한다.

헤임달	(다 안다) 알았어요. 남들한테 말 안 할게요. 갈게요. (다시 한 번 입 술 쏠고 손가락 총 쏜다) …
윤진명	(당치도 않은 오해다. 표정 수습하며 가던 길 간다) …

27. 도서관(밤)

송지원이 이어폰을 끼고 공부 중이다. 창 너머 복도, 임성민이 송지 원을 발견한다. 화면 밖으로 사라졌던 임성민이 잠시 후 다시 나타 나 송지원의 어깨를 두드리고 잠깐 나오라고 손짓한다. 송지원이 '왜?'라고 소리 없이 묻는다. 어쨌거나 임성민을 따라 나간다. 창밖 복도. 송지원이 나오자마자 임성민이 손목을 낚아채 끌고 간다.

28. 학보사(저녁)

학보사 신입생들이 잡담 중이다. 뭔가 뜨거운 이슈가 있나 보다. '난 전혀 몰랐어?' '그러게. 어떻게 뺐대?' '30킬로그램이면… 우와…' 그 순간 문이 벌컥 열린다. 임성민이 송지원을 거칠게 밀어 넣는다. 조 용해진다. 송지원이 쭈뼛대며 선다.

임성민	(단호히) 말해!
송지원	(우물쭈물) 난 그냥 농담으로…
임성민	농담? 농담이면 웃겨야 되잖아? 어디서 웃어야 되는데? 내가 고도비 만이라 군대를 안 갔어. 여기 어디가 웃긴데?
송지원	(왼손과 오른손의 검지 끝을 부딪치며 우물쭈물) 배에 튼 살이 거의 임산부 수준이라는… (임성민의 험악한 얼굴 보고 입을 다문다) …
조충환	30킬로 뺐다는 거 거짓말이에요?

임성민	야, 너까지 믿었냐?
조충환	설마 하긴 했는데…
신입생	(중얼댄다) 아니구나. 비결 물어볼라 그랬는데…
신입생2	이상하다. 내가 들은 건 그거 아닌데.
임성민	뭐?
송지원	(입 다물라는 제스처 하지만)
신입생2	편집장님 군대 안 간 이유… (슬쩍 눈치 본다) 정신질환이라고…
임성민	(송지원에게) 도대체 넌… 거짓말을 몇 개나 한 거냐?
송지원	(우물쭈물) 아니, 뭐… 이것저것 준비해봤어. 뭐가 맘에 들지 몰라서…
임성민	(일단 송지원에 대한 징벌은 잠시 후에 하기로 하고 후배들에게) 잘 들어. 나 군대 안 간 이유, 무릎 인대 파열이거든. 고등학교 때 축구하다가 다쳐서!
송지원	(슬쩍 한 마디 한다) 공 대신 맨땅을 걷어찼대.
임성민	(바지 올리려는데 폭이 좁아 안 올라간다) 증거도 있어. 수술 자국! (벨트 풀려는 시늉하며) 보여줄 수도 없구… 진짜.
송지원	(작게 주먹 흔들며) 보여 봐! 보여 봐!
임성민	(송지원 목을 휘감는다) …이걸 그냥…
송지원	(켁켁거리는데) …
오하나	(그때까지 입 내밀며 지켜보다가 불쑥) 둘이 사겨요?
임성민	(그런 오해 한두 번이 아니다. 한숨 쉰다) …
송지원	(두 손으로 엑스 자를 만든다) 즈을대.
오하나	(임성민에게 확인한다) 진짜죠? 진짜 안 사귀는 거 맞죠?
임성민	그게 왜 궁금한데…?
송지원	(오호라) 그러게. 그게 왜 궁금할까?
오하나	(본심을 숨기지 않는다) 그냥요. 확실히 해두려구요.
송지원	(이것 봐라. 임성민을 본다)

29. 캠퍼스(낮)

송지원과 임성민이 건물에서 나오는데. 송지원이 헤헤거린다. 임성민은 평소와 같은 얼굴이다.

송지원   (흉내 낸다) '그냥요. 확실히 해두려구요' 고 앙큼한 것! (임성민의 입꼬리를 꾹꾹 찌르며) 좋아 죽겠지? 좋아 죽는 거 억지로 참고 있지? 이놈의 시키. 웃고 싶어서 입꼬리가 씰룩씰룩거리는구만.

임성민   (파리 쫓듯 송지원의 손을 툭툭 쳐내며) 뭘 새삼스럽다구.

송지원   하긴. 학기 초에 꼭 저런 애들이 한 명씩 나오긴 했지. 너 놈의 시키 어디에 매력이 있는 거지? 등짝인가? 한 번 파열되었던 무릎인데? (혼자 놀라는 시늉하며) 혹시 마법이냐?

임성민   (참 재밌게도 논다, 쳐다본다) …

송지원   그래서? 받아줄 거야? 소녀의 그 마음.

임성민   (관심 없다) 받긴 뭘 받어?

송지원   왜? 이쁘고 귀엽잖아. 나만은 못하지만.

임성민   (너의 어디가 귀엽다는 거냐? 스윽 한 번 봐주고) 구찮어.

송지원   (갑자기 멈춰 선다) …

임성민   (쳐다본다) …

송지원   내가 이런 거 물어본다고 고소하거나 그러면 안 돼? 약속!

임성민   뭔 소릴 할라구?

송지원   너 그쪽의 욕망은 어떻게 해결하나? 겉보기엔 멀쩡해 보이는데… (바짝 따라붙는다) 병원 가보자, 응?

임성민   너나 가. 병원.

송지원   난 갔다 왔다니까.

임성민   이비인후과 말구 정신과. 너 요새 좀 이상해.

송지원   나 이상한 게 이상한 일인가?

임성민   그치. 너 이상한 거야 쭈욱 이상했는데 그게 좀 심해졌어. 너 요새 불안해 보여!

송지원   (환하게 웃던 얼굴이 천천히 굳어진다) …

임성민   (가던 길 간다. 가볍게 툭) 뭔 일 있냐?

송지원   (더 이상 까불지 않는다. 쫓아 걷는다) 뭐, 그냥… 글쎄… 문효진 말
         이야. (아무렇지 않은 듯) 전학 간 이유가 미술 선생님이랑 이상한
         소문 때문이래.

임성민   이상한 소문 뭐?

송지원   아동학대…

임성민   성적인 거?

송지원   응.

임성민   그게 너하고 무슨 상관인데?

송지원   (고개를 흔든다) 몰라… 사실은 상관있을까 봐 겁이 나.

임성민   (송지원을 본다) …

송지원   (고개를 숙인다. 그녀는 처음으로 겁에 질렸다) …

30. 유은재, 윤진명의 방(저녁)

유은재는 비장하다. 거울을 통해 자신의 눈을 보며 립스틱을 바른
다. 유은재는 이제 소개팅을 하러 갈 것이다. 문득 자기를 보고 있는
인형을 발견한다. 뒤로 돌려놓는다. 귀걸이를 채운다. 비장한 얼굴로
돌아선다.

31. 계단(저녁)

내려오는 유은재와 올라가는 조은이 마주친다. 유은재는 옷도 차려
입었고, 화장도 다른 날보다 진하다.

조은	어디 가?
유은재	(비장하게) 응! (이미 내려갔다)

32. 거실(저녁)

조은이 들어온다. 정예은이 화장실에서 막 씻고 나온다.

조은	은재 선배 어디 가요?
정예은	소개팅!
조은	근데 얼굴은 전쟁터 나가는 거 같던데…

33. 커피숍(저녁)

그냥 남자. 조충환! 유은재의 박력에 긴장했다. 눈치를 보며 물을 마신다. 유은재는 전투태세다.

조충환	조충환입니다.
유은재	(똑바로 쳐다보며) 유은잽니다!
조충환	예…

침묵이 흐른다.

조충환	(무슨 말이든 해야겠어서) 지원 선배랑 같은 집 산다구요?
유은재	예!
조충환	지원 선배, 되게 웃기죠?
유은재	예!

또다시 침묵…

조충환	심리학과라구요?
유은재	예.
조충환	인간 심리에 대해서는 잘 아시겠어요?
유은재	그렇게 간단한 학문이 아닙니다. 심리학은.
조충환	죄송합니다.
유은재	(작은 한숨 쉬며) 남자들은 사귀다 헤어지면 어떻게 그렇게 금방 딴 여잘 만나요?
조충환	예? 저요?
유은재	아뇨 내 주변 남자를 보면 그렇더라구요. 헤어진 지 한 달도 안 됐는데 소개팅 한다 그러고… 그건 사귀던 여자에 대한 예의가 아니지 않아요?
조충환	…그렇죠.
유은재	(갑자기 관심이 생긴다) 사귀다 헤어져서 딴 여자 만나잖아요. 비슷한 여자 만나요? 완전 다른 스타일을 만나요?
조충환	예? 아니, 그거야… 사람마다…
유은재	(압박한다) 그러니까 본인은 어떤데요?
조충환	저요, 저는…
유은재	(대답할 때까지 쳐다봐줄 테다) …
조충환	(왠지 심문받는 느낌이다) 하하… 지원 선배한테 들은 거하고는 많이 다르시네요. (이 자리가 불편하다. 남몰래 숨을 몰아쉰다)

34. 커피숍 앞(밤)

유은재와 조충환이 나온다.

35. 버스 정거장(밤)

조충환과 유은재가 버스를 기다린다. 빨리 버스가 왔으면 좋겠다.
둘 다 버스가 오는 방향만 주시하다가 버스가 오자 안도의 한숨을
쉰다. 그러다가 눈이 마주친다. 어색하게 웃는다.

36. 버스 안(밤)

유은재가 자리에 앉는다. 왠지 허무하고, 슬프다. 괜히 핸드폰을 열
어본다. 연락 온 곳은 없다.

37. 조은의 방(밤)

조은이 인터넷 서핑 중이다. 핸드폰이 진동한다. 안예지가 사진을 보
내왔다. '뭐 해?' 링크가 온다. '이 영상 봤어?' 문자를 물끄러미 보다
가 밖으로 나간다.

38. 거실(밤)

조은이 나온다. 송지원과 정예은은 거실에서 공부 중이다. 조은이
정예은 옆에서 알짱거린다.

정예은   왜?
조은   뭐, 그냥… 선배도 친구한테… 그러니까 여자친구요. 하루에 수십
         번씩 카톡 보내요? 뭐 하냐? 밥 먹었냐? 텔레비전 봤냐?

정예은	응, 왜?
조은	(왠지 안심이다) 아, 그러는구나… (좀 눈치 보다가) 답장 안 하면 짜증 내죠?
정예은	아니… 짜증까지야, 뭐. 바쁜가 보다 그러지.
조은	(다시 걱정이다) 아… (좀 있다가) 주말마다 만나자고 그래요? 영화 보자 그러고?
정예은	남자친구 없으면 그렇게 되지 않니. 영화도 같이 보구, 쇼핑도 같이 하구.
조은	(안심이다) 그쵸… (마치 금방 생각난 것처럼) 근데 누구 끼고 셋이 보자고 그러면 삐져요?
정예은	아니… 난 여럿이 만나는 게 좋은데. 내가 싫어하는 사람만 아니라면…
조은	(걱정이다) 아…

그때, 유은재가 들어온다.

송지원	왔어.
정예은	어땠어?
유은재	(지쳤다) 뭐가요?
정예은	소개팅 하러 나간 애한테 물어볼 게 뭐겠니? 북핵 문제겠어? 지구온난화겠어? 남자애 어땠냐구?
유은재	뭐, 나쁘지는 않은데…
정예은	않은데?
유은재	키도 작구…
송지원	키 큰 남자 싫다며?
유은재	얼굴도 너무 작구.
송지원	얼굴 작은 건 좋은 거 아닌감?
유은재	아는 것도 많고, 너무 예의 바르고… 아무튼 별로였어요. (방으로 들

어간다)

송지원　뭐야? 기승전결이 안 맞잖아!

39. 유은재, 윤진명의 방(밤)

유은재가 옷을 갈아입는다.

40. 거실(밤)

유은재가 나오면 송지원이 통화 중이다.

송지원　(상대방의 말을 듣고 있다) …응 …응…

정예은　(목소리 낮춰서) 그 남자…

유은재　(송지원을 보며 손을 흔든다) 안 만난다고… 싫다고…

송지원　(고개 끄덕이며) 응, 알았어. 응. (끊는다) …

유은재　(응, 응이라고만 말한 게 마음에 걸린다) 안 만난다니까요.

송지원　그래, 그렇게 말했어.

유은재　(엥?) 아… 그쪽한테 잘 얘기해줘요. 좋은 사람인 건 알겠는데…
　　　　그냥…

송지원　괜찮아. 그쪽도 됐대.

유은재　예?

송지원　너 착하고 좋은 앤 건 알겠는데 자기 스타일 아니래.

유은재　(충격받았지만…) 아, 그래요. 잘됐다… 잘됐네…

유은재는 웃는다. 그렇지만 자존감이 뚝 떨어진 게 눈에 보인다.
조은과 정예은이 슬쩍 눈치를 본다.

유은재	(화장실 가려다가 불쑥) 왜요? 왜 안 만난대요? 왜 내가 자기 스타일 아니래요?
송지원	어? 아니, 그냥…
정예은	(주섬주섬 챙겨 들고 방으로 들어간다) …
조은	(괜히 기지개를 켜는 척 밖으로 나간다) …
유은재	자기 스타일이 뭔데…? 맘에 안 들면 그냥 마음에 안 든다고 하지… 뭐야. 비겁하게…
송지원	아니… 그건 너도 좀 아까…
유은재	내가 뭐요?

정예은과 조은, 후다닥 나가버린다.

41. 옥상(밤)

조은이 올라온다. 서장훈이 적당한 곳에 '벌레 죽이는 기계'를 걸고 있다. 조은이 서장훈을 본다. 팔을 올리고 있어서 배가 드러나는데, 배꼽 밑에 털이 나 있다. 으윽, 싫다.

서장훈	(찡그리는 조은을 봤다) 왜?
조은	(외면하며) 나 아무 말도 안 했는데…
서장훈	(사다리에서 내린다) 너 여고, 여중 나왔지?
조은	어떻게 알았어?
서장훈	그래 보여. (사다리를 원래 있던 곳에 갖다놓고 온다) …
조은	(그때까지 할 말 있는 것처럼 서성인다) …
서장훈	(슬쩍 본다) 할 말 있냐?
조은	예지랑 나 말이야. 진짜 그런 사이처럼 보여?
서장훈	둘이 그러고 다니면서 그렇게 보지 말라는 게 무리 아닌가?

조은	(맞는 말이다. 입 내민다) …
서장훈	아니야?
조은	그냥 친구야…
서장훈	걔도?
조은	아마…
서장훈	확인해봐.
조은	어떻게?
서장훈	물어보면 되지.
조은	(툴툴) 그걸 어떻게 물어보냐? 걔 되게 예민한 애란 말이야.
서장훈	(조은을 물끄러미 쳐다본다) …
조은	왜?
서장훈	물어보고 싶은 것도 못 물어보는 네가 더 예민한 거 같아서…
조은	(왠지 툴툴댄다) 놀고 있네.
서장훈	남자 사겨본 적 있어?
조은	누구?
서장훈	(너라고 하려는데) …
조은	예지? 걔 좋다는 남자애들은 많았는데, 예지가… (하다가 픽 한다) 그러면서 관심 없대지.
서장훈	응?
조은	아까부터 예지 얘기만 물어보잖아.
서장훈	(조금 억울하다) 내가?
조은	소개해줄까? 예지.
서장훈	…
조은	걔 진짜 남자들한테 인기 많아. 귀엽고 여자답고 애교 많고. 그날도 어쩌다 그런 거야. 원래는 술 잘 안 마셔.
서장훈	(이것 봐라. 쳐다본다) …
조은	(그건 그렇다) 싫으면 말아라. (돌아서려는데)
서장훈	언제?

| 조은 | (돌아본다) … |
| 서장훈 | 할 일도 없는데, 잘됐네. |

42. 커피숍(낮)

안예지와 조은이 들어온다. 조은이 실내를 둘러본다. 찾는 사람이
없다.

안예지	(빈자리를 찾았다, 손짓한다) …
조은	(안예지 앞에 앉으며 출입구 쪽을 흘깃한다) …
안예지	왜? 누구 올 사람 있어?
조은	어…
안예지	(그냥 물어본 말인데) 진짜? 누구?
조은	(안예지의 눈치를 본다) 누구 좀 소개할까 해서…
안예지	누구…?

그때, 서장훈이 들어온다. 늘 입던 차림, 반바지에 샌들, 모자를 쓰고
있다. 동네 슈퍼 나가는 차림이다. 조은의 표정이 찌그러진다.

안예지	(돌아본다) …
서장훈	(성큼성큼 다가와 조은 옆에 앉는다) 제 시간에 왔지?
조은	야, 옷이…
서장훈	(자기 옷 내려다보며) 뭐…
안예지	(조은에게 눈으로 묻는다. 누구야?) …
서장훈	안녕하세요.
안예지	(얼떨결에) 예…
서장훈	(조은의 물 잔을 끌어다 마신다) …

조은	내 거야.
서장훈	뭐 어때? 오늘 되게 덥다. (조은의 의자 등받이에 팔을 올린다) …
조은	(이 녀석 뭐 하는 거지) …
안예지	(서장훈의 스스럼없는 행동에 왠지 긴장한다. 조은에게) 누구야?
조은	(뭐라고 해야 할지) …어, 그게…
서장훈	저요? 은이가 내 얘기 안 해요?
조은	(은이?) …?
서장훈	(조은을 향해) 내 얘기 안 했어?
조은	그게, 지금 막 하려던 참인데…
서장훈	(스스럼없이 조은의 얼굴에 묻어 있는 뭔가를 떼어낸다) …
조은	(서장훈의 손을 툭 친다) 뭐야?
서장훈	(귀엽다는 듯 웃는다. 안예지에게) 얘 되게 부끄럼 타죠?
안예지	(서장훈과 조은의 사이를 혼자 이해한다. 그리고 충격받았다. 물을 쪼르륵 마신다)
조은	너 왜 이렇게 오버해?
서장훈	(머리카락을 흐트러뜨린다) 으이그!
조은	죽을래?
안예지	(벌떡 일어난다)
조은	…?
안예지	나… 나… 화장실 좀… (왠지 허둥대며 자리를 빠져나간다) …
조은	(안예지가 멀어지는 걸 보고는 정색하고 화낸다) 너 뭐야?
서장훈	고민 해결!
조은	뭐?
서장훈	생각해봤는데. 네가 남자를 좋아하는 게 더 확실한 거 같아서…
조은	…
서장훈	쟤가 그쪽이든 아니든, 이제부터 너한테는 우정으로만 대할 거야. 그럼 된 거잖아. 고민 해결!
조은	(그건 그렇지만) 어떻게 알았어?

서장훈	넌 그냥 나한테 다 읽혀. 숨겨봤자 소용없어.
조은	(슬쩍 눈치 본다) 기분 안 나빠?
서장훈	기분 나쁘다고 하면 사과할래?
조은	(툴툴댄다) 뭘 사과까지야…
서장훈	(물끄러미 본다) 이럴 땐 귀엽더라.
조은	죽을래.
서장훈	(여유 있다) 넌 왜 칭찬하면 화를 내냐?
조은	(우물쭈물) 쬐꼬미 같고…
서장훈	(버럭) 넌 쓸데없이 키만 크잖아. (자연스럽게 조은의 물을 마신다) …
조은	(이번엔 그냥 본다) …
서장훈	네 친구 화장실에 빠졌나 부다.
조은	(그러고 보니 안예지가 화장실에 간 지 한참 됐다. 빈 의자에 가방만 덩그러니 놓여 있다) …

43. 커피숍 내 화장실(낮)

조은이 들어온다. 두 칸 중 한 칸은 비어 있다. 노크한다. 답 노크 소리! 조은이 기다린다. 물 내리는 소리가 나고, 잠시 후 나오는 건 안예지가 아니다. 조은이 아는 척하려다가 멈칫한다. 안에서 나온 여자도 움찔한다. 손 닦으면서도 조은을 흘깃댄다.

44. 커피숍(낮)

조은이 통화를 시도한다. 맞은편에 안예지의 가방을 보면서… 조은이 핸드폰을 끈다.

서장훈	안 받아?
조은	(고개를 끄덕인다. 갑자기 화가 치민다) 이게 다 너 때문에…
서장훈	…?
조은	(서장훈 잘못은 아니다. 설명하듯) 말했잖아. 걔 되게 예민한 애라고.
서장훈	그래서?
조은	상처받았으면 어떡해.
서장훈	상처받았으면 받아야지 뭐. 안 그러면 사귀어줄라구?
조은	꼭 그런 게 아니라… (진심이다) 난 누구한테 상처 주는 거 싫단 말야. 날 좋아하는 사람한테는 더더욱…
서장훈	왜? 좋아하는 사람한테 상처받은 적 있냐?
조은	(슬쩍 보고 일어선다) …

45. 골목(낮)

조은이 안예지 가방까지 들고 커피숍에서 나온다. 서장훈이 따라온다.

서장훈	(가방에 손 대며) 들어줄게.
조은	됐어.
서장훈	왜 나한테 화내? 나 상처받는 건 신경 안 쓰이냐?
조은	응, 전혀!
서장훈	좋아하는 사람한테는 상처 주기 싫다며?
조은	뭐? (갑자기 얼굴이 빨개져서 외면한다) …
서장훈	(키득대며 다가와 가방을 들어준다) …
조은	(안 뺏기려고 하다가 자기 가방을 뺏긴다. 안예지의 핸드백만 들고 간다) …

46. 재래시장(낮)

윤진명이 걸어온다. 모자를 쓰고 선글라스를 꼈다. 신분을 숨기려는 것처럼. 멀리서 앰프 소리가 들린다. 그쪽으로 향한다. 윤진명 머리 위에 붙은 플래카드. '00시장 재개장 축하 공연. 인기 가수 총출동' 골목을 꺾던 윤진명이 주춤한다. 차일 밑, 10여 명의 할머니, 할아버지들이 부채질하며 앉아 있다. 의자는 빈 곳이 더 많다. 간이 무대 위에선 아스가르드가 공연을 하는데 무대가 좁아서 춤을 추던 헤임달이 떨어질까 봐 바둥댄다. 끝내 떨어졌다가 다시 올라온다. 비트와는 상관없이 술 취한 할머니들이 관광버스 춤을 춘다. 어쨌거나 윤진명이 적당한 곳에서 무대를 본다. 참… 별로다. 한숨을 쉬는데, 무대 위 헤임달이 윤진명을 향해 손을 흔든다. 윤진명이 잠깐 주위를 둘러본다. 자기 말고는 없다. 헤임달이 손가락 총을 쏜다. 아! 제발 그러지 말았으면 싶다. 간주가 나온다.

헤임달　(앞으로 나오며) 세이 호오!

호응 없다. 아, 그것만은.

헤임달　(그러거나 말거나) 세이 예에! (귀에 손을 대며)

호응 없다. 아스가르드 팀원들도 윤진명도 부끄러움에 고개를 숙인다.

　• 점프 》

아스가르드　고맙습니다.

윤진명이 가방을 챙겨 자리를 떠나려 한다. 왠지 불길하다. 아니나

다를까 눈앞에 그림자가 진다. 헤임달이다.

헤임달	(그럴 줄 알았다는 듯) 헤헤.
윤진명	(어쩔 수 없이 웃는다) …
헤임달	(윤진명 어깨로 툭 치며) 아니라며? 아니라며? 일코 중이에요?
윤진명	일코?
해임발	일반인 코스프레… 아이돌 팬인데 아닌 척하는 사람.
윤진명	진짜 아니에요.
헤임달	아니면 여기 왜 왔는데?
윤진명	(그건 말할 수 없다) …
헤임달	괜찮아요. 아이돌 팬이었다가 엔터 회사 들어온 사람 엄청 많대요.
윤진명	(한숨 쉬다가 보면 헤임달은 땀을 엄청 흘렸다) 덥죠?
헤임달	하나도 안 더워요. 무대에 설 수만 있다면.
윤진명	(이건 또 무슨 오글거리는 대산가) 근데 땀은 왜 그렇게 흘려요.
헤임달	이건 땀이 아녜요. 제 열정이 물이 되어 흐르는 거지…
윤진명	(한숨이 난다) …
헤임달	누나, 조금만 더 지켜봐줘요. 지금은 초라하지만 언젠가 꼭 스타가 될 거예요.
윤진명	가능… 할까요?
헤임달	지금 스타들 봐봐요. 10년 무명 하다가 갑자기 뜨잖아요. 5년 전 노래가 역주행하기도 하고. 나라고 그런 기회가 안 오겠어요?
윤진명	안 오면?
헤임달	(확신한다) 와요.
윤진명	그래도 안 오면?
헤임달	(확신한다) 온다니까요.
윤진명	그래도 안 오면?
헤임달	(해맑다) 안 오면 안 되죠. 안 오면 큰일이게. 그니까 와요. 아참, 누나 이름 알려줘요.

윤진명	왜?
헤임달	나중에 무대에서 이름 불러줄게요.
윤진명	(진심이다) 됐어요!

47. 화장실(저녁)

황우섭, 신율빈, 윤종열이 거울을 본다. 오늘은 미팅 날이다. 그렇게
봐서 그런지 다른 날과 조금 다르다. 머리에 신경을 썼고 옷도 좀 갖
춰 입은 것 같다. 황우섭이 머리를 손질한다. 윤종열은 비누로 손을
씻는다. 황우섭과 신율빈은 약간 들뜬 것 같다.

48. 대학교 복도(낮)

황우섭, 신율빈, 윤종열이 걸어온다. 기대감을 감추지 못하는 황우
섭과 신율빈. 맞은편에서 유은재가 걸어오자 표정 관리한다. 유은재
가 아무렇지도 않게 꾸벅 인사한다. 모퉁이를 돌자마자 유은재의 표
정이 날카로워진다. 핸드폰으로 추적을 시작한다. 윤종열의 SNS를
뒤진다. 없다. 타고 넘어가 황우섭의 SNS를 뒤진다. 술집 실내 사진
이 있다. '여기 어때?'라는 말에 신율빈이 '좋아요'를 눌렀다. 사진을
확대한다. 테이블에 놓인 메뉴판을 확대한다. 가게 상호가 어렴풋이
보인다. 유은재가 회심의 미소를 짓는다.

49. 학교 앞 술집 골목(저녁)

유은재와 송지원이 걸어온다. 송지원은 신이 났다.

송지원	왜? 왜 한턱 쏘는 건데?
유은재	(목표를 보며 걸어간다) 그냥요. 우리 사이에 뭐 이유가 필요해요.
송지원	그래도… 뭐 좋은 일 있어?
유은재	(표정과 대사 불일치한다) 날마다 좋은 날이죠.
송지원	그건 그렇지. 뭐 먹을 거야? 고기 먹자?
유은재	(단호하다) 안 돼요. 소주방 갈 거예요.
송지원	왜?
유은재	왜가 어딨어요? 따라와요.

유은재의 박력! 송지원이 입 내밀면서도 따라간다.

50. 소주방(밤)

유은재와 송지원이 들어온다. 문 앞 알림판에 예약 현황을 본다. 황우섭 외 6인 3번 방이다.

종업원	예약하셨습니까?
유은재	(당당하다) 아뇨. 4번 방 주세요.
종업원	(움찔) 아… 룸은 4인 이상인데…
유은재	더 올 거예요!

51. 거실(밤)

각자 방에서 정예은, 윤진명, 조은이 나온다.

윤진명	(두 사람 보며) 유은재 문자 받았어?

정예은	응, 당장 나오라고…
윤진명	(걱정스럽다) 무슨 일이지?

하메들 서둘러, 신발을 신는다.

52. 소주방 룸(밤)

윤진명, 조은, 정예은이 들어온다. 송지원은 이미 마시고 있다.

윤진명	은재는?
송지원	(턱으로 가리킨다) …
유은재	(벽에 바짝 붙어 있다) …
정예은	뭐야?
윤진명	갑자기 무슨 일이야?
송지원	(자작하며) 저 냥반한테 물어봐.
유은재	(살짝 자세 바꾸며. 그러나 신경은 여전히 벽 너머로 곤두세운 채) 이유가 뭐 있어요. 그냥 친목이지… 새 하메도 들어왔는데, 술도 한 잔하고…
윤진명	(자리 잡고 앉으며) 그러게. (조은 보며) 그러고 보니까 환영회도 안 했네…
조은	환영회는 뭐…
정예은	쟨 무안하면 더 툴툴댄다. (흉내 낸다) 툴툴툴툴…

어쨌거나 자리 잡고 앉아 술을 따르는데 문에 달린 유리창 너머로 사람이 오갈 때마다 유은재가 신경을 쓰며 쳐다본다.

| 송지원 | (윤진명에게) 선배는? 제5열 봤어? |

윤진명	아니.
송지원	에이이, 뭐 하는 거야? 얼른 좀 친해져서 집에도 데려오고 좀 그래.
조은	(생각만 해도 좋다. 웃는다) …
정예은	은이 좋댄다.
조은	내가 언제여…
정예은	봐봐. 또 툴툴대지. 계속 보니까 좀 귀엽다.
윤진명	(아까부터 벽에 귀를 대고 있는 유은재가 신경 쓰인다) 왜 그래?
유은재	(아무렇지 않은 척) 뭐가요?
송지원	(일어난다) 내가 갔다 올게.
유은재	어딜요?
송지원	내가 방 잘못 찾은 척하고 3번 방에 들어가서 뭔 사연인지 알아올 테니까…
유은재	(붙잡는다) 가지 마요!!
하메들	(이실직고하라는 듯 유은재를 본다)
송지원	뭐야? 저 방에 뭐 있지?
유은재	아, 별거 아니라니까…
송지원	(벽을 노크한다) 저기요?
유은재	(송지원을 확 민다) 하지 마요!
송지원	(나가떨어진다) …
조은	(이른다) 쟤 힘 엄청 쎄요.
정예은	(송지원을 일으켜준다) …
윤진명	저 방에 전남친 있어?
유은재	…예… 소개팅 한다고… (슬쩍 하메들 눈치 본다) 난 그냥… 나랑 헤어지고 얼마 되지도 않았는데 소개팅 한다니까…
조은	너도 했잖아?
유은재	그건… 그쪽이 한다니까 화가 나서…
정예은	미련 쩐다, 너.
유은재	(공격적이다) 선배는 더했잖아요. 작년에…

정예은	야, 나는… (할 말 없다. 찌그러져서 술만 마신다) …
송지원	(분위기 바꾸려고) 아, 사랑이 뭔지 참… 쉽지가 않아, 그치?
유은재	(날카롭다) 연애 한 번 못 해봤으면서…
송지원	(아… 할 말 없다. 찌그러져서 술만 마신다) …
윤진명	(두 사람의 패잔병을 보고는 유은재에게) 요새 되게 헷갈리지? 당연해. 첫 실연이잖아.
유은재	(툴툴댄다) 선밴 좋겠어요. 뭐든 그렇게 명확해서.
윤진명	(당황한다. 왠지 비난받은 것 같다)
송지원	(할 말을 잃은 윤진명의 잔에 잔을 부딪친다. 그 마음 안다는 듯) …

윤진명, 송지원, 정예은이 원샷한다. 침묵이 흐른다. 조은이 패잔병 세 명을 보다가…

조은	남자친구… 그러니까 전 남자친구, 어떤 사람인데?
유은재	그냥 뭐…
조은	잘생겼어?
유은재	생긴 거 뭐 그냥… (다른 하메들을 본다)
윤진명	(유은재 눈치를 본다) 잘 생겼다… 글쎄?
정예은	(유은재 눈치를 본다) 그게 잘 생겼다고는…
송지원	(격렬하게 고개 흔들며) 으으응! 입이 찢어져도 잘생겼다고는 말 못하지. 암.
유은재	(버럭) 생긴 게 왜요? 그 정도면 뭐 준수하지.

아차, 유은재가 입을 다문다. 다시 침묵이 흐른다.

윤진명	(유은재 눈치 보며) 키는 컸어!
정예은	(유은재 눈치 보며) 성격이 좋아. 잘 웃고.
송지원	(유은재 눈치 본다) 여자들이 좋아하는 스타일이지. 훈남 스타일!

유은재	훈남은 개뿔…
송지원	(술잔 딱 내려놓는다) 야! 하나만 해, 하나만! 그러니까 네가 듣고 싶은 말이 뭐야? 욕이야? 칭찬이야?
유은재	그게… 나도 잘 모르겠어요.
송지원	장단이 뭔 줄 알아야 춤을 추지…
유은재	(자기도 속상하다) 미안해요! 나 요새 왜 이러는지 모르겠어요. 열등감 쩔고. 점점 못난이가 되는 거 같애요. 안 그럴라고 하는데도…

하메들이 할 수 없다는 듯 잔을 부딪친다. 조은은 살짝 입만 댄다. 하메들이 웃고 떠든다. 유은재는 하메들 이야기를 듣고 웃고, 호응하지만 반쯤은 정신이 다른 곳에 가 있다. 계속 술을 마신다. 유은재의 마음처럼 멜랑꼴리한 음악이 흐른다. 하메들이 윤진명에게 핸드폰을 보여준다. '제5열'이란 그룹을 소개한다. 유은재가 본다. 정예은이 권호창에 대해 이야기한다. 권호창의 태도를 흉내 낸다.

53. 소주방 화장실 칸(밤)

변기에 앉은 유은재가 윤종열과의 사진을 한 장 한 장 본다.

54. 소주방 화장실(밤)

유은재가 나온다. 손을 닦는다.

55. 소주방 홀(밤)

화장실에서 나온 유은재가 자기 마음을 들여다보며 걷는다.

56. 소주방 룸(밤)

유은재가 들어온다. 자기 생각에 빠져 있다. 유은재가 '하' 한숨을 쉬며 고개를 드는 순간 음악이 뚝 끊긴다. 황우섭, 신율빈, 그 외 남학생 하나, 여학생 세 명이 쳐다보고 멀뚱멀뚱 쳐다보고 있다. 아… 잠깐 회로가 정지한다.

유은재   (벌떡 일어난다) 죄송합니다!

57. 소주방 복도(밤)

뛰쳐나오는 유은재. 방에서 '유은재 맞지?' '쟤가 왜?' 이런 소리 들린다. 4번 방으로 들어가는 유은재.

58. 소주방 4번 방(밤)

유은재가 들어오는 서슬에 하메들이 놀란다. 자기가 저지른 실수에 유은재가 소리도 못 지르고 파닥거린다.

59. 골목길(밤)

하메들이 걸어온다. 유은재는 절망했다. 땅이 꺼질 정도로 한숨을 쉰다. 동동거렸다가 한숨 쉬었다가 울상이었다가… 표정이 참 다양하다. 하메들 안됐다는 듯 쳐다본다.

송지원   내일은 또 내일의 태양이 뜰 거야.
유은재   (고개를 꺾으며) 안 떴으면 좋겠어요. 차라리 지구가 멸망했으면 좋겠어요.
송지원   네가 쪽 좀 팔렸다고 40억 인구를 몰살시키냐?

유은재가 파닥거린다. 하메들이 벨 에포크로 들어간다.

60. 거실(밤)

하메들이 들어온다. '뭐 어때?' '괜찮아, 괜찮아' 하메들이 유은재를 다독인다. 유은재가 축 처져서 화장실로 들어간다.

61. 화장실(밤)

울상으로 양치질을 하는 유은재…

62. 거실(밤)

하메들, 소곤소곤 유은재 이야기 중이다.

정예은   아우, 쪽팔려. 그게 뭔 쪽이야?
윤진명   눈치챘겠지?

정예은	당연하지. 학교 앞에 술집이 몇 갠데. 그 중에 하필. 그것도 옆방에… 눈치 못 채면 그게 바보지. 으으윽.
윤진명	(웃기기도 하고 안됐기도 하고) 어떡하냐? 유은재.
조은	나 같으면 휴학할 거예요.
송지원	그 정도야?

화장실 문이 열린다. 정예은이 입 다물라고 눈짓하다가 눈이 똥그래진다. 다른 하메들도 어안이 벙벙하다. 화장실에서 나오는 유은재. 왠지 환하게 웃고 있다.

정예은	쟤 왜 저래? 쟤 웃고 있는 거 맞지?
송지원	충격이 너무 커서 미친 건가?
윤진명	은재야…
유은재	(헤헤거린다) 예?
윤진명	너 왜 그래?
유은재	(배시시) 없더라구요.
윤진명	뭐가?

•인서트 – 3번 방 》
한숨을 쉬고 고개를 드는 유은재. 그 와중에도 남자들 얼굴을 보았다. 윤종열은 없었다.

유은재가 좋은 걸 숨기지 못하고 방으로 들어간다.

조은	그게 그렇게 좋아할 만한 일인가?
정예은	(유은재 마음 이해한다) 아직 자기를 못 잊어서 그 자리에 안 나온 거라고 생각하는 거지.
송지원	야, 거기 못 올 이유 105가지는 댈 수 있다. (손가락 꼽아가면서) 장

염에 걸려서. 아버지가 장염에 걸려서. 엄마가 장염에 걸려서…

윤진명   (일어난다) 화장실 나 먼저 쓴다.

정예은   (송지원에게) 그만해. 그냥 좋아하게 냅둬.

조은   105가지 중에 은재 선배를 아직 못 잊어서도 있잖아요.

송지원   가능성이 아주 없는 건 아니지…

63. 유은재, 윤진명의 방(밤)

유은재와 윤진명이 자고 있다. 유은재가 무표정한 얼굴로 있다가 배
시시 웃는다. 인형이 바로 코앞이다. 인형을 끌어안고 돌아눕는다.

(송지원)   나는 믿고 싶은 것만 믿는다. 그래야 조금 더 행복하기 때문이다.

64. 에필로그

— 캠퍼스

정예은이 한유경, 송경아와 걸어간다. 교내 커피숍 유리창 너머 늘
있는 자리 권호창이 앉아 있다. 정예은이 권호창을 바라본다. 한유
경이 그런 정예은을 바라본다.

(송지원)   나는 보고 싶은 것만 본다. 너무 많은 것을 보면 길을 잃기 때문이다.

— 강의실

강의 전이다. 창문 너머 복도, 조은이 안예지를 본다.

• 점프 》

조은	(옆자리에 앉으며 아무렇지도 않게) 어젠 뭐냐?
안예지	(어색해한다) …
조은	화났어?
안예지	내가 왜?
조은	그러니까…

둘 사이에 어색한 침묵이 흐른다.

안예지	(불쑥) 화나지, 그럼.
조은	…
안예지	난 너랑 친군 줄 알았는데. 너 남자친구 얘기 왜 미리 안 했어?
조은	어?
안예지	너 같으면 화 안 나겠어?
조은	아… 미안.
안예지	누구야? 뭐 하는 사람이야?
조은	우리 집주인 친척인데… 집주인 대신 잠깐 집 봐주러 왔어.
안예지	그럼 사귄 지 얼마 안 되네?
조은	사귄다기보다는… (흘긋 본다) …
안예지	(웃는데 왠지 필사적이다) 축하해.
조은	응…

교수님이 들어온다. 안예지의 손끝이 불안하게 움직인다. 조은은 안예지가 상처받았다는 걸 안다. 어쩔 수가 없다.

(송지원)	나는 모르는 척한다. 내가 안다는 걸 들키면 더 이상 모르는 척할 수 없기 때문이다.

— 사무실

윤진명이 고민한다. 혜임달의 평가다. 미래의 가능성에 대한 질문이다. 결심한다. 윤진명이 1을 적는다.

(송지원)   나는 관심 두지 않는다.

— 로비
윤진명이 팀원들이랑 나온다. 멀리 혜임달이 지나가지만 서둘러 로비를 빠져나간다.

(송지원)   그래봤자 소용없기 때문이다.

— 정예은, 송지원의 방
송지원이 어린 문효진과 찍은 사진을 보다가 서랍에 넣는다. 사진이 뒤집어진다. 뒷장의 메모. 어린 송지원이 쓴 '2005년 5월 10일 체험학습'…

(송지원)   나는 기억하고 싶은 것만 기억한다. 나는 나를 지켜야 하기 때문이다.

송지원이 서랍을 닫고, 가방을 메고 밖으로 나간다.

65. 공원(낮)

송지원이 걸어온다. 벤치에 양반다리로 앉아서 책을 읽기 시작한다. 아이들이 뛰어논다. 아이들은 더운 줄도 모른다. 매미 소리가 우렁차다. 책을 읽던 송지원이 고개를 든다. 눈에 익은 아이가 있다. 송지원이 그 아이를 물끄러미 바라본다. 아! 생각났다. 사진 속에서 봤던 어린 송지원이다. 어린 송지원과 스물세 살의 송지원의 눈이 마주친다. 스물세 살 송지원이 웃는다. 어린 송지원은 갸우뚱한다.

송지원 (어린 송지원에게 다가간다) 너 나 모르지?
어린송지원 예. (하고는 뛰어간다) …
송지원 (멀어지는 열 살의 송지원을 보며 중얼거린다) 모르는구나.

돌아서는데. 그 앞을 막아서는 건… 어린 문효진이다.

문효진 (유리알 같은 눈으로 스물세 살의 송지원을 빤히 본다) ……예쁜 구두.

― 공원
송지원이 깨어난다. 낮잠을 잔 것이다. 매미 소리가 우렁차다. 아이들은 놀고 있다. 어디선가 아이의 노랫소리가 들린다. '꼭꼭 숨어라. 머리카락 보인다. 꼭꼭 숨어라. 머리카락 보인다' 술래가 부르는 노래다. 초등학교 저학년 여자아이가 나무에 기대 눈을 가린 채 노래를 부르다가 고개를 들고 외친다. '찾는다!'

66. 에필로그(하메들의 음주 토크)

윤진명이 자리를 잡고 앉는다. 인터뷰어가 소주를 따라준다.

질문 자막 취직을 축하한다.
윤진명 (살짝 몸을 틀며 술을 원샷한다) 고맙습니다.
질문 자막 요즘도 금요일 밤에 '맥주 한 캔의 사치'를 부리나?
윤진명 (슬쩍 웃는다) 예.

질문 자막	(술을 따라주며) 이제 경제적 여유가 생기지 않았나?
윤진명	아직은 아닙니다. 학자금 대출 받은 것도 그대로 남아 있고, 엄마가 진 빚도 있어서… (술을 마신다) 앞으로 4, 5년은 이 상태가 계속될 것 같습니다.

•점프 ≫

소주 병이 두 개가 되었다.

질문 자막	(술을 따라준다) 박재완 셰프와는 장거리 연애 중인데…
윤진명	(표정이 아주 살짝 부드러워지지만 사무적 어투로) 예, 올 2월에 부산에 있는 호텔로 파견 근무를 갔습니다. 1년 예정입니다.
질문 자막	사귀자마자 장기 해외여행을 가고 이번엔 장거리 연앤데 불안하지 않나?
윤진명	(빤히 보며) 뭐가요?
질문 자막	아스가르드를 평가하는 데 시간이 오래 걸렸다. 남들은 쉽게 결정하던데…
윤진명	그 사람들에겐 굉장히 중요한 결정이니까 제가 할 수 있는 한에선 신중하고 싶었습니다.
질문 자막	결국 헤임달에게 최하점을 줬는데…
윤진명	(생각을 가다듬느라 술잔을 바라본다) …예. (죄책감을 털어버리려는 듯 술을 마신다. 그리고 자기 잔에 직접 술을 따른다)
질문 자막	헤임달을 보면서 동생 수명이를 생각한다는 이야기가 있다.
윤진명	(슬쩍 웃으며) 아닙니다. 그런 적 없습니다. (술을 마신다).
질문 자막	(술을 따라주는데 술병이 비었다) …
윤진명	(표정 변화 없이 꼿꼿하다)
질문 자막	술이 세다. 주량이…

그 순간, 윤진명이 푹 고꾸라진다.

— 조은

긴장해서 뻣뻣하다. 눈동자만 굴려서 여기저기를 본다. 술잔은 그대로다.

질문 자막	키가…
조은	(툴툴대듯) 170 좀 넘는데…
질문 자막	180 설도 있던데…
조은	(발끈한다) 아녜요. 180은 안 돼요. 180… 말도 안 돼… (술잔을 살짝 입에 댔다가 뗀다. 쓰다)
질문 자막	어렸을 때 사진에서는 키가 작던데…
조은	초등학교 6학년 겨울방학부터 갑자기 컸어요. 1년 새에 12센티 컸으니까…
질문 자막	운동해볼 생각은 없었나?
조은	(피식) 키 크다고 다 운동 잘하나… 백 미터 22초예요.
질문 자막	안예지와는 언제부터 친구였나?
조은	유치원, 초등학교 같이 다녔는데 그땐 얼굴만 아는 사이였고. 중학교 때 친해졌어요. 나도 그때 한참 방황하고 걔도 지네 엄마 아빠 때문에 막 그럴 때라… 우리 부모도 문제지만 그 집 부모는 진짜 노답이거든요. (한숨 쉬며 술잔을 들지만 역시 입술만 댔다가 뗀다. 쓰다)
질문 자막	아버지의 새 가족을 만난 날…
조은	그럼 뭐, 난 헌 가족이에요? (기분 나쁘다)
질문 자막	(새 가족 지우고) 아버지와 이복동생을 만난 날 헌책방에서 편지를 발견했다. 운명이라고 느꼈나?
조은	(잠깐 생각해본다) …그런 거창한 건 아니구 그냥 빡돈 거예요.
질문 자막	편지 주인을 찾으면 어떡할 생각이었나?
조은	(마음이 무겁다) 그게… 처음에는 누군지 알기만 하면 그렇게 살지 말라고 지랄해줄라고 그랬는데… (푸 하고 한숨을 쉰다. 술잔을 다

시 입에 댄다. 이번엔 좀 길게 마신다)

질문 자막   (그사이) 서장훈과의 첫 만남에서 보면…

조은   (술잔을 떼자마자 물을 마시더니) 아우웅… 써. (콧소리 작렬이다)
엄청 써… 으으웅…

질문 자막   (할 말을 잃고 외계어가 나오는데…)

조은   (겨우 진정하고 질문하라는 듯 카메라를 본다. 무슨 말이냐는 듯)
예? (반문하는 조은의 볼은 발그레하고 눈빛은 촉촉하고, 아랫입술
을 깨물며 싱긋. 귀밑머리를 넘기는데 우어어어어어! 새끼손가락을
들었다)

카메라가 삐끗한다.

— 정예은
좀 더 눈을 가리도록 앞머리를 누른다. 긴장을 누그러뜨리기 위해
술을 얼른 마신 다음 숨을 몰아쉰다. 안주는 필요 없다는 듯 멀리
밀어낸다. 술잔을 따라주는 손이 여자로 바뀌었다.

질문 자막   먼저 이 자리에 나와줘서 고맙다.

정예은   (고개를 끄덕함으로써 대답을 대신한다)

질문 자막   집에 있을 때와 밖에 있을 때가 너무 다르던데… 어떤 기준이 있나?

정예은   그게요. 가장 좋은 건 믿을 수 있는 사람하고 익숙한 장소에 있는 거
구요. 그다음이 익숙한 장소에 혼자 있는 거. 그 다음이 믿을 수 있
는 사람하고 낯선 장소에 있는 거. 그 다음이 낯선 장소에 혼자 있는
거…

질문 자막   가장 증세가 심했을 때가 언제였나?

정예은   올 3월이요. 작년에 그 일 있고 나서 정신 상담받고 좋아졌거든요.
그래서 올 3월에 복학하려고 그랬는데 갑자기 증세가 심해져서…
3, 4, 5 세 달 동안은 집에서만 있었어요. (술을 마신다. 안주를 흘깃

질문 자막	본다)
	지금 가장 두려운 게 뭔가?
정예은	그게… 영원히 이 상태면 어떡하나… 나아지지 않고 계속 이러면 어떡하나 그게 제일 겁나요. (술을 마시고 무의식적으로 안주를 먹는다)
질문 자막	고두영에 대한 질문을 안 할 수가 없다. 고두영에게 하고 싶은 말이 있다면…
정예은	(질문만으로 긴장한다. 안주를 끌어당겨 습관적으로 먹기 시작한다) 어… 그게 나한테 한 짓을 반성하고… (했다가 말을 바꾼다) 그러니까 주님은 용서하랬으니까… (하다가 또 말을 바꾼다) 그렇게 나쁜 사람은 아니니까………… (할 말을 잃고 자기도 모르게 안주만 먹는다. 접시가 비었다. 그 순간 진심이 나온다) 그냥 뭐가 어떻게 되든, 내 앞에 나타나지만 않았으면 좋겠어요. 두 번 다시…
질문 자막	하메들도 그렇고 대학친구들도 그렇고 가족보다 친구한테 더 의존하는 것 같다.
정예은	(좀 취해서 편해졌다) 예… 외동딸이거든요. 엄마는 교회 봉사활동이랑 이렇게 저렇게 바쁘시고 아무래도… 하메들도 고생했지만 유경이랑 경아랑 나 때문에 진짜 고생 많았어요. 나 병원 데려다주고 같이 시간 보내주고. 약속 장소 하나를 잡더라도 내가 꽉 막힌 데나 지하 같은 데 못 들어가니까 약속 장소도 꼭 1층으로 해주고… 지들 취직 준비도 힘들 텐데… 유경이랑 경아는 진짜… 그런 친구가 있다는 게 축복이에요. (말하면서 자기도 모르게 접시의 소스를 긁고 있다)
질문 자막	혹시 안주 더 필요하면…
정예은	(기다렸다는 듯) 해물라면요. (직접 주문한다) 여기요. 해물라면 주세요. 계란 넣어서…

― 유은재

왠지 행복해 보인다. 술을 따라 마시고 앞자리의 인터뷰어에게도 술을 따라준다.

질문 자막   행복해 보인다.

유은재   제가요? 아닌데… (그러나 행복하다. 자기 술을 마시고 앞의 술잔을 바라본다. 술잔이 비워지기를 기다렸다가 얼른 따라준다)

질문 자막   윤종열이 소개팅 자리에 안 온 게 그렇게 행복한가?

유은재   (행복해 죽으면서) 아닌데…

질문 자막   1년 동안 많이 변했다.

유은재   (해맑다) 뭐가요?

질문 자막   얼굴도 그렇고. 성격도 그렇고…

유은재   그런가? 난 잘 모르겠는데… (자기 잔에 술 따르고 앞의 술잔을 본다. 술잔이 비워지자 얼른 따라준다. 그 후로도 술을 계속 마시고 따라준다)

질문 자막   요즘도 '그 꿈'을 꾸나?

유은재   꿈요? 아, 개한테 쫓기는 꿈… 예, 가끔 꿔요. 스트레스가 심하면… 그래도 옛날보단 덜 꿔요. 종달 선배… (했다가) 종열 선배랑 사귈 때는 한 번도 안 꿨는데…

질문 자막   조은과 처음 만났을 때 레즈비언이라고 오해했다.

유은재   저도 그때 저한테 깜짝 놀랐어요. 전 그런 편견은 없는 사람이라고 생각했는데, 막상 그런 상황에 처하니까… 그때 알았어요. 아, 나 히틀러 시대에 태어났다면 나도 유대인 학살에 가담했을 수도 있겠다…

질문 자막   사람들 중엔 아직도 조은이 성소수자일 거라 보는 사람들이 있던데…

유은재   (잠깐 생각해본다) 그런가… 처음 봤을 땐 그게 되게 중요했는데 지금은 뭐… 근데요. 조은이 종열 선배 닮지 않았어요? 키 크고 꾸부정한 게… (배시시 웃는다).

질문 자막	하메들 중에 강이나를 가장 그리워하는 것 같다.
유은재	강 언니 멋있잖아요. 성격도 화끈하고. 하고 싶은 말 다 하고, 좋으면 좋다 싫으면 싫다 확실하고… 진짜 부러워요. 제가 종열 선배랑 제일 안 좋았던 게 그거거든요. 도대체 말을 안 한다고. 난 말 안 해도 알아주겠지 싶어서 말 안 한 건데… (한숨이 난다)
질문 자막	술이 세다.
유은재	우리 엄마가 술이 세요. 아빠보다도 술이 셌대요. 저도 종열 선배보다 술이 센데…
질문 자막	윤종열을 아직 못 잊은 것 같다.
유은재	못 잊었다기보다는… 제가 원래 누구랑 헤어지는 거 잘 못 하고, 미련도 많고… 근데 종달 선배는 맨날 보니까… 이게 정말 헤어진 건가 싶기도 하고. 어떻게 그렇게 좋아했는데 헤어질 수가 있나 싶기도 하고…

유은재 말이 길어질수록 카메라가 점점 기울어지다가 옆으로 눕는다.

| 유은재 | (그것도 모르고 한참을 혼자 떠들고 술을 마신다) 그렇잖아요. 누구를 좋아할 땐 진짜 진짜 절대잖아요. 절대로 좋아했는데… 세상 다 변해도 그 마음만은 안 변할 것 같은데… 그 마음까지 변하면 세상이 너무… 너무 뭐랄까 허무해서… (하다가 쓰러진 카메라를 발견한다. 깨운다) 저기요, 저기요… (하다가) 여기요. 소주 한 병 더 주세요. |

— 송지원
송지원 헤드뱅잉하고 춤추고 논다. 이미 인사불성이다. 누군가를 보고 반갑게 인사한다.

질문 자막	죄송합니다. 늦었습니다.
송지원	괜찮아요. 시작할까요. (소주병을 딴다)
질문 자막	????
송지원	(잔에 따르려다가) 여기요. 잔 바꿔주세요.

〈하메들의 주량〉

유은재〉〉〉〉윤진명〉〉정예은〉송지원〉〉〉〉〉〉〉〉〉〉〉〉〉〉〉〉〉〉〉〉〉〉〉〉〉〉〉〉〉〉〉〉〉〉〉〉

조은

5회

나는 기적이다

1. 프롤로그(유은재, 윤진명의 방)

검색 창에 쓴다. '헤어진 남자친구 마음 돌리는 법' 검색자는 유은재다. 유은재는 진지하다. 글을 읽으며 고개를 끄덕인다. 지식인의 충고. '먼저 그 남자가 좋아했던 것과 싫어했던 것을 생각해보십시오' 유은재가 프린터에서 A4용 종이를 꺼내 '종달 선배가 좋아하는 것'이라고 쓴다. '술, 족구, 〈이터널 선샤인〉, 친구, 이문세 노래, 발목을 묶는 샌들, 검은색 스타킹'까지 쓰고 잠깐 생각한다.

•인서트 - 카페 ≫
사이가 좋을 때다. 유은재와 윤종열이 함께 공부 중이다. 윤종열은 한참 유은재에게 빠져 있을 때라 책보다는 유은재를 보고 있다. 윤종열의 마음도 모른 채 공부에 몰두했던 유은재가 무심코 머리를 올려 묶는다. '하아~' 윤종열의 진심 어린 탄식에 유은재가 돌아본다.

윤종열　(유은재 목을 그윽이 바라보며) 너 머리 묶고 다녀라.

회상인데도 부끄러워하며 유은재가 쓴다. '올려 묶은 머리'

(윤종열)   넌 어쩔라구 뒷목의 솜털까지 이쁘냐.

유은재가 이어 쓴다. '뒷목의 솜털' 달콤함에 빠져 허우적대다가 정신을 차린다. '종달 선배가 싫어하는 것'이라고 쓴다. '복숭아, 매운 음식, 비빔밥, 레깅스, 지하철 타는 것, 이유 없이 문자하는 것, 길게 통화하는 것, 징징대는 것, 자기 편 안 들어주는 것…' 쓰면 쓸수록 입이 나온다.

   • 인서트 ≫

유은재   (속상하고 원망스럽다) 전엔 안 그랬잖아요. 선배 요새 변했어요.
윤종열   야, 그럼… (못마땅한 듯 바라보다가) 아니다. 그만하자.

생각만으로도 유은재는 슬퍼진다. 조심스럽게 '나'라고 써본다. 그랬다가 박박 지운다.

2. 프롤로그2(거실)

유은재가 거실로 나온다. 유은재가 거실 한쪽에 서서 하메들을 바라본다. 우선 윤진명! 윤진명은 빨래를 개는 중이다.

유은재   (조심스럽게 윤진명에게 다가가) 저, 윤 선배… 물어볼 게 있는데…
윤진명   (빨래 개며 쳐다본다) …
유은재   헤어진 남자친구 마음을 다시 돌리려면…
윤진명   (뭔 얘기를 하려는 건가 유은재를 빤히 보다가 풋 웃는다)

유은재의 상상이었다. 현실의 유은재가 흠칫 놀라 고개를 흔든다. 윤 선배는 아니다. 식탁 의자에 양반다리로 앉아 핸드폰으로 문자

중인 송지원을 본다. 오늘따라 더욱 아방가르드하다.

송지원   (돌아본다) 헤어진 남자친구 마음 되돌리는 법! 있지. 비법이 있쥐. 자빠트려!

역시 상상이었다. 유은재가 고개를 젓는다. 이것도 아니다. 현실의 송지원은 뭔가 마음에 안 드는지.

송지원   (중얼댄다) 이놈의 시키가 어디서 앙탈을… (문자 보낸다. '잔말 말고 내일 시간 비워놓기요')

조은은 소파에 누워 책을 읽고 있다. 유은재가 조은에게 한 발 다가선다. 책 제목과 표지가 보인다. 꽃미남 두 명이 그윽하게 서로를 바라보는 BL물이다. 아, 제목마저 현란하다. '먹어버리고 싶어' 얘도 안 되겠다. 유은재가 돌아선다. 조은이 그 기세에 흘깃 본다. 남은 것은 정예은! 적당한 곳에 앉아서 얼굴에 팩을 한 채 발가락에 매니큐어를 칠하고 있다. 당첨이다.

유은재   (조용히) 선배, 잠깐 물어볼 게 있는데…
정예은   (발가락에 집중하며) 해.
유은재   (다른 하메들 눈치 보며) 저기… 조용히…
송지원   (정예은이 묻기도 전에) 뭔데?
유은재   예? 아뇨, 뭐…
송지원   나한테 물어봐. 정치, 경제, 사회, 문화… 내가 정 여사보다 못한 게 뭐야?
유은재   (우물쭈물하는데 조은과 윤진명도 어느 새 자신을 보고 있다) 별거 아녜요. (돌아서려는데) …
송지원   하나 있다. 남자 문제.

유은재	(으윽! 들켰다) …?
정예은	(발가락에 집중하며) 어떻게 하면 헤어진 남친과 다시 잘될 수 있나요? 뭐 그런 거지?
유은재	(이 사람들 뭐야) …어떻게 알았어요?
윤진명	요즘 네 상태를 보면 모를래야 모를 수가 없다.

어차피 들켜버린 거라면. 유은재가 식탁에 앉고 정예은도 발가락을 조심하느라 뒤뚱대며 식탁으로 다가온다.

타이틀 제5회 — 나는 기적이다 (부제: 잃어버린 시간을 찾아서)

3. 타이틀 이미지 몽타주

4. 거실(낮)

주말 오후다. 유은재와 정예은이 마주 앉았고. 다른 하메들은 하던 일을 계속한다.

정예은	(중얼거린다) 헤어진 남자친구 마음을 다시 잡는 법이라…
유은재	있을까요?
정예은	…
유은재	그래도 우리 중엔 선배가 남자들한테 제일 인기가 많잖아요.
정예은	(듣기 싫은 말은 아니다) 뭘, 그렇지도 않어.
유은재	(곧이곧대로) 물론 강 언니만큼은 아니지만.
정예은	(뭐야…) 그럼 강 언니한테 물어봐!
유은재	아녜요. 그래도 이 경우는 강 언니보다 예은 선배가 더 많이 알 거

같아요.

정예은   (강 언니를 이기다니 뭐지?) 그래?

유은재   (살짝 눈치를 보면서도) 강 언니는 남자는 많아도 매달리는 연애는 안 해봤을 거 같아서…

정예은   나는 했구?

유은재   (말로는 못 하지만 그랬잖아, 라는 눈빛으로 본다) …

송지원   한 남자랑 헤어졌다 만났다로 따지면 우리 정 여사 못 따라가지. 도 대체 몇 번이야? (손가락 꼽아가면서 세어본다)

조은   (유은재에게) 네가 먼저 헤어지자고 했다며?

유은재   응…

조은   이럴 거면 왜 헤어지자 그랬어?

유은재   (딴청 피운다) …

정예은   (발가락 보며 대신 대답해준다) 헤어지자고 하면 안 된다고 할 줄 알았지.

유은재   (그렇다) …

정예은   (이미 지난 일이다. 쿨하게) '이럴 거면 헤어져'라는 말은 나 좀 더 좋아해달란 말이구.

유은재   (그렇다) …

송지원   (조은을 보며) 뭐가 그렇게 복잡한지, 꼭 초식동물 창자처럼 꼬여 갖고는… 너랑 나같이 솔직, 직선인 사람들은 당최가…

조은   (곰곰이 생각하다가 고개를 끄덕인다) 아…

송지원   에? 알아들었어?

유은재   (정예은에게) 전에 남자친구랑 헤어졌을 때 어떻게 다시 만나게 됐어요?

정예은   (생각해본다) …

• 인서트 》

정예은   (싹싹 빈다) 미안해. 내가 다 잘못했어. 응? 다신 안 그럴게. 응? 화

풀어. 제발…

정예은   (그걸 말해줄 수는 없다. 슬쩍 눈치를 보며) 나한테 통한 방법이 너
          한테 통한다는 법도 없구… (생각났다) 여기서 중요한 건 그냥 남자
          가 아니라, 헤어진 남자친구라는 거야.

유은재   (집중한다. 받아 적을 기세다) 예, 그렇죠.

정예은   전에는 몰랐던 매력을 보여줘야지. 익숙한 모습 말고 새로운 모습.

유은재   어떤 거요?

정예은   너한테 없는 거.

유은재   나한테 없는 게 뭔데요?

정예은   (스윽 스캔하며) 한두 개가 아닌데…

유은재   (입 나온다) …

정예은   애교?

유은재   애교요?

정예은   너 끝까지 오빠라고 안 불렀지?

유은재   (그렇다) …

정예은   콧소리 내본 적 없지?

유은재   (그렇다) …

정예은   하다못해 윤 선배도 연애할 땐 콧소릴 내는데…

윤진명   (항의한다) 하다못해?

조은   (그러거나 말거나 물 먹다가 사레들렸다. 콜록대면서도) 윤… 선…
          배.

윤진명   뭐? 나도 남자친구랑 얘기할 땐 콧소리 내.

조은   (콜록대며) 아니, 그보다… 남자…친구… 있…어요?

윤진명   나 남자친구 있는 게 그렇게 놀랄 일이야?

조은   아니… 그게… 왠지…좀…

송지원   (등을 두드려주며) 알아. 네 기분… 굳이 말하지 않아도 아니까 진정
          해. 괜찮아. 괜찮아.

조은	(진짜 놀랐나 보다. 혼자 놀람을 삭인다) …있었구나…
유은재	(혼자 이야기에 주목하고 있었다) 콧소리. 애교 이런 거 나 진짜 못 하는데…
정예은	그러니까 연습해야지. 자! 다 같이 배워보아요. 정예은의 애교 첫걸음. 애교 기초 3종 세트 빠밤! (시범 보인다) 꽃받침! 눈 깜빡깜빡! (혀 내밀며) 데헷!! (유은재에게) 해봐!
유은재	(심호흡하고 해본다. 비장하다. 꽃받침, 눈 꿈뻑꿈뻑. 혀를 깨물며 데헷)
정예은	독립운동 하냐? 가볍게! (시범 보인다) …
유은재	(다시 따라한다) …

지켜보던 윤진명, 조은, 송지원이 슬며시 외면한다. 조용히 일어나 하나둘 자리를 뜬다.

유은재	왜요?
정예은	(유은재 흉내 낸다) 이게 아니라… (자기 걸 한다) 이거라고.
유은재	그러니까요. (따라한다. 미묘한 차이로 엄청난 결과물을 만들어낸다) …
정예은	(구제불능이다) 넌… 너 많이 노력해야겠다.

5. 유은재, 윤진명의 방(밤)

유은재가 거울의 각도를 조절한다. 비장하다. 연습한다. 꽃받침! 눈 깜빡깜빡! 데헷! 반복한다.

6. 화장실(밤)

윤진명이 세수를 한다. 거울에 비친 자신을 본다. 애교 3종 세트를 해본다. 꽤 잘한다. 으쓱 하고는 다시 세수를 한다.

7. 조은의 방(밤)

조은이 불 끄려고 자려고 돌아서다가 거울에 비친 자신을 본다. 주변을 스윽 둘러보고는 애교 3종 세트를 해본다. 자기가 해놓고는 자기가 무안해서 얼른 외면한다.

8. 학보사(낮)

송지원이 임성민을 졸졸 쫓아다니며 조르는 중이다.

송지원   넌 안 궁금해? 궁금하면서.
임성민   (이리저리 움직인다. 간단히) 안 궁금해.
송지원   (쫓아가면서) 놀라운 반전! 충격적 진실!
임성민   (서가에서 책을 고른다) 너나 찾어.
송지원   내 잃어버린 기억의 한 조각을 같이 찾자꾸나, 친구야.
임성민   (앞을 막은 송지원의 머리를 밀어 길을 튼다) …
송지원   (밀린다) …
임성민   (책을 펼치고 테이블에 앉는다)
송지원   (무슨 수가 없을까 생각하다가 꽃받침 하고 임성민을 본다) …
임성민   (홀깃 본다) …
송지원   (눈을 깜박깜박한다) …
임성민   뭐 하는 짓이야?
송지원   (콧소리 섞어서) …성민아!! (혀를 내밀며 데헷 한다. 잘한다)

임성민	(뭐지? 살짝 주변을 보게 된다) …
송지원	같이 가줄 거지? (꽃받침 자세로 팔꿈치로 다다다다 걸어오며) 응? 응? 응?
임성민	(놀랐다. 의자가 넘어갈 정도로 벌떡 일어선다) 하지 마!!

9. 과 사무실(낮)

유은재가 앉아 있다. 대여섯 명이 이야기를 하고 있다. 유은재는 애교 삼매경 중이다. 연습한 효과가 있어 제법 자연스럽다. 꽃받침, 눈깜박깜박, 데헷! 무심코 유은재를 돌아보던 남학생이 쓸데없이 심쿵한다. 먼저 당황하고, 잠시 마음을 다잡은 다음, 유은재를 향해 호감의 미소를 보이는데… 유은재는 자기만의 세계에 빠져 있다. 그때 윤종열이 들어온다. 유은재가 긴장한다. 심호흡하고 마음먹고 애교를 발사하려는 순간, 윤종열은 나가고 있다. 우이씨!

10. 대회의실(낮)

전직원을 대상으로 한 전체 회의다.

대표	내년 상반기 해외 스케줄이 이렇게 결정됐으니까. 각 부서에서는 세부 사항 조절해서 지난번 같은 착오 없도록 긴밀하게 협력하기 바랍니다. 그리고 또… 영업 손실 최하위 아티스트에 대한 오앤박 전사원의 투표 결과가 나왔는데… 82퍼센트의 찬성으로 아스가르드의 팀 해체가 결정되었습니다. 동시 진행된 팀원 개개인의 미래 투자가치에 대한 투표 결과에 따라 오딘, 프레이르 두 명은 전속을 유지하고 나머지 5인은 전속계약을 해지하는 걸로… 경영지원팀! (조팀장

을 바라본다) 최근에 불공정 계약이다 뭐다, 공정위가 감사 얘기까지 돌고 있는데. 재수없게 꼬투리 잡히지 말고 깔끔하게 해결하도록 합시다.

조팀장 예.

오대표 서류작업이 끝날 때까진 말 새나가지 않도록 다들 주의하고!

대답하는 소리가 들린다. 윤진명이 서류를 넘겨본다. 계약 유지가 된 두 명. 그리고 해지, 해지, 해지다. 헤임달은 역시나 해지다. 윤진명은 무표정하다.

11. 오앤박 복도, 엘리베이터 앞(낮)

회의실에서 나온 직원들이 각자 자기 부서를 따라간다. 조팀장을 비롯한 경영지원팀이 엘리베이터에 탄다.

12. 오앤박 엘리베이터 안(낮)

홍자은이 '해지가 결정된 아스가르드 팀원들' 사진을 넘겨본다.

홍자은 안됐다. 얘들도 처음엔 지들이 빅뱅이구 엑손 줄 알았을 텐데…

조팀장 꿈을 꾼 거지.

홍자은 다들 꿈을 꾸며 여기 오잖아요?

조팀장 그렇긴 한데…

홍자은 (어쨌거나 남의 일이다) 얘네들 앞으로 어떡하나?

윤진명은 늘 그렇듯, 포커페이스다. 정면을 바라볼 뿐이다.

(홍자은) 진명 씨?

언제 엘리베이터가 멈추고 문이 열렸던가? 홍자은이 엘리베이터 밖에서 윤진명을 보고 있다. 윤진명이 막 닫히려는 엘리베이터 문을 다시 연다.

13. 국도(낮)

임성민의 차가 도로를 달린다. 차 안의 송지원은 신났다. 리듬을 타며 노래를 부른다.

14. 초등학교 운동장(낮)

임성민의 차가 도착한다. 차에서 내린 임성민이 스트레칭 한다. 송지원도 내린다.

송지원 (주변을 둘러본다) 보아라! 여기가 나의 모교다.
임성민 (트렁크에서 음료수 상자 꺼내며) 야, 이거!
송지원 (못 들은 척 운동장을 가로질러 가며) 이 조그만 학교에서 거대한 꿈을 꾸었단 말이지. 나 송지원이…
임성민 (쫓아가며) 이거 갖고 가라구.
송지원 (못 들은 척 걸어가며 교가 부른다) 문길산 높은 정기 이어받은 터전에…
임성민 (어쭈…)
송지원 (돌아보며 계속 노래 부른다. 주먹 쥔 팔까지 흔들며) 내일의 역군들 요람에서 자라네…

어쩔까 싶던 임성민이 후다닥 쫓아오자 송지원이 후다닥 도망간다.
건물 앞에서 잡힌다. 둘 다 아직 젊다.

15. 초등학교 건물 입구(낮)

하교 후라 아이들은 없다. 더운데 뛰어서 두 사람 다 땀이 삐질 났다.
임성민이 송지원 목덜미를 잡고 음료수 상자를 억지로 건넨다.

임성민   (헥헥대면서) 이거 안 들라고 전력질주를 하냐? 어, 더위에? 이 바
        보야!
송지원   (헥헥대면서) 그거 들고 쫓아온 넌 뭔데? 바부탱아!
임성민   (그건 그렇다. 분하다. 돌아서려는데) …
(선생님) 오셨어요? 이쪽이에요.
송지원   예?
선생님   이쪽으로 오세요. 좀 늦으셨네요. 다들 오셨는데… (머뭇대는 송지
        원을 재촉한다. 임성민을 보며) 뭐 하세요? 얼른 오세요.
임성민   저두요?
선생님   그럼요. (사람 좋은 웃음을 웃는다) 너무 걱정 안 하셔도 돼요. (송지
        원이 들고 있는 음료수 상자 보며) 아유, 이런 건 왜 사오셨어요? 이
        런 거 못 받아요. 아시잖아요. 김영란법.

임성민. 송지원은 뭐가 뭔지 모르겠다만 어쨌거나 잡아 끄는 대로
들어간다.

16. 교실(낮)

학부모 대여섯 명과 선생님인 듯한 사람 서너 명이 우중충한 얼굴로 앉아 있다. 송지원과 임성민이 엉거주춤 자리에 앉는다. 어떻게 된 거야? 임성민과 송지원 서로를 바라보지만 모르긴 매한가지다.

선생님   그럼 다 모였으니까 각자 자기소개부터 하는 걸로 시작하겠습니다. 아버님부터.

학부모1 저는 성대현 아버지 되는 사람입니다. (한숨이 난다) 이런 일로 뵙게 되어 정말 면목이 없습니다.

학부모2 저는 윤소미나 엄맙니다. (뭔가 말을 하려다가 울음이 터지는 바람에 그냥 앉고 만다) …

송지원   (무거운 분위기. 이건 아닌데 싶다) …

선생님   (송지원을 본다. 어서 하라는 듯) …

송지원   (일단 일어난다) 에…… 저는 송지원인데요… (모두의 시선을 느낀다) 잘못 온 거 같습니다. (꾸벅 인사하며 나간다)

임성민   (꾸벅 인사하고 송지원을 따라간다) …

17. 초등학교 복도(낮)

송지원과 임성민이 나온다.

송지원   (임성민을 타박한다) 너 때문이야. 네가 걸늦어서…

임성민   네 머리를 보고 그런 소리를 해라.

(교장)   송지원이?

송지원   (돌아본다) …

교장   (여자다. 중요한 건 아니다. 50대다. 교실에서 나온다) 진짜 송지원?

송지원   예…

교장   세상에… 나 모르겠어?

송지원	(잠깐 생각하다가 생각났다) 아, 5학년 때 담임선생님?
교장	아닌데…
송지원	맞다, 6학년 때…?
교장	아닌데…
송지원	(애매하게) 그럼 4학년?
교장	나 너 담임 한 적 없어. 3학년 때 옆 반이었지. 너가 2반. 내가 3반 담임.
송지원	(모르겠다) 예… (일단 뒤늦게 인사한다) 안녕하세요.
교장	그래, 오랜만이다. (위아래로 훑어본다. 하자가 있나 살피는 것처럼) 근데 학교엔 어쩐 일루?
송지원	아… 그냥 뭣 좀 알아보려고…
교장	(말이 끝나기가 무섭게) 뭘 알아봐? 학교에 알아볼 게 뭐 있어? 뭐 잘못됐어?
송지원	(이 선생님 왜 이래) 아뇨, 그런 건 아니구. 그냥…
교장	(자기도 너무 오버했다는 생각이 든다. 말을 돌리기 위해 옆에 있는 임성민을 보며) 누구? 남자친구?
송지원	남자구 친구긴 하죠.
임성민	(어쨌거나 꾸벅 인사한다) …
교장	(역시 임성민을 위아래로 살피듯 보고는) 잘생겼네. 멀쩡하고…
송지원	(말이 이상하다) …
교장	결혼할 사이?
송지원	에?
임성민	(차라리 먼 하늘을 본다) …
송지원	아이유, 그런 거 아니에요. 아직 졸업도 안 했는데 무슨…
교장	(진심으로 놀란다) 졸업? 너 학생이야? 대학생이 됐어? 네가? 송지원이?
임성민	(얘가 어쨌길래 이러나 싶다) …
교장	세상에… 교직 생활 30년 만에 제일 놀랄 일이다.

임성민	애가 어땠는데요?
교장	아유, 말도 못 해요. 수업시간에 갑자기 소릴 지르지 않나… 화단에서 악어를 봤다고 그러질 않나. 미술실에 커다란 구렁이가 있다고 그러질 않나.
송지원	제가요?
교장	그래, 네가! 그전까진 있는지 없는지도 모르게 조용하던 애가 여름 지나더니 갑자기 변해 갖고는 말도 많아지고 입만 열었다 하면 거짓 말만 하고…
임성민	(송지원을 본다) …
송지원	(고개를 흔든다. 기억이 안 난다. 선생님에게) 그게 3학년 때예요?
교장	그래, 3학년 때. 강 선생님이 얼마나 걱정했다고. 강인영 선생님 기억 나지? 3학년 담임. 강 선생님이 너 이렇게 멀쩡한 걸 얼마나 좋아할 까? 연락처가 있나 모르겠네.
송지원	(자기에 대한 이야기인데 기억이 없으니 난감하다) …
교장	근데 학교엔 무슨 일로 왔다구?
송지원	(자기도 잊고 있었다) 아… 전학 간 친구를 찾으려구요. 문효진이라고… 3학년 때 전학 갔는데… 어느 학교로 갔는지 알 수 있을까 해서요.
교장	문효진? 문효… (혼자 가다가) 따라와.
송지원, 임성민	(따라간다) …

교장 선생님이 행정실로 들어간다.

18. 초등학교 운동장(낮)

송지원과 임성민이 걸어온다.

임성민	얼마나 유명했으면 옆 반 선생님이 다 기억하냐?
송지원	(입 나왔다) 누구보고 말이 많대. 지는…
임성민	문효진이 전학 간 게 3학년 때랬지.
송지원	응, 내 성격이 변한 것도 3학년… 그때 무슨 일이 있었다는 건데… (문을 열며) 가자!
임성민	어딜?
송지원	(당연하잖아) 상덕초등학교! 문효진이 전학 간 데…
임성민	야, 거긴 당진이잖아.
송지원	옥천에서 당진 얼마 안 돼.
임성민	야, 얼마 안 되긴… (차에 탄다)

19. 임성민 차 안(낮)

핸드폰 내비 앱으로 상덕초등학교를 검색했다.

임성민	백 킬로가 넘잖아! 백삼십 킬로.
송지원	글로벌 시대에 백 킬로쯤이야 한 걸음이지…
임성민	그 한 걸음 버스 타고 가라. 그간의 정으로 터미널까진 데려다주마.
송지원	(콧소리 섞는다) 으응, 성민아.
임성민	(슬쩍 보면) …
송지원	(눈 깜박깜박)
임성민	(진심이다) 하지 마라…
송지원	(임성민의 시야로 얼굴 밀고 들어오며 데헷) …
임성민	하지 말라고 했다.
송지원	(꽃받침 하며 회심의 미소를 짓는다) …

20. 초등학교 운동장(낮)

출발하던 임성민의 차가 휘청한다. 임성민의 비명에 가까운 외침.
'야!!'

21. 골목, 벨 에포크 앞(낮)

안예지와 조은이 걸어온다. 안예지가 눈 깜빡깜빡 데헷을 해본다.

조은   (진심이다) 너 진짜 잘한다.

안예지   그까짓 거 뭐. 맘만 먹잖아. 돌부처도 꼬실 수 있어.

조은   근데 왜 남친 안 만들어?

안예지   뭐 하러 만들어? (아무렇지도 않게) 너만 있으면 되는데. (말해놓고
        는) 근데 넌 나만으로는 안 되구… 치, 불공평해. (속상하다. 앞에 벨
        에포크가 보인다) 너 편지 어쩌구 하면서 이사 간다고 할 때 그때 말
        렸어야 되는데… 너 요샌 편지 얘긴 하지도 않더라.

조은   (그렇다) …

안예지   대신 복수해준다며? 복수 안 해?

조은   …할 거야.

안예지   하긴 뭘 해? 하메들이랑 우정이나 쌓고 있으면서! 내가 확 불어버릴
        까 부다. 그럼 넌 다시 나만의 조은이 되는 거잖아. (헤헤 웃다가) 아
        니다. 너 남친 생겼지. 치… 널 독차지할려면 도대체 몇 명을 없애야
        하는 거야.

조은   (그제야 집에 가면 서장훈이 있다는 생각이 난다) 너 여기서 기
        다려.

안예지   왜?

조은   말했잖아. 우리 집, 아무 때나 누구 데려오면 안 된다고… 가방 갖고

올게. 꼼짝 말고 여기 있어.

안예지   (할 수 없지만) 여기? 더운데…

22. 벨 에포크 정원(낮)

조은이 들어온다. 서장훈은 없다. 다행이다. 서둘러 계단을 올라간다.

23. 조은의 방(낮)

조은이 들어온다. 지난번 서장훈을 소개시켜주던 날, 안예지가 놓고 간 가방을 찾자마자 밖으로 나간다.

24. 벨 에포크 정원(낮)

조은이 계단을 내려오는데 서장훈이 자전거를 끌고 들어온다.

조은   야, 너, 얼른 숨…
안예지   (서장훈 뒤에서 얼굴 내민다) 얼른 뭐?
조은   (우뚝 멈춰 선다)
서장훈   더운데 밖에 서 있길래.
조은   아… 그게 벨 에포크 규칙이…
안예지   그 얘기 내가 했는데…
서장훈   (간단하다) 2층만 안 올라가면 되잖아.
안예지   (기분이 좋아졌다) 그렇다는데.

서장훈	뭐 마실래여?
안예지	응, 차가운 거.
서장훈	오케이.
안예지	되게 친절하네.
서장훈	(자전거 세우며) 당연하지. 내 여친의 절친인데…
안예지	(못마땅하다) 치…
조은	(눈만 꿈벅일 뿐이다) …

•점프 》

세 명이 그늘 밑, 혹은 파라솔 의자에 앉았다. 한쪽에 서장훈이 만들다 만 의자가 있다. (의자는 천천히 만들어질 예정이다) 세 사람 다 차가운 음료를 마신다. 조은은 긴장했고. 안예지는 두 사람을 탐색 중이며, 서장훈은 아무 생각 없어 보인다.

안예지	(쪼로록 소리 나게 빨대를 빨고는 마침내) 두 사람, 언제부터 사귀기 시작한 거야?
서장훈	(눈치를 본다) …
조은	(역시 눈치를 본다) …
안예지	뭐야? 왜 눈치를 봐?
서장훈	2주쯤.
조은	(거의 동시에) 일주일…
안예지	예에?
조은	(당황하는데) …
서장훈	내가 먼저 좋아하기 시작했는데, 얘가 안 받아주다가 일주일 전부터 사귀기 시작했다구.
조은	(거짓말이지만 기분이 나쁘진 않다) …
안예지	(안심된다는 투다) 에… 뭐, 얼마 안 됐네.
서장훈	가장 뜨거울 때지.

안예지	(비웃어준다) 치… 우리 은이 어디가 좋았어여?
서장훈	어?
안예지	이 집에 여자가 네 명이나 더 있는데 왜 하필 우리 은이가 좋았냐구?
조은	(안예지에게) 야, 쫌…
서장훈	(조은을 본다) 나의 은이 어디가 좋았냐구?
조은	(왠지 심쿵한다. 표정을 숨기느라 음료를 마시는데) …
서장훈	귀엽잖아.
조은	(사레들린다)
서장훈	(휴지를 찾는데 없다. 자기 옷자락을 당겨준다. 닦으라고)
조은	(옷자락을 잡아당겨 건네는 서장훈의 손을 밀어버린다) …
안예지	(그사이 손으로 조은 턱의 음료를 닦아준다) 뭣 좀 아네. 우리 은이 귀여운 걸 알아채다니.
조은	(뭐냐, 이건…) …
안예지	데이튼 어디서 해?
서장훈	그거야 뭐…
조은	(안예지를 일으킨다) 그만해. 이제 가. 데려다줄게.
안예지	(조은에게 끌려가다가 생각났다) 혹시 집에서 하는 건 아니지?
조은	어?
서장훈	…?
안예지	(조은에게는 설득조로) 절대 안 돼. 알았지. (서장훈에게는 살기를 띠며) 하기만 해봐.
서장훈	(안예지를 데리고 밖으로 나가는 조은을 보다가 중얼댄다) 집에서? (고개를 끄덕인다. 좋은 생각이라는 듯)

25. 벨 에포크 앞 골목(저녁)

조은이 안예지를 데리고 나온다.

안예지	(끌려나오며) 아래층 비었다며? 쟤 혼자 있다며? 절대로 그놈이랑 단둘이 있지 마.
조은	(얘 참) ……
안예지	빨리 대답해.
조은	알았어.
안예지	넌 남자를 너무 몰라.
조은	넌 아냐?
안예지	(그건 그렇다) …

26. 상덕초등학교 운동장(저녁)

시골 학교다. 텅 빈 운동장은 작다. 임성민의 차가 급하게 들어온다. 흙먼지를 일으키며 운동장을 가로질러 건물 앞에 세운다. 차가 멈추자마자 송지원이 뛰어내린다. 송지원은 건물을 향해 뛰어 들어가고, 임성민이 차를 제대로 주차하는 사이, 송지원이 터덜터덜 나온다.

28. 임성민 차 안(저녁)

송지원이 차에 탄다. 임성민이 쳐다보면.

송지원	(불쑥 타박한다) 너 때문이야. 네가 빨리 안 달려서!
임성민	하다하다 이젠 과속 안 했다고 지랄을 하냐?
송지원	지가 언제부터 법을 그렇게 지켰다고. (핸드폰으로 시계를 본다. 5시 4분이다) 4분 지났다고 퇴근을 하냐? 그러니까 공무원 철밥통 소릴

	듣지. (열 받아 말해놓고는 임성민을 슬쩍 본다) 내가 좀 심했지?
임성민	(곧바로) 사과해.
송지원	(카메라를 향해) 제가 욱했습니다. 죄송합니다.
임성민	어쩔겨?
송지원	갔다가 다시 올래? (욱하려는 임성민을 다독이며) 일단 밥부터 먹자. 응, 밥! 밥이다, 밥!

28. 구내식당(밤)

한유경, 송경아, 정예은이 밥을 먹는다.

정예은	0명? 0명이면 몇 명이라는 거야? 한 명이야. 아홉 명이야?
송경아	지들 맘대로 뽑겠다는 거지.
한유경	(계속 머리를 매만진다) …
정예은	왜? 머리 아퍼?
한유경	(머리에서 손을 뗀다) 아니야.
송경아	(뭐라고 하려는데) 사실 유경이…
정예은	(어딘가를 보며 혼잣말한다) 쟤 뭐야?

송경아와 한유경이 정예은의 시선을 따라간다. 떨어진 곳, 권호창이
혼자 밥을 먹으며 이쪽을 보고 있다가 세 명이 돌아보자 황급히 시
선을 돌린다. 그래놓고는 다시 흘깃 본다.

송경아	쟤 걔 아냐? 핸드폰 번호 따간 애? 왜, 잘 안 됐어?
정예은	됐어. 내 과 아니야.
송경아	(슬쩍 돌아본다) 하긴 너 야한 남자 좋아하지?
정예은	내가 뭘? (하다가 시간을 확인한다) 빨리 먹어야겠다.

정예은이 서두르자 한유경도 시계를 확인하고는 서두른다. 송경아
는 살짝 한숨을 쉰다.

29. 골목, 벨 에포크 앞(밤)

송경아, 한유경이 정예은을 데려다준다. 정예은이 서둘러 인사하고,
서둘러 안으로 들어간다. 송경아, 한유경이 돌아선다.

30. 거실(밤)

정예은이 신발을 걷어차듯이 벗고, 안으로 들어온다. 소파에 누워
있던 조은이 정예은을 본다. 유은재는 식탁에 앉아 노트북을 보며
공부 중인 듯. 다급한 정예은을 슬쩍 보고 원래 하던 일로 돌아간다.

정예은	(핸드폰으로 시계를 확인하면 8시 59분이다. 마스카라를 떼고 립스틱을 지우는데… 영상통화로 전화가 온다. 엄마다. 느긋함을 가장한다) 예, 엄마… 집이죠… 그럼요. 아까 들어왔어요. 여덟 시쯤? …예, 별일 없어요. …예, 들어가세요. (전화를 끊고는 조은을 슬쩍 본다)
조은	(얼른 시선을 돌린다) …
정예은	(안도하며 방으로 들어간다) …

조은이 일어나 냉장고 쪽으로 간다. 뭘 그렇게 열심히 보나 유은재
어깨 너머로 노트북을 본다. 유은재가 보는 건 '애교 모음 동영상'쯤
되겠다. 간혹 따라하기도 하다가 조은과 눈이 마주친다.

유은재	왜?

조은　　　연애도 참 학구적으로 한다 싶어서…

31. 들판(밤)

차가 서 있다. 차가 들썩거린다. 찰싹찰싹 소리. 아우… 아우… 송지원의 목소리.

(임성민)　아, 쫌… 참어.
(송지원)　안 돼. 더 이상은 안 되겠어.

실내등이 켜진다.

32. 임성민 차 안(밤)

송지원　(팔뚝을 보여준다) 나 모기 물린 것 봐. 이게 몇 방이야?
임성민　난 얼마 안 물렸는데…
송지원　그럼 나만 문 거야? 이런 개 같은 모기들.
임성민　그냥 자. 모기가 빨아봤자 얼마나 빤다구.
송지원　모텔 가자, 응… 나 씻고 싶어.
임성민　안 돼. 돈 없어.
송지원　나 5만 원 있어.
임성민　그래도 안 돼.
송지원　(한 손 올린다) 안 덮칠게. 맹세해.
임성민　(의심스럽다는 듯 본다) 나랑 단둘이 모텔 갔다고 소문 내고 그러는 거 아니지?
송지원　(다른 손 올린다) 절대로.

33. 모텔 방(밤)

모텔 주인이 방문을 열어준다. 수건 두 장을 건네며.

주인   좋은 시간 되십시오,

송지원, 임성민, 일단 인사는 한다. 모텔 주인이 문 닫고 퇴장하자마자.

송지원   (응큼하게) 무슨 의밀까?
임성민   (됐다) 너 먼저 씻을래?
송지원   (황홀해진다. 눈 감으며) 흐흥… 한 번 더 말해줄래?
임성민   뭐…?
송지원   (황홀하게 되뇌인다) 너 먼저 씻을래? 내가 먼저 씻을까? 얼마나 듣고 싶었던 말이런가? (스윽 돌아보며) 너 놈의 시키한테 들으니까 아아아무 감흥이 없구나. (수건 들고 욕실 안으로 들어간다) …

물소리 들린다. 임성민은 듣고 있기 무안하다. 밖으로 나간다.

34. 모텔 복도(밤)

임성민이 편의점 봉투를 들고 온다. 열쇠로 열고 안으로 들어간다.

35. 모텔(밤)

머리를 말리던 송지원이 돌아본다.

송지원	어디 갔었어? 너 혼자 맛있는 거 먹고 왔지? (하다가 맥주를 보고는 임성민 엉덩이를 툭툭 쳐준다) 우이구, 기특한 것. (맥주를 따며 침대에 걸터앉는다) 지금까지 있었던 일을 정리해보면⋯ (베개를 두 개 겹쳐 눕기 편하게 하면서) 문효진은 3학년 여름방학 전에 전학을 갔어. 미술 선생님과의 이상한 소문이 전학의 이유인지 아닌지는 아직 몰라. 어쨌거나 당진은 문효진 외갓집이라는 걸 볼 때. (누우려고 하는데)
임성민	(베개를 확 빼버린다) 어딜 누워?
송지원	왜?
임성민	밑에서 자.
송지원	내가?
임성민	내가 운전했잖아.
송지원	어야, 안 돼. 난 몸뚱이가 귀족적이라 방바닥에선 못 자.
임성민	내가 누구 땜에 이 고생인데.
송지원	(가위바위보하려고 손 올리며) 단판.
임성민	됐다고.
송지원	안 내면 지는 거! 가위바위보!
임성민	(얼떨결에 낸다)

단판에 임성민 이긴다. 송지원이 침대에 찰싹 붙는다.

송지원	안 돼. 못 내려가.
임성민	(끌어내린다) 내려와. 빨리⋯
송지원	그럼 같이 자. 그럼 되잖아. 침대 넓은데 뭐? 안 그래? (자기 옆을 탁탁 두드린다) 우리⋯ 오랜만에 함께 누워볼까, 으응? (그리고 씨익 웃는다. 그러면 포기하겠지 싶다)
임성민	좋아. 그러지 뭐.
송지원	(엥?)

임성민	(홱 하더니 송지원을 덮칠 듯 위에서 내려다본다)
송지원	(아직은 웃는다) 하하…
임성민	그거 알아? 너 가끔 선을 넘는다 싶을 때가 있어. (송지원에게 다가 간다) …
송지원	(꼼짝도 못 한다) …
임성민	(마지막 순간에 홱 돌더니 송지원을 밀어버린다) …
송지원	(꼼짝도 못 하고 바닥으로 떨어진다) …
임성민	(낄낄대며 이불을 끌어안고 침대에 대자로 눕는다) …
송지원	(그제야 정신 차린다) 너 이 나쁜 놈의 시키… 너 고자… (임성민이 던진 베개가 송지원의 얼굴에 맞는다) …

• **점프** 》

바닥에 송지원이 쌔쌔 잠들었다. 침대의 임성민이 송지원을 바라본다. 그는 잠이 오지 않는다.

36. 벨 에포크 정원(아침)

서장훈이 나무를 자른다. 모기가 문다. 허리가 가렵다. 목장갑을 끼고 있어서 비비적거릴 뿐 긁을 수가 없다. 정예은과 유은재가 나온다. 서로 인사하고 사라진다. 잠시 후 조은이 내려온다.

서장훈	(비비적대다가) 너 잘 왔다.
조은	왜?
서장훈	(허리를 내민다) 여기 좀 긁어봐.
조은	(기겁을 한다) 싫어!!
서장훈	(더 들이밀며) 아, 왜? 좀 긁어줘.
조은	(저만치 떨어지며) 왜 이래? 징그럽게…

서장훈	맨날 징그럽대.
조은	(퉁퉁대다가) 오늘 낮에 뭐 해?
서장훈	왜?
조은	(부탁하는 입장이라 말소리가 줄어든다) 예지가 좀 보재.
서장훈	예지가? 왜?
조은	너에 대해서 좀 더 알아야겠대.
서장훈	나 바쁜데…
조은	바쁘긴 맨날 낮잠만 자면서…
서장훈	어떻게 알았지? 나 낮잠 자는 거. 남몰래 훔쳐보고 있었던 게야? (킬킬 웃는다)
조은	뭐래는 거야?
서장훈	(허리 내밀며) 긁어주면 가줄게.
조은	(싫은데… 인상 쓰며 본다. 손가락 끝으로 간신히 두어 번 긁는다) 됐지?
서장훈	야아…
조은	(2층으로 도망간다) …

37. 시골 초등학교(아침)

상덕초등학교다. 빈 운동장에 임성민의 차가 도착한다. 송지원은 운동장을 가로질러 학교로 향하고, 임성민은 스트레칭을 한다.

38. 상덕초등학교 행정실(아침)

송지원이 행정실 문을 빼꼼 열고 들어온다.

송지원	(싹싹하다) 안녕하십니까? 안녕하세요.

직원들이 송지원을 바라본다.

송지원	(인상 좋게 웃는다) 저 뭣 좀 물어볼 게 있어서 왔는데요.

• 점프 》

깐깐 직원	(곧바로) 안 됩니다.
송지원	왜요?
깐깐 직원	개인정보보호법에 의해 학생의 주소, 연락처는 알려줄 수 없습니다.
송지원	저 친구라니까요.
깐깐 직원	친구가 아니라 가족이 와도 본인의 허락 없이는 알려줄 수 없습니다.
송지원	(앙탈한다) 전에 학교는 알려주던데요?
깐깐 직원	(적으려는 듯) 그 학교 이름이 뭡니까? 알려준 직원 이름은요?
송지원	(사정 모드로 돌변한다) 알죠. 개인정보보호. 아는데요. 저 이상한 사람 아니에요. 여기 제 신분증이구요. 보시면 알겠지만 살짝 명문대…
깐깐 직원	(신분증 따위 보지 않고 뭔가 서류를 들고 자리를 뜬다) 본인의 허락을 받아 오십시오.
송지원	(버럭) 아, 본인의 허락을 받을 수 있으면 내가 여길 왜 와요? 바보예요?
깐깐 직원	(스윽 본다)
송지원	(딴 데 본다) …
깐깐 직원	(복도로 나간다) …
송지원	(쫓아간다) 나 효진이랑 진짜 친했어요. 같이 찍은 사진도 있구요.

행정실장 쯤, 나이 든 직원이 송지원을 슬쩍 본다.

39. 상덕초등학교 복도(아침)

송지원　　(깐깐 직원을 쫓아간다) 그냥 한 번 보고 싶어서 그래요. 선생님은 친구 없어요? 보고 싶은 친구 있을 거잖아요.

깐깐 직원　없습니다.

송지원　　왕따였구만.

깐깐 직원　(멈칫한다. 잠깐 창밖을 보는 옆모습에 왠지 슬픔이…) …

송지원　　(정곡이었나) …선생님?!

깐깐 직원　(다시 원래로 돌아온다. 복도를 걸어가며) 안 됩니다.

송지원　　(조르며 쫓아간다) 선생님…

40. 총무부 앞 복도(낮)

윤진명이 A4용지 등 사무실에서 필요한 비품을 들고 나온다. 모퉁이를 돌자 음악 소리가 들린다. 연습실이다. 유리창 너머 하필, 아스가르드가 춤 연습 중이다. 윤진명이 아스가르드를 바라보며 어제 엘리베이터에서 들었던 말을 떠올린다.

　　　　•인서트 – 엘리베이터 ≫

홍자은　　다들 꿈을 꾸며 여기 오잖아요.

조팀장　　그렇긴 한데…

홍자은　　애네들 앞으로 어떡하나? 청춘을 다 바쳤는데… (한숨 쉰다) 진작 뀐두지.

조팀장　　쬠만 하면 뭐가 될 줄 알았겠지. 우리 회사 오디션에 붙을 정도면 동네에선 날고 긴다는 소릴 들었을 테구… 재능이 있긴 있는데 어정쩡한 재능인 거구. 어정쩡한 재능은 저주인 거구.

홍자은　　그치만 가끔 재능 없는 애들도 빵 뜨고 그러잖아요.

| 조팀장 | 뭐, 천에 한 명 그런 애들이 있긴 있는데 그런 행운을 바라고 인생을 계획할 수는 없잖아? |

윤진명이 일곱 명 중에 혜임달을 찾는다. 연습할 때의 혜임달은 진지하다. 땀을 뚝뚝 흘리며 군무를 춘다.

41. 연습실(낮)

혜임달이 춤을 추다가 막 돌아서는 윤진명을 발견한다.

42. 오앤박 복도(낮)

혜임달이 복도를 내다본다. 윤진명이 양손 가득 짐을 들고 가는데, 어깨가 축 처져 있다.

| (발두르) | 임달아! |
| 혜임달 | 어, 가! (대답 먼저 하고 좀 더 지켜보다가 돌아선다) … |

43. 상덕초등학교 운동장(낮)

초등학교 아이들이 체육을 하고 있다 뜀틀쯤 하고 있으면 좋겠다. 임성민이 그늘에 앉아 아이들 뜀틀을 구경한다. 지루하고 졸리다.

44. 상덕초등학교 행정실(낮)

그냥 일반적인 행정실 풍경인데…

(송지원)   (느닷없이) 보고 싶다, 친구야!

행정실장이 쳐다본다. 구석자리. 송지원이 앉아 있다.

송지원   어디 있니, 친구야!

깐깐 직원은 전혀 동요하지 않는다. 포커페이스로 자기 할 일만 한다.

45. 조은의 방(낮)

조은이 들어온다. 막 세수를 했나 보다. 스킨, 로션만 바르고, 옷장을 연다. 갑자기 꽃무늬 블라우스를 입지는 않지만, 평소보다는 여성스러운 옷이다. 거울을 본다. 머리도 살짝 변화를 줬다. 앞머리를 가지런히 붙이고 귀밑머리를 넘긴 것만으로도 상당히 여성스러워졌다.

46. 벨 에포크 정원(낮)

서장훈이 기다리고 있다. 평소와 똑같다. 조은이 내려온다.

서장훈   넌 데이트룩이 그게 뭐냐?

좀 전의 변화되었던 조은이 아니다. 머리도 옷도 평소 그대로다.

조은	지는…

서장훈이 일어서는데, 어랏! 눈높이가 평소보다 높다. 서장훈 신발을 본다…

서장훈	(왠지 민망해서) 뭐?
(안예지)	안녕! 준비됐어?

안예지가 다가온다. 늘 그렇지만 오늘의 안예지는 더 이쁘다.

안예지	(조은을 쓰윽 보고는) 다행이다.
조은	뭐가?
안예지	(농담처럼) 데이트 한다고 이쁘게 하고 나오면 죽여버릴라 그랬는데…
서장훈	(혼잣말한다) 살벌해라.
안예지	(조은의 팔짱을 낀다) 가자.
조은	어디 가는데?
서장훈	(조은의 한쪽 옆에 선다) …
조은	(서장훈과 조은의 사이로 굳이 자리를 옮기며 조은의 팔짱을 낀다) 가보면 알아.

47. 워터파크(낮)

맨발의 서장훈과 조은, 눈높이가 평소대로 돌아왔다.

조은	(피식 웃는다) …
서장훈	(짜증 낸다) 뭐어? (등짝을 얻어맞는다) …

| 안예지 | (서장훈 등짝을 때렸다) 왜 소리 질러? 우리 은이한테! |

서장훈 뭐라고 한 마디 해주려다가 안예지의 귀엽고 깜찍한 비키니를 슬쩍 본다. 은근 글래머일 수도 있다. 조은은 래시가드와 반바지를 입어 수영복이라고 할 수도 없다.

•점프 ≫
세 명이 물놀이를 즐긴다. 조은은 키에 비해 운동신경이 별루다. 안예지와 서장훈은 운동신경이 좋다. 조은이 사이드로 나온다. 파라솔 의자에 앉는다. 물에 떠 있는 안예지와 서장훈을 본다. 안예지가 물놀이용 에어매트 위에 배 깔고 누워 서장훈과 이야기 중이다. 둘은 굉장히 잘 어울린다. 조은은 살짝 질투를 느낀다.

•점프 ≫
안예지와 서장훈이 있는 곳.

안예지	군대 간다며? 언제 가?
서장훈	10월에…
안예지	(되게 좋아한다) 얼마 안 남았네…
서장훈	내가 군대 가면 뭐?
안예지	헤어지라고 해야지.
서장훈	(두 손으로 물을 움켜쥐었다가 찍 하고 쏜다) …
안예지	은이 아빠 얘기 들었어?
서장훈	…?
안예지	(기분 좋아진다) 아직 못 들었구나. 흐응, 아직 그 정도 사이란 거네. 난 다 알고 있는데…
서장훈	그거 모르는구나. 여자는 남자한테 좋은 모습만 보여주고 싶어해. 연애 안 해봤어?

안예지가 서장훈의 머리를 두 손으로 물속에 짓누른다. 서장훈이 아푸푸거리다가 안예지가 탄 에어매트를 뒤집어엎는다. 엎치락뒤치락. 조은의 눈에도 다른 사람의 눈에도 연인들의 행동 같다. 조은은 왠지 서글퍼진다.

48. 강의실(낮)

강의 중이다. 황우섭이 윤종열을 툭 친다. 강의에 집중하고 있던 윤종열이 쳐다보면 황우섭이 어딘가를 눈짓한다. 유은재가 턱을 고인 채 자기를 보고 있다가 윤종열과 눈이 마주치자 눈을 꿈벅거리더니 혀를 내민다. 뭐지? 다시 보면. 또다시 눈을 꿈벅꿈벅거린다. 윤종열이 강의에 집중하려고 노력하지만… 뭐지 싶다. 고개를 갸웃한다.

• 점프 》
강의가 끝났다. 학생들이 밖으로 나간다. 유은재도 가방을 싸는데 윤종열이 쭈뼛거리며 다가온다. 다른 학생들을 의식하면서… 유은재, 남몰래 미소 짓는다. 걸렸구나.

윤종열	저기…
유은재	(기다렸다) 예!
윤종열	(뭔가를 건넨다) 이거.
유은재	(일단 받는다. 일회용 눈물이다) …?
윤종열	심한 거 같은데… 병원 가봐.
유은재	(이게 아닌데) …예.

윤종열은 강의실을 나가버리고. 유은재는 마음대로 되는 일이 없구나, 창밖을 본다.

49. 상덕초등학교 행정실(저녁)

창밖 그림자가 길어진다. 행정실 직원들이 퇴근 준비를 한다. '퇴근하겠습니다' '내일 뵙겠습니다' 구석에 쭈그리고 앉아 있던 송지원이 고양이 눈으로 쳐다보지만, 깐깐 직원은 쳐다보지도 않고 가버린다.

막내직원 (곤란하다) 저, 문 잠가야 되는데…

송지원 (할 수 없다) …

50. 상덕초등학교 건물 현관 앞(저녁)

송지원이 터덜터덜 걸어 나온다. 내빈용 슬리퍼를 신발장에 툭툭 차 넣는데 그마저도 빗나간다. 우씨… 몸을 흔들며 슬리퍼를 신발장에 집어넣는데…

행정실장 (뜬금없이) 우리 손녀딸은 이름이 조최서아예요. 며느리 성씨가 최씨거든. 이러거나 저러거나 지들이 좋다니까 그러려니 하는데… (자기 얘기를 듣고 있나 슬쩍 본다) 엄마 성씨가 두 자면 어떻게 되나…

송지원 (뜬금없기는… 가뜩이나 되는 일 없는데) …

행정실장 만약에 우리 며느리 성씨가 선우 씨여봐. 조선우서아? 이상하잖아. 문남궁효진! 이상해…

송지원 효진이 엄마가 남궁이에요?

행정실장 그거야 난 모르는 일이구… 우리 마을에도 남궁 씨가 있는 것 같은데…

송지원 (진심을 담아) 고맙습니다.

행정실장 뭐가요? 난 아무 말도 안 했는데…

송지원 그러니깐요.

51. 상덕초등학교 운동장 (저녁)

축구 골대 옆에 아이들 책가방이 쌓여 있다. 임성민이 아이들과 축구를 하고 있다. 아이들을 제치고 슛 해놓고 골인이라고 좋아한다.

송지원	(달려오며) 임성민!
임성민	(다가온다) 봤냐? 호날두킥. (호날두 자세 취한다)
송지원	됐고… 남궁 씨를 찾아야 돼. 문효진 엄마 성이 남궁이야.
임성민	(뭔 소리야) …
송지원	남궁, 남궁… 남궁 씨를 어떻게 찾지? 마을 회관으로 가야 되나? …

아이들이 어느 새 임성민 주위에 모여 들었다.

꼬마아이	얘도 남궁인데. 남궁철…
송지원	(관심 없다) 알았으니까 저리 가서 놀아. 마을 이장이나 부녀회장 이런 사람을 찾는 게 빠르겠지. (어린이들에게) 야, 너네 이장님 댁 알어?
아이들	(목소리 맞춰) 아녀.
송지원	(혼잣말한다) 쓸모없는 어린것들.
아이들	(자기들끼리) 얘가 남궁인데. 그치?
송지원	(임성민한테) 일단 출발하자. 만나는 사람 붙들고 남궁 씨 아냐고 물어보지 뭐. 김 씨 이 씨 아닌 게 어디야. 그치?
꼬마아이	(송지원 옷자락을 잡아당긴다) 얘도 남궁철이에요.
송지원	(급하다) 그래, 알았어. 그래서 어쩌라구? 얘가 남궁철이면 (하던 말 그대로) 감사합니다지. (남궁철이라는 꼬마에게 다정하게) 너가 남궁철이야?
남궁철	(고개를 끄덕인다) …
송지원	그럼 너네 아빠도 남궁이겠네.

남궁철	네… 할아버지두요.
송지원	그럼 그래야지. 안 그럼 큰일이게. 암… 너네 집 어디야? 너네 집 가자. 차 타고 가자. 좋지?
남궁철	(고개를 흔든다)
송지원	왜?
남궁철	선생님이 모르는 사람 차 타지 말랬어요.
송지원	이런 망할… (작은 소리로) 안전교육…
임성민	(킬킬 웃는다) …
송지원	어떻게 좀 해봐.
임성민	(내가 뭘) …

52. 시골길(저녁)

남궁철이 시골길을 걸어간다. 풀을 뽑아 휙휙 돌리다가 뒤를 돌아본다. 임성민의 차가 아이 뒤를 쫓아간다. 송지원이 손을 흔든다.

53. 시골집 마당(저녁)

남궁철이 집으로 뛰어 들어간다. 임성민과 송지원이 차에서 내렸을 때는 남궁철이 할머니 손을 잡고 나오고 있다. 할머니 성질이 장난 아니게 생겼다. 남궁철이 송지원, 임성민을 가리킨다.

할머니	(송지원과 임성민을 위아래로 훑어본다) …
송지원	(붙임성 있게 인사한다) 안녕하세요.
할머니	(인사도 받지 않는다. 말투가 싸우자는 투다) 누군디?
송지원	아, 저는… 송지원이라고… 학보사 기자… 그러니까 대학신문 기잔

데요. (명함을 건넨다)

할머니 (받는다) 기자여? 어디 기자여?

송지원 그러니까 진짜 기자는 아니구요. 대학생 기자…

할머니 기자라는 거여. 아니라는 거여?

송지원 …

할머니 그래서 그게 뭐 어쨌다구?

송지원 문효진이라고 아세요?

할머니 (눈이 더 가늘어진다) …

송지원 문효진 엄마 성이 남궁인데… 혹시 아는 사인가 싶어서… (할머니 눈빛이 무섭다. 어린애를 가리킨다) 쟤가 남궁철이라길래 혹시나 해서.

할머니 (불쑥) 빌어먹을…

송지원 (움찔해서 자기도 모르게 임성민 옆으로 붙는다) …

할머니 그래서 효진이 그게 어떻게 됐는디? 사고 쳤어? 그래도 우린 그것하고는 아무 상관없어. 자식도 다 크면 남인디 조카가 무슨… 중학교 때 집 나간 것하고 우리하고 무슨 상관이 있다고?

송지원 집을 나가요? 왜요?

할머니 알 게 뭐여. 지 엄마 죽고 한동안 입 쭉 내밀구 다니더니 나가버렸어.

송지원 엄마가 죽었어요? 왜요?

할머니 살기 싫으니께 죽었지 뭐… (침을 돋워 뱉더니) 효진이가 뭘 어쨌건 우리하고는 아아무 상관없으니께 그런 줄 알어요.

송지원 아뇨. 뭘 어쩌겠다는 게 아니라… 주소만 알려주세요.

할머니 중학교 때 집 나간 년 주소를 어떻게 알어? 얘기를 들은 거여, 먹은 거여? (손자를 데리고 들어간다) 들어가. 들어가서 밥 처먹어.

남궁철이 마지막까지 두 사람을 돌아본다. 시골집 마당에 두 사람만 남았다. 해가 저문다.

54. 오앤박 화장실(저녁)

윤진명이 탕비실 오물을 버리고, 컵과 스푼을 닦는다.

55. 오앤박 복도(저녁)

복도로 들어오는 해가 저문다. 적당한 곳 복도에 오앤박의 아티스트들 사진이 붙어 있다. 구석 쪽에 아스가르드의 사진도 있다. 지금보다 5년쯤 젊은 사진. 꿈과 희망으로 반짝이던 데뷔 앨범의 사진일지도 모른다. 일곱 명 중 가장 주목받지 않는 자리, 뒷줄 왼쪽에 헤임달의 얼굴도 보인다. 윤진명이 닦은 컵과 스푼 등을 들고 그 앞을 지나친다.

56. 사무실(저녁)

윤진명이 들어온다. 홍자은이 퇴근 준비를 한다.

홍자은   좀 전에 전화 왔었는데… (가리키며) 메모해놨어요.
윤진명   (책상에 붙어 있는 포스트잇을 본다)
홍자은   근데 일오 누나가 뭐야?

메모에는 '일오 누나. 옥상 7시'

57. 오앤박 옥상(저녁)

혜임달이 적당한 곳에 앉아 아래를 내려다본다. 윤진명이 그 뒷모습을 보다가 걸어온다. 혜임달이 돌아선다.

윤진명 (숨기는 게 있어서 마음이 편치 않다) 왜요?

혜임달 왜는 무슨? 연예인이랑 팬이 만나는데… 뭐, 그냥 팬미팅 같은 거죠.

윤진명 (이제 그러려니 한다) …

혜임달 (슬쩍) 뭐 힘든 일 있어요?

윤진명 예?

혜임달 (자기가 대답한다) 하긴 쉬운 게 어딨어? 먹고 사는 건 다 힘들지. 안 그래요? 그렇다고 인턴이 축 처져 갖고 걸어 다니면 되겠어요? 대표님이라도 보면 어쩔라구. (어깨로 툭 치며) 뭔지 모르지만 힘내요.

윤진명 …

혜임달 나도 9년 동안 진짜 힘든 일 많았거든요. 드럽고 치사하고. 그때마다 여기 와서 아아아아!! (소리 지르고 얼른 쭈그리고 앉는다) …

• 인서트 》
밑에 지나가던 사람들이 소리나는 곳을 본다.

윤진명 (사람들의 시선이 향하자 얼른 주저앉는다)

혜임달 원래 이런 건 32층 옥상에서 해야 폼이 나는데… 그런덴 문이 잠겨 있어서… (밑을 확인한다. 사람들의 시선이 흩어졌다. 일어난다) … 이건 1호 팬한테만 특별히 해주는 얘긴데. 나 데뷔하고 첫 무대 망쳤을 때… 그땐 진짜 속상해서 확 죽어버릴까 그런 생각도 했거든요. (걱정 말라는 듯) 아, 아주 살짝 잠깐… 근데 그때 죽어봤자 〈연예가중계〉엔 안 나올 거 같더라구. 그래서 안 죽었어요. 억울하잖아. 죽었는데 아무도 모르면. (혼자 낄낄댄다) 나중에 성공하면 이 얘기 할 거예요. 예능 프로 나가서. 그때 누나 얘기도 할게요.

윤진명 진짜… 성공할 거라 생각해요?

헤임달	또, 또 그런다. 누난 왜 그렇게 부정적이에요? 무슨 팬이 그래? 걱정 말아요. 반드시 성공하니까… 내가 아직 성공 못 한 건 노력이 부족해서예요. (뭔가 깨달은 듯 갑자기 조그만 수첩을 꺼내서 적는다)
윤진명	(너 뭐 하니)?
헤임달	이 말 멋있죠? '내가 아직 성공 못 한 건 노력이 부족해서다…' 나중에 인터뷰할 때 써먹어야지. (수첩 들어 보이며) 내 명언집인데요… '꿈이 없으면 인간은 아무것도 아니다' 또… '꿈꾸는 사람은 늙지 않는다' 또…
윤진명	(헤임달을 보고 있기가 괴롭다. 외면한다) …
헤임달	그만 가야겠다. (부른다) 누나!
윤진명	(보면) …
헤임달	(막대사탕 하나를 내민다) 이거 먹고 힘내요.
윤진명	(얼떨결에 받는다) …
헤임달	(가다가 돌아서서 특유의 포즈 해 보이며) 파이팅, 1호 팬!
윤진명	(막대사탕을 바라본다) …

58. 떡볶이 집(밤)

조은이 테이블에 앉아 샐러드바를 바라본다. 서장훈과 안예지가 연인처럼 티격태격한다. 서장훈이 접시를 들고 있고, 안예지가 이것저것 집어 담는다. 많다.

서장훈	이걸 다 먹어?
안예지	물놀이 했잖아. 됐다. (하다가) 잠깐만… (뭔가 더 집어넣으며) 은이 좋아하는 거.

• 점프 - 테이블 ≫

서장훈	(마지막으로 젓가락을 내려놓으며) 아, 잘 먹었다.
안예지	(서장훈 앞으로 계산서 밀며) 잘 먹었어.
서장훈	(엥? 조은을 본다) …
안예지	(조은을 잡아끈다) 화장실 가자.
조은	응?
안예지	(조은 손을 잡고 화장실로 간다) …
서장훈	(순순히 끌려가는 조은을 본다. 억울하다. 할 수 없이 계산서를 집어 든다)

59. 버스 정거장(밤)

안예지의 버스가 온다.

안예지	(버스 타기 전에 서장훈에게 인상 팍 쓰며) 제대로 잘 데려다줘.
서장훈	데려다주기 싫어도 같은 집이야.
안예지	(조은에게는 애교 부리듯) 조심히 들어가. 전화할게.
조은	응…

버스에 탄 안예지가 창 너머로 손을 흔든다. 오직 조은을 보면서…
두 사람만 남았다.

서장훈	(스윽 본다) 약속이 틀리잖아.
조은	뭐가?
서장훈	밥값!
조은	거참, 시끄럽게… 얼만데?
서장훈	42,500원.
조은	(지갑에서 돈을 꺼내려는데) …

서장훈	(조은의 손을 잡는다) 발끈하기는… 나중에 밥 사. 32,500원어치. 분할도 돼.
조은	쪼잔해 갖고… (불쑥) 예지… 다시 보니까 되게 귀엽지?
서장훈	(본다) …
조은	(딴청 피우듯) 그때 그냥 소개받았으면 좋았을걸 싶지? (슬쩍 본다)
서장훈	(조은을 물끄러미 보고 있다) …
조은	(놀리듯 웃으며) 안됐네요. 이상하게 꼬여버려서 그 가능성은 날아갔네요. 그러게 왜 그런 짓을 했어?
서장훈	(불쑥) 너도 귀여워.
조은	(자기도 모르게 서장훈을 봤다가 당황해서 얼른 고개를 돌린다. 화난 사람 같다)
서장훈	왜?

버스가 온다. 조은이 버스에 탄다.

60. 버스 안(밤)

서장훈이 조은 옆에 선다.

서장훈	화났냐?
조은	아니.
서장훈	화난 거 같은데…
조은	…
서장훈	(마침 자리가 난다) 앉어.
조은	됐어.
서장훈	앉으라구…

그사이 다른 사람이 앉는다. 서장훈이 인상을 팍 쓴다. 조은이 '뭐' 하듯 삐죽댄다. 잠시 후 조은이 서장훈을 본다. 서장훈은 창밖을 본다. 조은은 아련한 통증을 느낀다.

61. 도서관 1층(밤)

정예은이 한유경, 송경아를 기다린다. 들어오던 권호창과 눈이 마주친다. 권호창이 정예은을 흘깃거린다. 정예은도 권호창이 신경 쓰인다. 권호창은 가던 길도 안 가고 눈에 띄게 밍기적거린다. 한유경과 송경아가 온다.

한유경	미안, 오래 기다렸어? 뒷정리하는 데 시간이 좀 걸려서…
정예은	괜찮아.
송경아	쟤 또 저긴다.
정예은	어… 아까부터…
송경아	쟤 왜 저런대? 내가 한마디 해줄까?
정예은	(어쩔까 고민하다가) 잠깐만… (권호창에게 간다. 심호흡한다) 사람 왜 그렇게 봐요?
권호창	(정예은이 다가오자 시선을 어디다 둘지 몰라 하며) 예? 안 봤는데…
정예은	(상대가 약해 보이자 강해진다) 봤잖아요?
권호창	(더욱 주저하며) …
정예은	나한테 뭐 할 말 있어요?
권호창	(슬쩍 정예은을 볼 뿐) …
정예은	(말하면서 점점 자신감이 붙는다) 지난번에 내가 심했다면 미안한데요. 그렇다고 사람 그렇게 기분 나쁘게 보면 안 되죠. (돌아서는데)

권호창	저기요… 조심해요.
정예은	…
권호창	(정예은과 눈이 마주치자 다른 데를 보듯) 그러니까 밤길 조심하고… (힐끗 본다) 외진 데 가지 말고… (힐긋) 혼자 다니지 말고… (꾸벅 인사하고 가버린다)
정예은	(그 말의 뜻을 알 수가 없다)
송경아	(정예은에게 다가오며 박수친다) 오오… 정예은! (한유경 보며) 얘 완전 회복했는데…!
한유경	(조용히 웃으며) 그러게… 괜찮아?
정예은	(일단은 자신이 이룬 작은 성과를 기뻐하기로 한다) 어, 심장은 뛰는데… 괜찮아.

62. 캠퍼스(밤)

정예은, 한유경, 송경아가 걸어온다. 정예은이 뛰는 가슴을 진정시키기 위해 가슴에 손을 얹고 숨을 깊이 내쉰다.

송경아	아, 다행이다. 나 슬슬 한계였거든. 너 보호자 노릇하는 거.
정예은	지가 한 게 뭐가 있다고. 유경이가 다 했지.
송경아	그건 그래.
한유경	그래도 조심해. 저번에도 나아지다가 나빠졌잖아.

바람이 분다. 한유경 머리가 바람에 날린다.

정예은	(뭔가 봤다) 너 머리 왜 그래?
한유경	(얼른 머리를 감추며) 아무것도 아니야.
정예은	아무것도 아닌 게 아닌데… (머리카락을 헤치려 한다) 이렇게 해봐.

한유경	(피한다) 아니야…
정예은	(송경아에게) 쟤 머리 봤어?
송경아	그걸 이제 봤냐? 원형탈모 생긴 지 한 달도 넘었는데…
정예은	진짜? 왜 말 안 했어? 병원 가봤어?
한유경	가봐야 스트레스지 뭐…
정예은	(걱정스럽다) 흐응, 어떡하냐? 약은 먹고 있어?
한유경	어 …
정예은	(핸드폰으로 검색하며) 원형탈모에 좋은 게 뭐가 있지…

세 명이 걸어간다.

63. 도로(밤)

차가 달린다.

64. 임성민 차 안(밤)

송지원이 조용하다. 송지원은 어린 시절 문효진과 함께 찍은 사진을 본다. 임성민이 송지원을 흘깃 본다. 조용한 송지원은 적응이 안된다.

임성민	자?
송지원	아니.
임성민	뭐라고 좀 주절거려봐. 심심하잖아.
송지원	(침묵을 덜어내기 위해 한숨을 쉰다. 가볍게) 더는 찾을 방법이 없겠지?

임성민	뭐, 흥신소를 고용하지 않고서야…
송지원	(장난스럽게) 예쁜 구두의 비밀은 이렇게 묻히는 건가요. 영원히!
임성민	예쁜 구두… 진짜 구두가 예뻐서 그런 걸 수도 있잖아.
송지원	그렇지.
송지원	예쁜 구두라고 말한 그 기억 자체가 왜곡된 걸 수도 있구.
송지원	그럴 수도 있구…
임성민	진짜 기억해야 되는 거면 기억하고 있을 거야. 잊어버려.
송지원	잊어라. 레드썬. (자신을 향해 최면을 걸듯 손가락을 튕기면서 잠깐 기절했다가 깨어나는 시늉한다. 라디오에서 흘러나오는 노래에 맞춰 흥얼거리며 창밖을 본다. 창밖이 어둡다. 송지원 노랫소리는 점점 작아지고. 표정은 점점 어두워진다. 문득 몸을 떤다)
임성민	추워?
송지원	응.
임성민	(에어컨을 끄며 송지원을 슬쩍 본다) …
(송지원)	(창밖을 보며 팔뚝을 쓸어내린다. 오소소 돋은 소름을 잠재운다) 사실은 겁이 났다. (어린 시절 사진을 본다) 두 아이는 비슷하다. 생긴 것도 비슷하고, 키도 비슷하고 옷 입은 것도 비슷하고… 웃는 것까지 비슷한 아이 둘.

65. 들판(낮 - 과거)

(소리)	자, 여기 보고, 하나, 둘, 셋!

사진을 찍은 아이 두 명이 움직인다. 서로 뛰어가고 쫓아가고, 깔깔 웃는다.

(송지원)	그중 하나는 겪어서는 안 될 일을 겪고. 그게 소문이 나고, 쫓기듯이

이사를 가고, 아마도 그 일이 계기가 되어 엄마를 잃고 고아가 된다. 친척집에 얹혀살다가 구박을 당하고 가출을 하고, 소식이 끊겨버렸다. 아마도 그 아이는 지금도 힘든 삶을 살고 있을 것이다. 그리고 또 한 아이는 초등학교를 졸업하고, 중학교를 졸업하고, 고등학교를 졸업하고 대학생이 됐다. 그 아이는 앞으로도 평범하고 무난하게 살아갈 것이다. 비슷한 두 아이. 같은 시간, 다른 삶! 그 차이는 뭘까? 도대체 무슨 이유로 두 아이의 운명이 갈린 걸까?

두 아이가 민들레 홀씨를 후욱 분다. 홀씨가 날아간다. 누군가 불렀나 보다. 두 아이가 뛰어가다가 한 아이가 돌아본다. 카메라를 유심히 본다.

(송지원)   그 이유가 뭔지는 모르겠지만 아주 사소한 것이라는 생각이 들었다. 아주 아주 사소한 것. 누구도 알아차리지 못한 아주 작은 이유로 내 인생이 지금과는 전혀 다른 곳으로 치달았을 수도 있다는 생각에 겁이 났다. 그리고 안도하는 내가 있다.

66. 임성민 차 안(밤)

송지원이 사진 속 문효진을 본다.

(송지원)   그 사소한 이유가 내 것이 아니어서 다행이구나! 안도하면서 나는 또 다른 아이에게 미안해졌다.

67. 거실(아침)

토요일 아침이다. 하메들이 청소를 한다. 정예은이 제일 열심이다. 싱 크대를 닦으면서 콧노래를 흥얼거린다.

68. 벨 에포크 정원(낮)

서장훈이 기지개를 켜면서 나온다.

(정예은)   안녕!

서장훈이 고개를 들면 시장바구니를 든 정예은은 벌써 계단을 올라 가고 있다.

69. 정예은, 송지원의 방(낮)

송지원은 '어린 시절 사진'을 책갈피 속에 넣는다. 책을 책장에 꽂는 다. 인기척이 들린다.

70. 거실(낮)

정예은이 들어오는 중이다.

송지원   어디 갔다 와?
정예은   (간단하게) 마트.
송지원   (화장실 가려다가 놀란다) 에? 마아트!!!
윤진명   (베란다에서 내다본다) …

유은재 (너무 놀라 딸꾹질을 한다)

소파에 누워 있던 조은은 반응이 왜들 이래 싶다.

유은재 진짜요? 혼자서요?
정예은 (웃는다) 응! 하니까 할 만하던데. (자기를 바라보는 하메들을 스윽 돌아보며) 내가 맛있는 거 해줄게. 그동안 나 때문에 귀찮았지.

정예은이 시장바구니에서 사 온 것들을 꺼낸다. 정예은이 물을 올려놓는다. 스파게티나 피자 같은 걸 만들려는 것 같다. 다른 거여도 상관없지만, 정예은은 식영과다. 그럴듯한 걸 만들 거라 믿어 의심치 않는다. 송지원이 유은재 손을 잡고 입술을 삐죽거린다. '아, 고난의 시간은 지나갔구나. 참 길었어' 하는 표정이다. 어쨌거나 송지원은 화장실로 들어간다.

71. 화장실(낮)

송지원이 세수를 하고 나온다.

72. 거실(낮)

송지원이 정수기에서 물을 받는데, 정예은의 핸드폰이 진동한다. 문자가 왔다. 정예은이 일련의 동작을 하면서 문자를 들여다본다. 송지원이 물을 마시려는데 냄비에서 물이 넘친다.

송지원 정 여사, 정 여사⋯ (일단 불을 끈다) 뭔 생각을⋯ (하다가 정예은 얼굴을 본다) …

정예은   (얼굴이 심상치 않다) …

송지원   정 여사?

정예은이 고개를 든다. 눈동자가 비어 있는 것 같다. 정예은이 핸드폰을 건넨다. 송지원이 핸드폰을 본다. 이상을 느낀 유은재, 윤진명, 조은이 다가온다. 핸드폰 가득 문자 창을 메운 글씨는 '나쁜 년, 나쁜 년, 나쁜 년, 나쁜 년…'이다.

73. 에필로그(누구의 가정통신문인가?)

— 가정통신란
'학업 성적 우수하고 예체능에도 재능이 있습니다. 교우관계 원만하고 친구들을 배려할 줄 알며 긍정적인 태도와 훌륭한 인성을 가졌습니다. 이대로 계속 지도 부탁합니다'

(소리)   진명아.

초등학생 윤진명 응.

— 가정통신란
'명랑하고 쾌활하며 교우관계도 원만합니다. 자존감이 높고 감정 표현이 확실합니다. 다만 학업 의욕에 비해 성적이 오르지 않으니 가정에서 지도 부탁드립니다.'

초등학교 4학년쯤, 머리를 양 갈래로 묶고 공주 풍 원피스를 입은 여학생이 성적표를 받아 가방에 넣는다.

남학생	야, 이거… 먹어. (초콜릿이다)
어린아이	고마워.
남학생	(여자아이를 물끄러미 보다가) 너 되게 귀엽다.
어린아이	(당연하다는 듯) 그래?
(또 다른 남학생)	야, 조은!
어린 조은	(돌아본다) 왜?
또 다른 남학생	내일 우리 집에 올래? 내 생일인데…

아직 급격한 신체 성장이 일어나기 전의 조은은 자존감 갑이다. 남
자아이들이 몰려든다.

― 가정통신란
'호기심이 많고 학업 성적도 우수합니다. 다만 수줍음이 많고 말수
가 적어 친구를 사귀는 데 문제가 있습니다.'

15년쯤 젊은 송지원의 엄마, 아빠가 성적표를 보고 있다. 3학년쯤 송
지원이 마당에서 강아지와 놀고 있다.

송지원 엄마	당신 닮아서 숫기가 없나 봐.
송지원 아빠	웅변 학원이라도 보낼까? 지원아, 너 웅변 학원 다닐래?
송지원	(걱정 가득한 눈으로 고개를 젓는다. 금방이라도 울 것 같다) …
송지원 아빠	알았어. 알았어. 다니지 마. 왜 울어? 울지 마.

― 가정통신란
'학업에 의욕적이고 주변 사람들을 잘 배려하는 착한 아이입니다.
인정받으려는 욕구도 강합니다. 과체중의 문제가 있으니 가정 지도
바랍니다.'

정예은 엄마가 성적표를 보고 있다. 통통하고 귀여운 정예은이 빵을 먹고 있다.

정예은 엄마 (날카롭다) 정예은! 또 먹니? 그만 좀 먹어!
정예은 (한 입 먹은 빵을 내려놓는다) …

— 가정통신란
'학업 성적이 떨어지고, 매사에 의욕이 없고, 친구들과의 교감도 거의 없습니다. 아동 심리 상담을 추천합니다'

선생님 유은재! (안 나온다) 유은재!

옆 짝꿍이 툭 친다. 그제야 유은재가 고개를 푹 숙이고 선생님 앞으로 나와 성적표를 받아간다.

6회

나는 세상의 중심이었다

1. 프롤로그

거실, 다섯 명의 하메들이 식탁에 앉아 있다. 가운데 정예은의 핸드폰이 놓여 있다. 핸드폰 화면 속 가득 찬 문자. '나쁜 년, 나쁜 년, 나쁜 년…'

유은재 머리 위로 말풍선 뜬다. '혹시 고두영?'
윤진명 머리 위로 말풍선 뜬다. '고두영인가?'
송지원 머리 위로 말풍선 뜬다. '고두영이다!'
조은 머리 위로 말풍선 뜬다. '분홍색 편지?'

정예은   (생각하다가 마침내) 갠가 부다.

하메들 홱 돌아본다. 유은재, 윤진명, 송지원 머리 위 '고두영'은 하나로 합쳐져 강화되고 조은 머리 위의 말풍선 속 '분홍색 편지'도 커진다.

송지원   누구? 고드…
정예은   권호창이라고…

하메들 머리 위의 '고두영'과 '분홍색 편지'가 퐁 하고 사라진다.

송지원   (안도한다)

유은재   아, 다행이다.

윤진명   그러게.

조은   예, 다행이에요.

하메들   (다른 사람들 말에 고개를 끄덕이다가 조은을 본다. 갸우뚱 한다.)

정예은   뭐가 다행이야?

송지원   어… 근데 권호창이 누구야?

정예은   전에 한 번 말했잖아. 학교 카페에서 갑자기 내 손 잡고 뛰어간 애.

송지원   아, 너 걔랑 잠깐 썸 탔잖아.

정예은   썸은 무슨… 근데 걔 쫌 이상해.

하메들   (어떻게) …?

정예은   (하나하나 생각해본다) 말하는 것도 이상하고.

• 인서트 ≫
권호창은 자기 할 말만 하고 혼자 웃는다.

정예은   사람 쳐다보는 것도 이상하고.

• 인서트 ≫
권호창은 사람 눈을 똑바로 보지 못한다.

정예은   옷 입는 것도 이상하고 암튼 좀 이상한데… 요새 계속 내 주변을 맴돌길래. 내가 뭐라 그랬더니 이상한 말을 했어.

• 인서트 ≫
권호창   그러니까 밤길 조심하고… 외진 데 가지 말고… 혼자 다니지 말고…

송지원	그 말 할 때 걔 표정이 어땠어?
정예은	어?
송지원	(진심으로 걱정되는 얼굴로) '조심해요. 밤길 조심하고, 외진 데 가지 말고 일찍 일찍 다녀요' 이거야, 아니면 (협박조다) 조심해라. 밤길 조심하고, 외진 데 가지 말고 일찍 일찍 다니고. (씨익 웃기까지) 이거였어?
정예은	(생각해본다) …모르겠어.
송지원	권호창. 무슨 과라 그랬지?
정예은	기계공학 4학년.
송지원	(누군가에게 전화하며) 오케이… (자리를 옮긴다) 어, 난데… 승환이가 기공과지? 3학년이야? 4학년이야?

하메들이 자리를 뜬다.

타이틀 제6회 — 나는 세상의 중심이었다 (부제: 주홍글씨)

2. 타이틀 이미지 몽타주

옴파로스.

3. 구내 커피숍 앞(낮)

창문 너머, 늘 앉아 있는 자리에 권호창이 있다. 늘 그렇듯 단정한 머리, 답답한 패션이다. 노트북을 두드린다. 모두들 친구나 연인들과 같이 있는 커피숍에 그는 늘 그렇듯 혼자다.

(송지원) 권호창. 기계공학과 4학년. 2016년 과기청소프트웨어공모전 대상! 오올! 상금이…5천! 우씨…

송지원과 정예은이 적당한 곳에 숨어 커피숍 안을 보고 있다. 송지원은 취재 수첩을 펴놓고 읽는다.

송지원 친구 없음. 애인 없음. 특이사항. 2015년 기공과 실험실에서 감전 사고가 있었는데 권호창 짓이었다는 소문이 있었음.

정예은 (놀란다) 감전?

송지원 웅, 1년 선배가 권호창을 좀 심하게 놀렸나 봐. 그 사람이 실험실에서 감전 사고를 당했는데, 그게 권호창 짓이었다는 얘기가 돌았대.

정예은 그게 끝? 조사 같은 건 안 했어?

송지원 다들 쉬쉬했대.

정예은 왜? 피해자가 겁먹었어?

송지원 그랬을 수도 있고. 진짜 사고였을 수도 있고. 아니면 괜히 조사해봤자 자기한테 더 큰 똥물이 튄다고 생각할 수도 있고. 어쨌거나 그 이후엔 쟤를 괴롭히는 사람이 없어졌대.

정예은 (권호창을 본다) 무서운 애구나.

창문 너머. 권호창이 어딘가를 쳐다본다. 까르르 웃고. 상대를 두드리고. 박수를 치며 수다를 떠는 여학생들 무리다. 권호창이 손을 든다. 종업원이 다가온다. 권호창이 떠드는 여자애들을 가리키며 이른다. 종업원이 곤란해한다. 지적당한 여자애들 '뭐야?' 기분 나쁘다. 쳐다보면 권호창은 어린애처럼 딴청 피운다.

(조은) 엉뚱한 사람을 의심하는 거 같단 말이지.

4. 커피숍(낮)

조은과 안예지가 마주 앉아 있다. 그들은 케이크를 먹고 있는데, 혹은 뭔가를 먹고 있는데 안예지가 조은 입가에 묻은 걸 떼어준다. 조은은 늘 그래 버릇해서 아무렇지도 않다. 뒷자리 남녀 커플이 두 사람을 보며 수군댄다.

조은   내가 이 편지를 본 건 7월인데, 예은 선배가 그 남자를 만난 건 그 다음이거든. 시간이 안 맞잖아.

안예지   (별 관심 없지만) …나쁜 년?

조은   응, 나쁜 년, 나쁜 년, 나쁜 년 … 화면 가득!

안예지   그게 뭐 그렇게 대단해? 나도 너한테 '나쁜 년'이라고 문자 보낸 적 있잖아.

조은   발신자 제한은 안 했잖아.

안예지   심각한 거야?

조은   뭐, 아직 심각까지는 아니지만 신경 쓰이잖아.

안예지   그런가. '개 같은 년, 죽어버려' 난 이런 것도 받은 적 있는데.

조은   진짜? 고등학교 때?

안예지   응.

조은   뭘 어쨌길래?

안예지   나야 늘… (아까부터 자기를 힐끔거리는 커플이 신경 쓰였다) 잠깐만… (그들에게로 간다) 뭐 할 말 있어요?

조은   (또냐 싶다) …

커플, 우물쭈물한다.

안예지   아까부터 계속 우리 쳐다보면서 수군수군댔잖아요. 할 말 있으면 직접 해요.

여학생	(뭐야) 그쪽 안 봤거든요.
안예지	웃기시네. 저기 CCTV 있는데 돌려볼까요?
여학생	(밀린다) 쟤 왜 저래? 되게 웃겨.
남학생	우리끼리 무슨 얘기를 하든 무슨 상관인데요. 뭐 찔리나 부지.
조은	(안예지를 잡아끈다) 그만해. 가자.
안예지	아, 그래? (조은에게 큰 소리로) 둘이 되게 안 어울려, 그치? 얼마 못 가 찢어지겠는데!
남학생	뭐?
안예지	(조은에게 끌려가면서) 어머, 나도 혼잣말한 건데. 내 혼잣말이 너무 컸나 봐.

5. 캠퍼스(낮)

조은이 안예지를 끌고 나온다. 조은이 안예지를 보며 한숨 쉰다.

안예지	뭐? 쟤들이 먼저 잘못했잖아. 지들은 쪼물딱쪼물딱 별짓 다 하면서 우리가 뭘 어쨌다고 수군수군대? 그지 같은 게!
조은	…
안예지	(조은 눈치 본다) 왜? 나 땜에 또 창피해?
조은	여기저기서 미움받는 걸로 치면 네가 갑인데…
안예지	미워하는 것들이 잘못이지, 내가 뭔 잘못이야.

6. 오앤박 엘리베이터(낮)

윤진명이 서류를 보고 있다. 엘리베이터가 멈추고 아스가르드 다섯 명이 탄다. 무심코 고개를 들었던 윤진명, 헤임달과 눈이 마주친다.

헤임달은 과도하게 '모르는 척'을 연기한다.

발두르   (자기들끼리 이야기한다) 뭔 일인지 들은 거 없어?

토르   아니… 요새 매니저 형도 그렇고 분위기 이상해.

우르   근데 왜 우리 다섯 명만 불렀지?

헤임달   (과도하게 모르는 척 연기 톤으로) 이상할 게 뭐 있어? 우린 우리 할 것만 열심히 하면 되지. 노력엔 장사 없다! (윤진명에게) 안 그렇습니까?

윤진명   …

발두르   (한숨 쉬고) …

토르   아, 그놈의 명언… 진짜…

문이 열리고, 윤진명이 내린다.

헤임달   누나도 파이팅 하십시오.

발두르   아는 사람이야?

헤임달   아아니, 오앤박 직원이잖아. 한 가족! (닫히는 문틈으로 눈 찡긋한 다) …

7. 사무실(낮)

윤진명이 들어와 자리에 앉는다. 책상 위, 적당한 곳에 헤임달이 준 막대사탕이 놓여 있다.

8. 회의실(낮)

오대표, 고이사, 조팀장이 앉아 있다.

아스가르드   (아이돌답게 소리 맞춰 인사한다) 안녕하세요. 신화를 만드는 아스
            가르듭니다. (90도로 인사하며) 안녕하세요.
대표   (이제 와서 이런 인사는 부담스럽다) 앉아요. 다들 앉아.
아스가르드   (일제히 입 맞춰서) 고맙습니다.

            고고한 침묵이 흐른다. 아스가르드 다섯 명이 말똥말똥 세 명을 바라본다. 고이사가 오대표를 쿡 찌른다.

오대표   (차마 눈을 마주치지 못한다) 에… 그동안 여러분이 열심히 했다는
            건 알고 있어요. 참 열심히 하긴 했는데…
아스가르드   (입력된 것처럼 즉각적으로) 더 열심히 하겠습니다.
오대표   (삐질) 아니, 더 열심히 할 건 없고… 에, 그러니까… 음… 고이사!
고이사   예? 아, 예… 그동안 수고 많았구요. 이런 결정을 하는 데까지 회사
            도 회사 나름대로 여러 가지 고민이 많았다는 걸 이해해줬으면 좋겠
            어요. 그게 그래서… 음… 아무튼… 조팀장!
조팀장   예? 벌써요… 아… (서류를 나눠준다) 저, 이거…
아스가르드   (다섯 명 일일이 일어나 꾸벅꾸벅 인사하며 받는다)
헤임달   (받으며) 고맙습니다!
조팀장   아니, 고마울 건 없고… 보면 알겠지만 전속해지계약섭니다. 미성년
            자들은 부모님 사인 받아 오고…
헤임달   (해맑다) 뭘 또 계약해요? 우린 이미 오앤박 전속인데…
아스가르드   (입 맞춰서) 우린 영원한 오앤박 가족입니다.
조팀장   그게 아… 그 전속을 해지한다는 계약섭니다.
헤임달   (아직 못 알아들었다) 저희 7년 계약했는데요. 아직 2년 남았고…
고이사   (이런 말이 쉬울 리가 없다) 그 계약이 무효가 됐다는 얘깁니다. 그
            러니까 그게… 여러분은 이제부터 다른 회사 어디하고도 계약할 수

있게 된 겁니다. 아티스트 개개인의 능력과 특징에 따라서 어디든 자유롭게…

혜임달 (그제야 공포가 몰려든다) 다른 회사 어디요?

오대표, 고이사, 조팀장, 시선을 회피한다.

9. 회의실 앞, 복도(낮)

회의실 문이 열린다. 아스가르드 다섯 명, 나오면서도 꾸벅 인사한다. 몸에 밴 습성이다. 그들은 충격으로 멍하다. 다섯 명이 복도를 걸어가는데 그들과 눈이 마주친 사람들은 서둘러 시선을 피한다. 마치 불행이 옮는 걸 두려워하는 것처럼.

10. 송지원의 미행 몽타주

— 구내 커피숍
권호창이 늘 입는 옷을 입고 늘 앉아 있는 자리에 앉아 늘 하던 대로 노트북을 두드린다. 구석자리. 송지원이 권호창을 보고 있다. 송지원은 제법 날카롭게 권호창을 지켜본다. 권호창이 잠깐 화장실 간 사이. 송지원이 스윽 가서 노트북 화면을 들여다본다. '어휴!' 하나도 모르겠다.

• 점프 ≫
송지원 자세가 많이 허물어졌다.

• 점프 ≫

테이블에 엎드려 권호창을 본다. 권호창은 쉴 새 없이 자판을 두드린다.

• 점프 》

깜박 졸았다. 후다닥 깨어나 보면 권호창이 막 자리에서 일어난다. 송지원이 머리를 묶고, 재킷을 뒤집어 입는다. 나름 변장을 한 거다.

— 강의실
다른 사람들이 삼삼오오인데 권호창만 맨 앞자리 혼자다. 뒷자리에 앉은 송지원이 입이 찢어져라 하품을 하다가 교수님과 눈이 마주친다.

— 구내식당
권호창이 혼자 저녁밥을 먹는다. 송지원은 안경을 쓰고 다른 옷을 입고 권호창을 지켜본다.

— 버스 정거장
권호창이 혼자 버스를 기다린다. 벤치에 앉아 있는 모습이 쓸쓸해 보인다. 버스가 도착하고, 권호창은 버스에 오른다.

(송지원)   며칠 동안 지켜봤는데…

11. 구내 커피숍 앞(낮)

늘 앉아 있는 자리. 권호창이 오늘도 혼자 앉아 있다. 정예은과 송지원이 창밖에서 권호창을 쳐다본다.

송지원	이걸 뭐라고 해야 하나, 흠…
정예은	이상해?
송지원	이상하지. 엄청 이상해. 맨날 똑같은 자리 앉아서 똑같은 음료랑 똑같은 샌드위치 먹고. 강의실에서도 똑같은 자리만 앉고… 하루 종일 아무랑도 말 안 하고. 친구도 없고. 밥도 혼자 먹고.
정예은	말했잖아, 이상하다고… 며칠 동안 겨우 그거 알아낸 거야?
송지원	팩트 체크한 거지. 한 걸음 더 들어가기 위해서.
정예은	(커피숍으로 향한다) …
송지원	(쫓아가며) 왜? 뭐 어떡할라구?

12. 구내 커피숍 안(낮)

정예은이 들어온다. 송지원이 나름 긴장해서 쫓아 들어온다.

정예은	(권호창에게 다가간다) 안녕하세요.
권호창	(정예은을 보고 움찔거린다) 아, 예, 안녕하세요…
정예은	요즘 별 일 없죠?
권호창	아, 예… (움찔거린다) …
정예은	(빤히 지켜본다) …
권호창	(눈치를 살핀다)
정예은	그럼…

정예은이 간단하게 인사하고 떨어져서 자리를 잡는다. 송지원이 정예은 앞에 자리 잡는다.

송지원	(작은 소리로) 정 여사! 뭔갈 할려면 미리 상의를 좀 하고…
정예은	(말 자르며) 어때 보여? 당황한 거 같애?

송지원	응, 엄청…
정예은	(제법 날카롭게 권호창 보며) 그치… 근데 원래 저래.
송지원	응…
정예은	원래 이상하니까 새삼 이상한지 아닌지 알 수가 없잖아. (지갑 들고 카운터로 가며) 뭐 먹을래?
송지원	사주는 거야?
정예은	그냥 물어본 거야…
송지원	(쫓아가면서) 근데 정 여사. 남자랑 말 잘하네.
정예은	그래? 이상하게 재한테는 아무렇지도 않더라구. (종업원에게) ○○ 샌드위치요.

• 점프 ≫
송지원이 음료 두 잔과 샌드위치 쟁반을 들고 온다. 저쪽 자리. 권호 창이 자리에서 일어난다.

송지원	(권호창을 흘깃 하고, 음료를 놓아주며) 12시 55분이지?
정예은	(확인한다) 어.
송지원	(권호창 눈짓하며) 강박인가?
정예은	(그러거나 말거나 하는데) …

• 점프 ≫
카운터, 권호창이 당황하는 중이다.

권호창	예?
종업원	○○샌드위치가 떨어져서요. ○○는 있는데…
권호창	아, 그럼 안 되는데…
종업원	**도 잘 나가는데요.
권호창	아… 안 되는데… (어찌할 바를 모른다) …

여학생	(뒤에 있다가) 주문 안 하실 거면 좀…
권호창	예? 예… (몹시 당황한 사람처럼 원래 자리로 돌아가다가, 의자에 부딪힌다)

정예은이 샌드위치의 포장지를 풀면서 권호창을 본다. 권호창은 노트북에 열중하지 못한다. 일어나려다가 다시 앉고, 평소보다 더 산만하게 굴다가 컵을 쳐서 떨어트린다. 종업원이 다가와 주변을 정리하는 동안, 주변 사람들이 '왜 저래?' '저 사람 좀 무서워' 수군댄다. 수군대는 사람들과 당황한 권호창을 보며 정예은은 지난날을 생각한다.

•인서트 – 2회 28씬 》
정예은과 목례하고 지나친 사람들, 정예은을 돌아보며 수군거린다. 정예은은 더더욱 움츠러든다.

정예은이 다시 샌드위치를 포장해서 일어난다. 송지원은 샌드위치를 먹으며 눈으로만 정예은을 따라간다.

정예은	(권호창에게 샌드위치 건넨다) 이거 먹어요.
권호창	…?
정예은	입 안 댄 거예요. (자기 자리로 돌아온다) …

권호창이 정예은을 본다. 정예은은 송지원에게 반만 달라고 하고 송지원은 고개를 흔든다.

13. 버스 정거장(밤)

조은이 서성인다. 시간을 확인한다. 8시 50분쯤 됐다. 버스가 온다. 정예은이 맨 먼저 내린다.

정예은   (조은을 발견하고) 뭐 해?

조은   아, 뭐… (하다가 다른 손님들을 따라 내리는 유은재, 송지원을 본다) 같이 왔어요?

14. 골목(밤)

유은재, 정예은, 송지원, 조은이 걸어온다.

유은재   그래서 권호창, 그 사람이에요, 아니에요?

송지원   아닌 것 같긴 한데…

조은   (슬쩍 본다) 그렇다고 아주 아닌 건가 하면 그런 거 같지는 않고…

정예은   그만 좀 해. 너 때문에 더 헷갈려… (문득 유은재에게) 넌 어떻게 됐어? 애교 작전.

유은재   (생각났다) 작전은 무슨… 인공눈물 주던데요. 안구건조증인 줄 알고.

정예은   네 연기력이 허접해서 그래.

유은재   아녜요. 여자들 애교 싫어하는 남자들도 많대요.

정예은   누가 그래?

유은재   인터넷… 그리고 난 애교 좋아하는 남자 별로예요.

정예은   지가 못 하니까 그렇지.

유은재   (입 내민다)

송지원   (중재하듯) 남자 마음은 남자한테 물어보는 게 낫지 않을까?

유은재   남자가 어딨어요?

송지원   (코를 벌름거린다) 어디서 남자 냄새가 나는데… 남자다!

그들은 막 벨 에포크에 도착했고, 서장훈은 푸시업 중이다.

서장훈   (인사한다) 여러분!
송지원   (보기만 해도 흐뭇하다) 흠… 좋다. 이왕이면 그 티쪼가리도 벗고…
정예은   (송지원 입을 붙잡고 올라간다) …
송지원   (오리처럼 입을 잡힌 채 끌려간다)

조은은 가능한 한 천천히 계단을 올라가다가 슬쩍 눈치를 봐서 계단에 주저앉는다.

유은재   (눈치 한 번 보고) 뭣 좀 물어볼 게 있는데…
서장훈   예, 물어봐요.
유은재   남자들은 어떤 여자 좋아해요?
서장훈   (너무 뜬구름 잡는 이야기다) …?
유은재   그러니까 내말은…
서장훈   (너무 쉽게) 왜요? 꼬시고 싶은 남자 있어요?
유은재   예? 예…
서장훈   혹시 나?

      •인서트 – 계단 ≫
조은   (자기도 모르게) 미친…

서장훈   (말해놓고는 혼자 낄낄 웃는다)
유은재   (농담이었구나) …하하.
서장훈   그냥 고백해요. 은재 씨 정도면 백 프로 성공이니까! 귀엽지, 예쁘지, 착하지…

      •인서트 – 계단 ≫

조은   (왠지 기분 나쁘다. 구시렁댄다) …

유은재   사실은 그게 얼마 전 헤어진 남자친군데…
서장훈   아…
유은재   그냥 솔직하게 말해볼까요? 나 아직 좋아한다고…
서장훈   에에이, 그건 안 되지.
유은재   그치만 남자들도 적극적인 여자 좋아한다구…
서장훈   적극적인 거하고 집착하는 거하곤 다르죠. 헤어졌는데 적극적인 건
          무섭지.
유은재   (그렇구나. 적을 기세다) 아…

          •인서트 – 계단 》
조은   (그럴듯하다. 고개를 끄덕인다)

서장훈   남자가 적극적이 되도록 만들어야죠.
유은재   (그렇지) 어떻게요?
서장훈   (전문가 포스가 난다) 남자는 단순해요. 시각적 동물입니다. 먼저 외
          모가 변해야죠. 은재 씨를 보면 다 있습니다. 청순, 가련, 우아, 큐트,
          지성미. 젤 중요한 하나가 없습니다. 그게 뭐죠?
유은재   (고개를 흔든다) …
서장훈   섹쉬!

          •인서트 – 계단 》
조은   (삐죽댄다)
(유은재)   역시…
조은   (깜짝 놀란다. 뭐야. 저 반응은? 무의식적으로 고개를 내밀었다가 얼
          른 숨는다)

뭔가 움직였는데. 서장훈이 고개를 갸웃한다.

유은재   알았어요. 고마워요.

    • 인서트 ≫
우물쭈물하다가 유은재에게 들켰다.

유은재   뭐 해? (대답을 들으려고 물은 말이 아니다. 조은 옆을 다다다다 올
        라간다)
서장훈   (무슨 일인가 쳐다본다) …
조은   저질 변태.
서장훈   나?
조은   (계단을 올라간다)
서장훈   내가 뭘 어쨌다고?

15. 유은재, 윤진명의 방(밤)

유은재가 들어오자마자 노트북을 연다. 검색 창에 섹시한 여자를 검색한다. 섹시한 이미지들이 넘어간다. 마릴린 먼로, 샤론 스톤, 안젤리나 졸리, 스칼렛 요한슨, 바니 걸, 만화 속 바니걸… 유은재가 섹시에 대해 열공 중이다. 수첩에 깨알같이 적기도 한다.

    • 점프 ≫
책을 본다. '섹시'에 대한 이론서다. 줄을 그으며 읽는다. 인형이 말똥말똥 쳐다본다.

16. 거실(밤)

조은, 윤진명, 정예은, 송지원 등이 각자 할 일을 하고 있다. 빨래를 개고, 설거지를 하고, 공부를 하거나, 누워서 책을 읽는다.

유은재 저기요!

하메들이 쳐다본다.

유은재 둘 중에 어떤 게 섹시한가 봐봐요. (나름 도발적 눈빛과 몽롱한 눈빛을 해 보인다. 말하자면 샤론 스톤의 눈빛과 마릴린 먼로의 눈빛이다) …

송지원 얼른 해.

유은재 한 건데…

송지원 아… 한 거야?

유은재 (다시 한 번 해 보이며) 도발적 눈빛 (해 보이며) 몽롱한 눈빛! 뭐가 더 나아요?

송지원 잠깐. 상의 좀 하고. (하메들 불러 모아, 쑥덕쑥덕 하는 척. 마치 〈진품명품〉의 심사위원들처럼. 혼자 고개 *끄덕끄*덕하다가) 두 번째가 좋네. 도발적 눈빛.

유은재 (뭐야) 첫 번째가 도발적인데…

송지원 (놀라는 척한다) 도발적인데 몽롱하기까지 한 거야? 대단해요!

유은재 (놀림감으로 삼다니. 퉁퉁대며 방으로 들어간다) …

정예은 (하던 일로 돌아가며) 쟤, 내일 어떡하고 나올지 기대된다.

송지원 내기할래? 엄청 안 어울리게에 5백 원.

정예은 나두.

조은 (슬쩍 손 든다)

송지원 이러면 내기가 안 되잖아.

윤진명	안 말릴 거야?
정예은	뭐 어때? 그렇게 성장하는 거지.

17. 벨 에포크 전경(아침)

아침이다.

18. 거실(아침)

화장실에서 나오며 양치하던 송지원이 너무 놀라 칫솔질이 헛나갔다. 윽! 커피를 따르던 정예은은 손이 빗나간다. 앗, 뜨거. 물을 마시던 조은은 사레가 들렸다. 출근하려고 구두를 신던 윤진명은 삐끗한다. 섹시 버전, 유은재가 나왔다. 왠지 크게 변한 것 같진 않은데 섹시해졌다. 조금 더 붉어진 립스틱? 약간의 컬을 준 머리카락? 달랑거리는 귀걸이? 머리를 흔들면 풍기는 향수. 송지원이 코를 벌름거린다. 아, 그렇다. 허리가 잘록한 원피스다.

19. 계단, 정원(아침)

또각또각! 아찔까지는 아니지만 제법 높은 구두를 신은 유은재가 계단을 내려온다. 나무에 물을 주고 있던 서장훈이 무심코 돌아보다가 놀라 물줄기가 빗나간다. 뒤따라오던 조은이 물세례를 받는다.

조은	야!
서장훈	(급하게 물줄기를 바꾼다) …

| 유은재 | 갔다 올게요. |

유은재가 허리를 꼿꼿하게 세우고 또각또각 걸어간다. 서장훈이 입 벌리고 쳐다본다. 조은이 호스를 밟는다. 물이 안 나오자 호스를 바라본다. 조은이 그 순간을 노려 발을 뗀다. 물줄기가 서장훈의 얼굴에 쏟아진다.

서장훈	(수습한다. 수도꼭지를 잠근다) 확실히 명문대생! 말귀가 빠르구만.
조은	거기서 명문대생이 왜 나와?
서장훈	나오면 왜 안 되는데?
조은	(할 말은 없다. 딴소리한다) 나보고는 야, 야 그러면서 은재는 왜 은재 씨야? 나랑 갸랑 동갑이야. 그것도 명문대생이라 그래?
서장훈	너 학벌에 콤플렉스 있냐?
조은	(툴툴댄다) 너보단 나아. 난 인서울! 지는 지방대면서…
서장훈	(아무렇지도 않다) 그게 뭐? 그리고, 나 너보다 한 살 많아. 오빠라 그래.
조은	오빠 같은 소리하네. (나가면서) 키도 작은 게…
서장훈	(발끈한다) 야! 여기서 키 얘기가 왜 나와?
조은	(도망간다) …

20. 대학교 복도(낮)

유은재가 걸어온다. '우와' 할 정도는 아니지만 '오늘 무슨 날이야' 할 만큼의 반응이다. 그 정도면 만족스럽다.

21. 강의실(낮)

황우섭, 신율빈, 윤종열 등이 모여 있다. 유은재가 들어온다. 제일 먼저 본 황우섭이 '얼' 한다. 윤종열이 돌아본다. 순간 심쿵한다.

황우섭 쟤가 저런 분위기였나?

윤종열 (관심 없는 척하지만, 자꾸 눈길이 간다) …

멍해서 유은재를 보고 있는 신율빈의 얼굴을 윤종열이 돌려버린다.

•점프 》
수업 중이다. 윤종열이 흘깃흘깃 유은재를 본다. 유은재는 교수님을 보는 척…하지만 윤종열의 시선을 알고 있다. 혼자서 만족의 웃음을 웃는다.

22. 구내식당(낮)

윤종열 등이 식판을 들고 지나간다. 저쪽에서 '유은재' 부르는 소리가 들린다. 윤종열이 그쪽을 돌아보다가 황우섭과 부딪친다. 유은재가 김한소영 등의 자리에 앉는다. '얏마, 어딜 보냐?' '아, 미안' '아, 새우젓 냄새' 그쪽을 돌아보지는 않지만 유은재가 회심의 미소를 짓는다. 한 입 가득 밥을 먹는다. 윤종열이 대충 수습하면서 다시 한 번 유은재를 돌아본다. 여자의 변신! 놀랍다.

23. 도서관 앞(낮)

송지원이 나온다. 목 근육을 풀고 있는데 저쪽에서 '효진아' 부르는 남자의 목소리가 들린다. 송지원이 자신도 모르게 남자의 시선을 따라 효진이를 찾는데, 효진이라고 불린 사람은 남자다. 남학생 두 명이 툭탁거리며 '갖고 왔냐' '(가방을 두드리며) 여기' 하면서 송지원 앞을 걸어간다. 이름도 참… 하면서 시선을 돌리던 송지원의 시야에 임성민과 오하나가 나란히 걸어가는 것이 포착된다. 이것들 봐라! 오하나가 뭐라고 하면 임성민이 피식 웃는다. 어쭈! 송지원이 뒤따라간다.

24. 학교 근처 파스타 집 앞(낮)

임성민과 오하나가 파스타 집으로 들어간다. 송지원이 나무 뒤에 숨는다. 장난기가 가득하다.

25. 파스타 집(저녁)

오하나와 임성민이 메뉴판을 들여다본다. 임성민이 문득 창밖을 본다. 송지원 같은 애가 얼른 숨는다.

오하나   피자 하나, 파스타 하나 시킬까요? 그래서 나눠먹어요.
임성민   어, 알아서 시켜. (일어나며) 잠깐만…

26. 파스타 집 앞(낮)

송지원이 숨었다가 다시 파스타 집을 본다. 임성민 자리가 비어 있다. 어디 갔지? 더 고개를 빼고 보는데…

임성민	(송지원 등 뒤에서) 뭐 하나?
송지원	(홱 돌아본다) 너 왜 여깄어?
임성민	너는?
송지원	(공세로 간다) 너 놈의 시키! 어린애랑은 연애 안 한다며?
임성민	(저 멀리 오하나 보며) 그냥 밥 한 번 먹는 거야.
송지원	파스타가 그냥 밥이야? 파스타가 뭐야? 응? 연인들의 식사! 면발 하나를 동시에 물고 오물오물하다가 쪽! 딱 걸렸어. (나름 음흉하게 웃는다) 에헤헤에헤헤에헤헤.
임성민	(물끄러미 본다) …
송지원	(에헤헤 하다가) 아, 힘들어.
임성민	너 땀났다.
송지원	(땀 닦는다) …그래서 사귈 거야?
임성민	고민 있대서 밥 한 번 먹는 거라니까…
송지원	'선배님, 고민이 있어요. 선배님이 좋아졌어요. 어쩌죠?' (다시 한 번) 에헤헤에헤헤에헤헤.
임성민	또 할 거야?
송지원	(뚝 그친다) 그렇게 말하면 어쩔 거야? 사귈 거야?
임성민	(송지원을 빤히 보며) 사귀었으면 좋겠냐?
송지원	그걸 왜 나한테 물어봐? 결정장애냐?
임성민	(살짝 한숨 쉰다) 귀에서 소리 나는 건 괜찮아졌어?
송지원	아니, 가끔 들려.
임성민	큰 병원 가봐.
송지원	그럴 새가 어딨어. 나 바뻐. 취준생이 그렇게 한가한 줄 알어?
임성민	(물끄러미 송지원을 본다) …
송지원	뭐?
임성민	바쁜 사람이 이러고 다니나?
송지원	없는 시간 낸 거야. 너 놈의 시키 놀려줄려고. 고마운 줄 알어. 간다. (가버린다)

임성민　　　(멀어지는 송지원보다가 파스타 집으로 들어간다) …

27. 파스타 집(낮)

임성민이 들어와 자리에 앉는다.

오하나　　　(거울을 보며 화장을 점검하다가 얼른 거울 치우며) 왜 밖에서 들어
　　　　　　오요? 화장실 안에 있는데?
임성민　　　뭐, 그렇게 됐어. (물 먹고) 할 말 있다면서… 뭔데?

마침 종업원이 식사를 가져온다.

오하나　　　밥부터 먹구요. (눈웃음 친다) …
임성민　　　(농담처럼. 지나가는 말처럼) 혹시나 해서 말인데 고백 같은 건 하지
　　　　　　마라. (먹기 시작한다)
오하나　　　(시무룩해진다. 포크로 음식을 쿡쿡 찌른다) …

28. 경영지원팀(낮)

조그만 테이블에 모여 회의를 한다. 조팀장을 비롯, 다섯 명이다.

조팀장　　　4분기에 감사 나올지 모른다는 소문이니까 자료 빠지지 않도록 다
　　　　　　챙기고… 아스가르드 전속계약 해지는 (하면서 팀원들을 본다) …

팀원들, 그 일만은 맡고 싶지 않다. 눈을 피한다.

조팀장	김대리?
김대리	(마침 핸드폰이 진동한다) 아, 죄송합니다. 이사님 전화라… (나가며) 네, 이사님…
조팀장	자은 씨, 얘긴 다 끝났으니까 서류만 받으면 되는데…
홍자은	(사정한다) 팀장님, 저는 지금 해외공연이랑 법무팀 연계랑… 일이 엄청 많은데…
조팀장	(윤진명을 본다) …

29. 오앤박 화장실(낮)

윤진명이 칸에서 나와 손을 닦는다. 홍자은이 화장을 고치고 있다.

홍자은	(걱정스런 눈으로) 괜찮겠어요?
윤진명	…?
홍자은	애들 엄청 흥분했을 텐데… 욱해 갖고 해코지하면 어떡해?
윤진명	…
홍자은	팀장님도 참… 지 하기 싫은 일은 꼭 밑에 사람 시키지. 그런 일은 팀장이 해야 하는 거 아니야?
윤진명	그럼 선배님이 좀 도와주실래요?
홍자은	(그건 아니다) 말했잖아요. 난 일도 많고… 그리고 난 누구한테 싫은 소리 잘 못한단 말이에요.
윤진명	(씁쓸하게 웃는다) 싫은 소리 잘하는 사람이 있을까요?
홍자은	(자기가 말실수했나 싶다) 내가 뭐 잘못 말했어요?
윤진명	아뇨… (손수건으로 손을 닦는다) 좀 긴장돼서 그래요. (짧은 숨을 쉬고 어깨를 펴고 나간다) …
홍자은	(쫓아가며) 조심해요. 특히 토르. 걔 학교 다닐 때 일진이었대.

30. 회의실(낮)

윤진명이 토르의 이력서를 본다. 확실히 성격 있게 생겼다. 노크 소리가 난다. 윤진명이 고개를 든다. 테이블 너머 문을 응시한다.

윤진명   (기합을 넣듯 짧은 심호흡한다) 예!

문이 열리고. 들어오는 건 토르다. 키가 크다. 근육도 상당하다. 토르가 맞은편에 앉는다. 테이블 위로 두 손을 올려놓고 주먹을 쥔다. 힘줄이 불거진다. 토르가 윤진명을 바라본다. 눈싸움하듯, 윤진명 역시 시선을 돌리지 않는다. 토르의 표정이 점점 무서워진다. 윤진명이 책상 밑에서 핸드폰의 긴급전화 버튼에 손을 댄다. 여차하면 전화할 셈이다. 갑자기 토르의 얼굴이 일그러지더니 눈물을 뚝뚝 흘린다.

토르   (오열하며) 한 번만 봐주시면 안 돼요? 열심히 할게요. 진짜 열심히 할 수 있어요. 뭐든 할 수 있어요. 저 이거 아니면 할 줄 아는 거 아무것도 없어요. 중3 때부터 지금까지 이것만 했는데… 7년 동안 이것만 했는데… (흐느끼느라 말이 안 나온다) …

윤진명   (냉정한 얼굴을 허물어트리지 않는다. 책상 위 휴지를 밀어준다) …

토르   (아예 테이블에 엎어져 흐느낀다) 나 이제 어떡해요? 내 인생 다 끝났어요. 엄마 아빠한테는 뭐라 그래요? 친구들한테는 또 뭐라 그래요? (주먹으로 책상을 쿵쿵 두드리며 운다)

윤진명   …

• 점프 ≫
퉁퉁 부은 얼굴로 토르가 나간다. 윤진명이 '토르의 전속계약해지서' 서류를 철한다. 토르와 엇갈려 발두르가 들어온다. 곱게 생겼다. 생긴 거와는 딴판으로 입이 거칠다.

발두르	쪽팔리게 울고 지랄이야. (윤진명을 향해 서류를 집어던진다) 씨발. 안 될 거 같으면 왜 뽑았어? 지들이 뽑아놓고 이렇게 하면 뜬다고 뽐뿌질 할 때는 언제고 안 되니까 관두래. 병신새끼들, 잘되면 지들이 잘해서 잘된 거고 안 되면 우리가 못나서 안 된 거구. 개새끼들. 이럴 거면 진즉 자르든가. 그 시간에 노가다라도 뛰었어봐.
윤진명	(비속어마다 뻑뻑이 난무하지만, 역시나 표정 변화 없다. 발두르를 바라본다) …
발두르	(의자를 걷어찬다) 씨발아, 뭘 봐!! 확 불질러버릴라. 에이, 개새끼들, 폭망해라.

쾅! 문이 부서져라 닫힌다. 윤진명이 바닥에 떨어진 서류를 집어 철한다. 우르가 들어온다. 맞은편에 앉더니 다리를 꼰다. 이 아이는 되게 쿨하다.

우르	(서류를 툭 던진다) 사인 제대로 한 거 맞죠?
윤진명	(서류를 쭈욱 훑는다) …
우르	(쿨하다) 차라리 잘됐어요. 누가 봐도 안 되는 거 붙잡고 있어봤자 뭐 해요? 돈은 돈대로 들어가고 시간은 시간대로 흘러가고. 이제 와서 얘기지만 아스가르드가 뭐야? 아스가르드! 쪽팔리게. 토르, 발두르, 헤임달… 아우, 쪽팔려. 안 뜬 게 다행이지. 자칫 떴어봐? 어쩌다 유럽 진출이라도 했다간… 아우, 쪽팔려. 아우, 창피해. (낄낄 웃으며 나간다) 아스가르드 좋아하네. 웬만해야지.
윤진명	(서류 철한다) …

노크 소리.

윤진명	예.
티르	(들어오자마자 90도 각도로 인사한다) 안녕하십니까?

윤진명	(마주 인사한다) …
티르	(두 손으로 서류를 전달한다) 이거…
윤진명	(두 손으로 받는다) …
티르	(맞은편 자리에 앉는다) …
윤진명	됐습니다.
티르	예… (일어나지 않는다)
윤진명	(당황스럽다) …그동안 수고하셨습니다.
티르	예… 힘드시죠?
윤진명	예?
티르	우리가 좀 더 잘했으면 이런 일 없었을 텐데… 다 저희 탓이에요.
윤진명	아, 그건…
티르	데뷔 무대에서 실수만 안 했어도… (자기 머리를 쿵쿵 때린다) 바보, 바보, 바보…
윤진명	저기…
티르	그동안 회사에서 정말 많이 밀어줬는데… 죄송합니다. (일어나서 인사한다) …
윤진명	(괴롭다. 마주 일어나서 인사한다) …
티르	수고하세요. 죄송합니다.

티르가 끝까지 인사하며 문을 조심스럽게 닫고 나간다. 이제까지 어떤 멤버보다도 힘이 든다. 윤진명이 물을 마신다. 마음을 다잡고 문을 바라본다. 문은 열리지 않는다.

윤진명	(핸드폰을 꺼내 아스가르드 매니저에게 전화한다) 이실장님! 경영지원팀 윤진명인데요. 헤임달이 아직 안 와서요. …(듣다가) 예, 그럼 연락 되면 저한테 전화 달라고 전해주세요.

전화를 끊는다. 숨을 크게 쉰다. 자리에서 일어난다.

31. 사무실(낮)

윤진명이 들어온다.

홍자은   별일 없었어요?
윤진명   예… (하다가 홍자은을 본다) …
홍자은   (막대사탕을 먹고 있다) …
윤진명   (자기 책상을 본다. 없다) …
홍자은   (눈치챈다) 아… 갑자기 당 떨어져서…
윤진명   (왠지 멍해진다) …
홍자은   (눈치 본다) 미안. 의미 있는 거였어요? 남자친구가 준 거?
윤진명   아니에요. (조금은 냉정하게 노트북 앞에 앉는다) …
홍자은   (잘못했다는 생각과 뭘 그걸 갖고 저러나 싶은 생각이 동시에 든다)

32. 강의실(낮)

정예은이 강의를 듣는다. 복도 쪽 창문으로 권호창의 얼굴이 슬쩍 나타났다가 사라진다.

33. 대학교 복도(낮)

강의가 끝났다. 학생들이 흩어진다. 정예은이 복도를 빠져나가면, 반대쪽에서 권호창이 등장한다. 권호창은 정예은을 지켜보고 있다.

34. 식영과 사물함(낮)

정예은이 사물함에 책을 넣고 문을 잠근다. 정예은이 자리를 뜬다. 잠시 후 권호창이 정예은 사물함 앞으로 온다. 사물함 열쇠를 만지 작거린다.

(정예은)	뭐 하는 거예요?
권호창	(화들짝 놀라 보면 정예은이 서 있다) …
정예은	아까부터 따라왔죠?
권호창	아… 그게… (눈을 마주치지 못한다)
정예은	왜 내 사물함 앞에 있어요?
권호창	저기… 요새 괜찮아요?
정예은	예?
권호창	혹시 이상한 문자…
정예은	(경계한다. 한 발 물러선다) …
권호창	(정예은을 흘깃 보고 한 발 다가선다) 그래서 이거… (검은 비닐봉지에 든 걸 건넨다) …
정예은	뭔데요?
권호창	(한 발 더 다가오며) 받아요.
정예은	싫어요! 뭔데요?

지나가는 학생들이 두 사람을 주목하기 시작한다.

권호창	(사람들이 쳐다보자 더 당황한다) 그냥… 내가 만든 건데… (억지로 손에 쥐어준다) 받아요.
정예은	(왠지 꺼림칙하다. 홱 던진다) 싫다니까!!

검은 비닐봉지가 날아가 바닥에 떨어진다. 엄청난 경고음이 들린다. 사람들이 몰려든다. 뭐야? 뭔데… 정예은은 이게 뭔 일인가 싶고. 권호창이 우물쭈물 앉아서 바닥에 떨어져 소리를 내는 작은 기계를

조작한다. 소리가 멎는다. 쭈그리고 앉은 권호창이 정예은을 본다.

35. 휴게실(낮)

권호창과 정예은이 앉아 있다. 권호창은 좀 전에 엄청난 소리를 내던 '삐삐같이 생긴 물건'을 들고 있다

권호창   (눈치 본다) 미안해요. 집에서 해봤을 땐 이렇게 크지 않았는데…

정예은   (진정됐다) 직접 만든 거예요?

권호창   예.

정예은   나 줄려고?

권호창   예.

정예은   왜요?

권호창   예은 씨가 걱정돼서…

정예은   왜 내가 걱정돼요?

권호창   이상한 문자 때문에… 엄마가 보구 예은 씨 걱정된다고 그래서…

정예은   무슨 소린지 한 마디도 못 알아듣겠어요.

권호창   (물색없이 웃는다) 헤… 그런 소리 많이 듣는데… (정예은이 물끄러미 보자 웃음 끝이 애매해진다)

정예은   이상한 문자 받았어요? 봐요.

권호창   (슬쩍 눈치 본다) …보면 기분 나쁠 텐데…

정예은   (자기 핸드폰을 꺼낸다. 나쁜 년이라고 도배된 문자를 보여준다) 이거보다 더 기분 나쁜 거예요?

권호창   (충격받았다) …

정예은   (다시 묻는다) 괜찮으니까 봐요.

권호창   (할 수 없이 자기 핸드폰에서 문자를 불러낸다)

발신자 추적 제한 표시가 된 문자다. '정예은이 남자친구에게 납치 감금되었었다는 사실을 알고 있습니까? 2박 3일 동안 무슨 짓을 당했는지 물어보았습니까? 어떤 일을 당했는지 알면서도 그런 여자랑 사귈 수 있습니까? 정예은 같은 사람하고 가까이해봤자 좋을 거 하나도 없습니다. 당신을 위해 하는 충고입니다' 정예은이 숨을 몰아쉰다. 과호흡 상태가 된다.

권호창	(걱정된다. 차마 손대지는 못하고 쩔쩔맨다) 어떡하지? 어떡해요? 물 줄까요? 물 마셔요. (정수기에서 물을 떠 오는데 절반은 흘렸다) …
정예은	(어쩔 줄 몰라 하는 권호창 때문에 오히려 정신이 든다. 물을 마시고 입을 두 손으로 가린 채 숨을 천천히 쉰다) 이거 언제 받은 거예요? (받은 날짜를 확인한다) 7일? 나보다 먼저 받았네.
권호창	(확인한다. 정예은이 나쁜 년이라는 문자를 받은 건 10일이다.) 이상하다. 예은 씨처럼 착한 사람을 왜 나쁜… 이라고 하지?
정예은	왜 내가 착하다고 생각해요?
권호창	(당연하다) 나한테 샌드위치 줬잖아요.
정예은	…
권호창	나 같은 사람한테 잘해주는 사람은 착한 사람이에요.
정예은	(그 말이 슬프다) 호창 씨 같은 사람이 어떤 사람인데요?
권호창	아니, 그냥… 내가 좀 그러니까… (눈치 보며 웃는다) …
정예은	(말을 돌린다) 직접 만든 거예요?
권호창	예. (거리감이 없다. 물건을 설명하느라 얼굴이 가까워진 걸 모른다)
정예은	(너무 가까워서 살짝 뒤로 물러난다) …
권호창	이걸 누르면 경고음이 들리구요. 여기 불도 나와요. 이렇게 양쪽을 누르면 전기 충격이 와요. 6만 볼트… 우리나라 호신 충격기 기준이 6만 볼트래요. 얼마나 아픈 건지 내 몸에 해볼라 그랬는데 무서워서 못 해봤어요. (씨익 웃는다)
정예은	(오해했던 게 미안해진다) 나 그렇게 착한 사람 아니에요.

권호창	착한 사람 맞는데…
정예은	내가 착한 사람이면 (문자를 다시 불러낸다) 이렇게 미움받을 리가 없잖아요.
권호창	(잠깐 할 말이 생각나지 않는다)
(한유경)	예은아…

한유경과 송경아가 등장한다. 소식을 듣고 달려온 것이다.

송경아	괜찮아? (물어놓고는 권호창을 본다) …
정예은	(친구들에게) 응… (권호창에게) 이거 고마워요. (친구들에게 간다) …
한유경	(권호창을 돌아본다) …
송경아	뭔 소리야? 경보기가 울리고 그랬다는 게…
정예은	아, 별거 아니야, 그냥…
(권호창)	(큰 소리로) 그 사람이 나쁜 거예요.

송경아, 한유경, 정예은이 돌아본다.

권호창	(진심을 담아 말한다) 예은 씨를 미워하는 그 사람이 나쁜 거예요.
한유경	(권호창과 정예은을 본다) …
권호창	(확신을 갖고 말한다) 예은 씬 착한 사람 맞아요. 착하고 예쁜 사람…
정예은	…
권호창	(꾸벅 인사하고 허둥지둥 가버린다) …
정예은	(가슴이 뭉클해진다) …

36. 대학교 복도, 휴게실(저녁)

윤종열이 설문표를 보며 걸어온다. 휴게실 창가 자리에 유은재가 혼자 앉아 있다. 저녁노을 속에 앉아 있는 유은재는 왠지 쓸쓸해서 섹시해 보인다. 유은재가 가만히 숨을 몰아쉰다. 윤종열이 긴장한다. 유은재에게 다가간다. 유은재가 기척에 돌아본다. 얼굴이 유난히 하얗다. 몽롱한 눈빛이다. 이것은 마릴린 먼로 눈빛?!

윤종열	(왠지 더듬거리게 된다) 저기 이거… 윤성현 교수님 연구 때문에 하는 건데…
유은재	(가만히 숨을 몰아쉰다) …
윤종열	(말이 없는 유은재 때문에 더 긴장된다) 그렇게 어려운 건 아니야, 각 항목에 체크해서…
유은재	(뭔가 말하려다가 숨을 멈추고 뛰어간다) …
윤종열	(쳐다본다) …
황우섭	(유은재와 엇갈려 다가온다) 너 뭔 짓 했냐?

37. 화장실 칸(저녁)

유은재가 뛰어 들어오더니, 벨트부터 푼다. 크윽 트림이 나온다. 그제야 살 것 같다. 편하게 숨을 쉬면 배가 불룩 나온다.

38. 거실(밤)

유은재가 소파에 누워 계속해서 트림을 한다. 고무줄 바지를 입고 있다. 신지 않던 구두를 신어서 발이 까졌다. 발꿈치, 엄지발가락 옆에 대일밴드를 붙였다.

조은	(약 갖다주며 자꾸 끅끅거리는 유은재에게) 아우, 좀… 드럽게. 그만 좀 해!
유은재	완전 체했나 봐. 죽을 것 같애. 아우, 머리 아퍼. (생각하면 속상하다) 후웅… 다 넘어왔는데…
조은	(혼잣말하듯 슬쩍) 그렇게 해서 사귀게 되면 좋을까?
유은재	…?
조은	(쭈뼛대며) 억지로 노력해서 만든 모습이잖아. 원래 네 모습 아니구.
유은재	(듣고 보니 그렇다. 좀 우울해진다) …

송지원이 들어온다.

송지원	(신발 벗으며) 안뇽!
조은	예은 선배는요?
송지원	아직 안 왔어?

유은재는 소파에 늘어져 있고. 송지원은 방으로 들어간다. 조은이 슬쩍 밖으로 나간다.

39. 벨 에포크 정원, 골목(밤)

서장훈이 의자를 만드는 중이다. 못을 박으려고 하는데 혼자 하려니 어렵다. 조은이 내려온다.

서장훈	(잘됐다) 이것 좀 잡아줘.
조은	안 돼. 바뻐.
서장훈	어디 가는데?
조은	산책.

서장훈	이 밤에?
조은	응. (나간다) …
서장훈	(하던 일 하다가 일어선다. 혼잣말하듯) 한밤중에 산책은… 쯧! (밖으로 나간다) …

40. 버스 정거장(밤)

한유경, 송경아, 정예은이 버스에서 내린다. 한유경은 좀 전에 권호창이 건네준 '전기 충격기'를 켜본다. '지지직' 소리가 난다.

정예은	조심해. 6만 볼트래.
한유경	응… (정예은에게 돌려준다)
송경아	그 문자… 권호창 아니면 누구야?
정예은	…
송경아	그런 문자 또 왔어?
정예은	아니…
송경아	일주일 지났지?
정예은	11일.
송경아	그냥 그러고 말래나 부다.
정예은	그랬으면 좋겠다.
송경아	내일부턴 개한테 데려다달라고 그래. 권호창.
정예은	야… 그런 사이 아니야,
송경아	(정예은 손의 전기 충격기 가리키며) 그런 걸 주고받는 사이면 그런 사이야.
정예은	(마주 오는 조은을 발견했다) 어디 가?
조은	예? 어…
정예은	(조은 뒤쪽을 보며) 둘이 같이 나온 거야?

조은	(돌아보면) …
서장훈	(다가온다. 정예은에게 인사하고) 산책 간다고 해서… 어디로 갈 건데? 공원?
조은	(같이 나온 거 아닌데) …
정예은	(어쨌거나) 다녀와.
조은	(정예은 등이 멀어지기를 기다렸다가) 왜 쫓아와?
서장훈	산책 갈라고…
조은	갔다 와. (돌아선다) …
서장훈	안 가? 산책.
조은	됐어.
서장훈	(조은 쫓아가며 구시렁댄다) 이랬다저랬다 참…
조은	왜 쫓아와?
서장훈	내 맘이야.

두 사람이 티격태격하며 걸어간다.

41. 벨 에포크 정원(아침)

아침 해가 떠오른다.

42. 버스 정거장(아침)

출근 시간이다. 윤진명이 버스에서 내린다. 늘 그렇듯 1인 시위 중이다. 윤진명은 그에게 관심이 없기에 그가 무엇을 주장하는지도 모른다. 그저 바쁘게 그 앞을 지나갈 뿐이다.

43. 사무실(아침)

윤진명이 들어온다. 책상에 '막대사탕 한 통'이 놓여 있다. 홍자은은 이미 출근해서 커피를 뽑아오는 중이다.

홍자은   (커피 한 잔을 윤진명에게 놓아주며) 난 그냥 책상 위에 굴러 다니길래… 뭔가 의미 있는 건 줄은 몰랐죠.

윤진명   의미 있는 거 아니에요. 그냥 사탕이지.

홍자은   (귀엽게 항의한다) 근데 왜 그런 얼굴을 해요? 사람 미안하게.

윤진명   (미안하다는 웃음을 웃는다) …

조팀장   (출근하며) 좋은 아침…

인사하고 업무 시작하려는데…

조팀장   (노트북 부팅하는 시간에) 윤진명 씨, 아스가르드 어떻게 됐어요?

윤진명   오늘 중에 끝내겠습니다.

조팀장   오케이… (작업에 들어간다) …

44. 아스가르드 숙소(낮)

아스가르드 중 살아남은 두 명이 짐을 챙긴다. (우리끼리만 아는 거겠지만 그들 두 명은 각각 말 잘하는 애, 잘생긴 애다) 짐이라고 해봤자 옷과 박스 한 개 정도다. 발두르와 토르, 티르, 우르가 멀뚱히 지켜본다.

프레이르   (말 잘하는 애다. 뭔가 작별의 말을 하긴 해야겠는데) 어… 나중에…

| 오딘 | (죄지은 사람 같다) … |
| 프레이르 | (결국엔) …간다. |

남은 네 명, 그냥 볼 뿐 이렇다 할 인사도 하지 않는다.

45. 아스가르드 숙소 앞(낮)

두 명이 나온다. 매니저가 내려서 차 문을 열어주고 짐을 실어준다. 두 명 역시 이렇게 끝나게 된 것이 즐겁지는 않다. 마지막으로 숙소를 돌아보는데 차 문이 닫힌다. 밴이 골목을 빠져나간다. 윤진명이 밴을 피하기 위해 골목 한쪽으로 붙는다. 윤진명이 숙소로 들어간다.

46. 아스가르드 숙소(낮)

발두르와 우르는 멍하니 앉아 있고, 티르와 토르가 짐을 싸고 있다. 먼지가 날려서인지 문은 열려 있다. 윤진명이 열린 문을 노크한다. 윤진명이 일단 인사한다. 티르만 마주 인사할 뿐…

윤진명	헤임달 있어요?
티르	(다른 사람들 눈치 보고) 아뇨, 아침에 나갔는데…
윤진명	연락할 방법이 없을까요?
우르	(일어나는데 의자에서 듣기 싫은 소리가 난다. 혼잣말하듯) 그렇게 핸드폰도 못 갖게 하더니… (꼴 좋다고 생각한다) …

집 전화가 울린다.

발두르   (받는다) 여보세요… (해놓고는 토르에게 건넨다)
토르   (통화한다) 엄마… 벌써요? …알았어요. 좀만 기다려요.

          토르가 서둘러 짐을 싸고. 그사이…

티르   (윤진명을 걱정한다) 어떡하죠? 따로 갈 데가 없으니까 여기 오긴
          올 텐데…
윤진명   (명함을 건네준다) 혹시 헤임달 오면 전화 좀 부탁한다고…

47. 아스가르드 숙소 앞(낮)

          윤진명이 나온다. 집 앞에 자가용이 서 있다. 자가용 앞에는 50대 초
          반쯤 아줌마가 서 있는데, 손을 벌린다. 토르가 윤진명을 지나쳐 엄
          마를 끌어안는다. 토르의 등이 출렁인다. 토르 엄마가 아들의 등을
          토닥인다. 윤진명은 그들을 계속 바라볼 수가 없다. 돌아선다. 등 뒤
          에서 들리는 소리. '엄마, 미안해' '뭐가 미안해. 울지 마. 왜 울어? 괜
          찮어. 괜찮어' 위로하는 소리…

48. 복도(낮)

          강의가 끝난다. 학생들과 함께 정예은이 나온다. 한유경과 송경아가
          기다리고 있다.

정예은   여기서 뭐 해?
한유경   뭐 하긴. 같이 밥 먹을라고…
정예은   아… 근데… (한유경 너머를 본다)

한유경, 송경아가 돌아보면. 권호창이 뛰어온다. 권호창은 정예은만 보고 활짝 웃다가 친구들을 발견한다. 송경아가 이것 봐라 하는 얼굴이 된다.

• 점프 ≫
권호창과 정예은이 멀어진다. 송경아와 한유경이 지켜본다.

송경아   (지켜보다가) 좋은 애 같지? 좀 답답하긴 해도.
한유경   그러게…
송경아   (홀가분해졌다) 이제 예은이 걱정 그만하고. 우리 걱정이나 하자.

한유경이 대답이 없자 돌아본다. 한유경은 손톱을 씹으며 멀어지는 두 사람을 집요하게 지켜본다.

송경아   한유경!
한유경   (돌아본다. 그제야 손톱 씹기를 그만둔다) 예은이는 좋겠다. 좋은 사람이 옆에 많아서…
송경아   그중에 하나가 너잖아.
한유경   (웃는다) 그러네…… 예은이 옆에는 좋은 사람이 너무 많은 것 같아.

49. 구내 커피숍(낮)

권호창이 늘 혼자 앉아 있던 자리. 정예은이 같이 앉았다. 정예은과 권호창이 늘 먹던 샌드위치를 먹는다. 늘 긴장해서 솟구쳐 있던 권호창의 어깨가 조금은 편안해졌다.

50. 인문대 앞(낮)

조은과 안예지가 나온다.

안예지   너도 수업 없지? 영화 보러 가자.

조은   (조금 땡긴다) 영화? (하는데 문자가 온다) 안 되겠다.

안예지   왜? 누군데? 서장훈?

조은   (문자 보여준다. 엄마다. '머리 깎으러 와')

안예지   (안됐다는 듯 본다) …

51. 미용실(낮)

조은이 들어오며 아는 미용사들과 눈인사한다. '왔어' '안녕' 미용사들도 제각각 인사한다.

조은 엄마   (조은을 보자마자) 이쪽에 앉아.

조은   (의자에 앉는다) 왜 또?

조은 엄마   또는 뭐가 또야? 머리 깎을 때 됐잖아. (미용실 가운을 둘러준다) 짧은 머리는 쫌만 길어도 촌스러워. 그때그때 잘라줘야지. (분무기로 물을 칙칙 뿌린다)

조은   (슬쩍) 아빠한테 연락 왔어?

조은 엄마   (대답 안 하려나 싶은 순간) …내년에 학교 들어간다더라.

조은   누가? (했다가 알아챈다) …

조은 엄마   그전에 서류 정리해달라고 사정사정을 하는데… 무릎 꿇으라고 하면 꿇겠던데… (큭큭 웃는다) …

조은   (거울 속의 엄마를 보다가) 그냥 이혼하지 그래.

조은 엄마   누구 좋으라고. 바람 핀 년놈들, 그 정도 불편은 해야 공평한 거 아니야?

조은   엄마도 불편하잖아.

조은 엄마 …

조은   8년이잖아. 8년 동안 한 여자 좋아한 거면 그냥 바람 핀 게 아니라
          둘이 진짜 좋아서…

조은 엄마 움직이지 마. 귀 짜른다. (한동안 머리 자르다가) 네 아빠가 나만 버
          린 줄 아니? 너도 버렸어. 어디서 잘난 척이야.

          조은이 거울 속 자신을 본다. 짧은 머리가 더 짧아진다.

52. 조은 집 거실(아침 - 과거)

          십 몇 년 더 젊은 조영학이 아직 어린 조은의 머리를 땋아준다. 능숙
          하다. 이제 막 일어난 조은의 엄마가 하품을 하며 커피포트에서 커
          피를 따른다.

53. 버스 안(밤)

          조은이 유리창에 머리를 기댄다.

54. 버스 정거장(밤)

          조은이 내린다.

서장훈   (불쑥) 일찍일찍 좀 다녀라.

조은	(감상에 젖어 있었다. 코를 훌쩍이며 표정 수습한다) 뭐 하냐? 여기서.
서장훈	(한숨 쉬며) 너 마중 나가시란다. 예지 마님이.
조은	(픽 웃는다) 말 잘 듣네?
서장훈	안 나가면 저주한다는데 어떡하냐? (슬쩍 보며) 뭔 일 있었냐?
조은	(본다) …?
서장훈	너 우울할 거라고… 잘해주라던데?
조은	쓸데없이…
서장훈	예지랑 언제부터 친구였냐?
조은	유치원! 초등학교 중학교 같이 다니구 고등학교 때 딴 학교 갔다가 다시 같은 대학…
서장훈	되게 오래됐네. 어렸을 때부터 키 컸어?
조은	초등학교 때까진 보통. 중학교 올라가서 갑자기 컸어.
서장훈	비결이 뭐냐?
조은	유전.
서장훈	쳇!
조은	(피식 웃는다) …

골목으로 접어든다. 차가 지나간다. 서장훈이 아무렇지 않게 조은을 잡아 안쪽으로 옮긴다.

조은	나, 옛날에는 누굴 좋아하고 싫어하는 게 내 맘대로 되는 건 줄 알았어.
서장훈	근데?
조은	그때는 좋은 사람 나쁜 사람이 분명했는데…

마침, 가로등 불빛이 닿는 곳에 도착했다. 그제야 서장훈은 조은의 머리를 본다.

서장훈	머리 깎았어? 너 그러다가 스님 되겠다.
조은	(자기 뒤통수를 만져본다. 까슬까슬하다) …
서장훈	(놀린다) 나보다 더 짧겠는데… 하여튼 성질이 드러우니까 머리카락이 남아나질 않는구만.
조은	(고개를 숙이고 앞서 걷는다) …
서장훈	(쫓아가며 놀린다) 머리 좀 길러봐. 혹시 아냐, 만에 하나 귀여울지. (혼자 말해놓고 큭큭 웃으며 조은의 반응을 살피다가 문득 조은의 손을 잡아 세운다) 야?
조은	(울고 있었다. 울었다는 걸 들키고 싶지 않다. 서장훈에게서 손을 뺀다. 도망치듯 집 안으로 들어간다) …
서장훈	(당황했다) 야… 난 그냥…

55. 아스가르드 숙소 앞(밤)

윤진명이 벨을 누른다. 소용없다. 손잡이를 당겨본다. 잠겨 있다. 집 안에는 불빛이 없다. 윤진명이 전화를 건다. 희미하게 안에서 들리는 전화벨 소리를 들으며 주변을 둘러본다.

56. 골목, 아스가르드 숙소 앞(밤)

헤임달이 걸어오다가 집 앞에서 기다리고 있는 윤진명을 발견한다. 윤진명과 눈이 마주치자 헤임달은 갑자기 도망가기 시작한다.

윤진명	(쫓아간다) 잠깐만… 잠깐 얘기 좀 해요.

모퉁이를 돌고. 둘 사이의 거리는 점점 멀어지는데, 헤임달이 무참하

게 넘어진다. 그사이 윤진명이 다가온다.

헤임달   (일어나는데 손바닥이 까졌다) 에이씨…

윤진명   (손수건을 건넨다) 괜찮아요?

헤임달   (탁 쳐버린다) 보면 몰라요? 아우, 씨… 피 나.

윤진명   그러게 왜 도망가요?

헤임달   쫓아오니까 도망갔지! 왜 쫓아와요? 남들 오해하게!

윤진명   (인과는 그게 아니지만 어쨌거나) 전속해지계약서… 어떻게 됐어요?

헤임달   잃어버렸어요.

윤진명   (그럴 줄 알았다. 가방에서 서류를 꺼낸다) …

헤임달   (계약서를 쳐다볼 뿐) 다른 사람들은 다 사인했어요. (계약서를 들이민다)

헤임달   (계약서를 받지 않으려고 손을 뒤로 숨긴다) …

윤진명   이런다고 달라지는 거 없잖아요.

헤임달   (한참을 보다가 결국엔 받는다) …

윤진명   내일 받으러 올게요. (꾸벅 인사하고 간다) …

헤임달이 손에 들린 전속계약해지서를 본다.

57. 아스가르드 숙소(밤)

문소리가 난다. 헤임달이 들어온다. 현관문이 닫히자 어두워진다. 헤임달이 손을 휘저어도 불이 들어오지 않는다. 센서가 고장 났든가, 전구가 나간 게다. '에이씨' 헤임달이 뭔가에 부딪치며 거실로 와서 불을 켠다. 숙소는 텅 비었다. 팀원들이 버리고 간 쓰레기들만 남았다. 짐이 빠진 집이 그렇듯, 빈 공간은 더 낡고 초라하다. 헤임달이 벽에 기대 주저앉는다. 손에 든 서류봉투를 바라본다.

58. 벨 에포크 정원(아침)

아침이다.

59. 거실(아침)

정예은이 방에서 나와 화장실로 들어간다. 벌써 출근하는 윤진명과 인사한다. 칫솔을 물고 나왔을 때 다른 하메들도 아침을 시작한다.

60. 캠퍼스(아침)

정예은이 걸어온다. 기분 좋은 아침이다.

61. 식영과 사물함 앞(아침)

정예은이 사물함을 연다.

(정예은)　어렸을 적 나는 세상의 중심이었다.

정예은이 뭔가를 발견한다.

62. 정예은 집 거실(낮 – 과거)

정예은의 어린 시절이다. 다섯, 혹은 여섯 살쯤이다. 정예은이 자고 있다. 엄마도 아빠도 멈춰 있다. 마치 정지 화면 같다. 창밖의 세상도 멈춰 있다. 정예은이 눈을 뜨면 그제야 세상이 움직인다. 엄마는 빨래를 개고 아빠는 신문을 넘긴다. 창밖의 차들도 움직인다.

(정예은)   내가 잠들면 세상도 움직임을 멈추는 줄 알았다. 세상은 나를 위해 움직였고 나없는 세상은 상상할 수 없었다. 그 시절, 세상 모든 것은 나를 사랑하기 위해 존재했다.

63. 학보사(아침)

송지원이 활짝 웃으며 들어오지만, 학보사는 정신없이 바쁘다. 임성민은 기사를 수정할 것을 지적하고, 오하나는 받아 적고. 조충환은 어딘가에 전화를 하고, 누군가는 노트북을 두드린다. 송지원이 잠깐 서 있다가 돌아선다. 송지원이 떠나고도 학보사는 바쁘다.

(정예은)   언제부터였을까? 나 없는 곳에서도 세상은 여전히 움직이고 있다는 것을 깨닫게 된 것은?

64. 아스가르드 숙소(아침)

혜임달이 나온다. 바닥에 떨어져 있는 사진. 데뷔 앨범 재킷 사진이다. 사진 속에서도 가장 눈에 띄지 않는 위치의 자신을 본다.

(정예은)   언제부터였을까? 내가 더 이상 세상의 중심이 아니라는 것을 깨닫게 된 것은.

65. 사무실(아침)

윤진명이 업무를 시작하기 전 노트북을 부팅하다가 책상 위의 막대사탕을 본다. 통 안 가득 꽂혀 있는 막대사탕!

(정예은)   언제부터였을까? 나는 그저 수많은 사람 중의 하나라는 것을 진심으로 깨닫게 된 것은.

66. 강의실(아침)

유은재가 윤종열을 바라본다. 윤종열은 후배 여자들과 웃고 이야기 중이다.

(정예은)   그리하여 언제부터였을까. 다른 사람을 내 세상의 중심에 놓기 시작한 것은.

67. 벨 에포크 정원(아침)

안예지가 기다리고 있다. 조은이 내려온다. 조은은 아직 안예지를 발견 못 했다.

(정예은)   간절히 원해도 가질 수 없는 것이 있다는 것을 깨닫고.

조은이 쳐다보자 안예지가 활짝 웃는다.

안예지	어제 별일 없었어?
조은	어…
서장훈	(1층에서 나온다. 안예지를 발견한다) 왜 왔냐?
안예지	내 맘이야.

서장훈과 조은의 시선이 엇갈린다. 조은은 어제 일이 무안해서 고개를 돌린다. 그랬다가 안예지와 티격태격하는 서장훈을 본다. 자기도 모르게 뒷목의 짧은 머리를 만져본다.

(정예은)　　분한 마음에 차라리 나를 미워하게 된 것은 언제부터였을까.

68. 식영과 사물함 앞(아침)

정예은은 앞의 신 그대로 서 있다. 정지한 듯.

(정예은)　　오늘 나는 다시 아프게 깨닫는다. 내가 누군가를 미워할 수 있는 것처럼, 나 역시 누군가에게 미움받을 수 있다는 것을.

사물함 문 안쪽에 정예은과 고두영이 함께 찍은 사진이 있다. 사진 속 정예은의 얼굴, 빨간색으로 무수히 그어놓았다. 그 옆에 빨간색 글씨로 '창녀'라고 써놓았다. 정예은이 풀썩 주저앉는다.

(정예은)　　누군가 나를 미워하고 있다.

한유경과 송경아가 달려온다. 한유경은 정예은을 끌어안는다. 그사이 송경아가 사물함을 들여다본다. '창녀' 라고 쓴 사진을 본다.

70. 에필로그(하메들의 비명碑銘)

납골당의 문구일 수도 있고. 정통 비석일 수도 있고. 바닥에 깔린 연석일 수도 있다. (마치 노무현 대통령의 묘지처럼)

'마지막 날까지 있는 힘껏 살았다'
1988-2090
윤진명

'주여, 불쌍히 여기소서'
1994-2061
정예은

'누구보다 사랑받았고 누구보다 사랑하였다'
1997-2084
조은

'매 순간이 행운이었다'
1994-2027
송지원

'죽음이 안식이 되기를'
1997-2043
유은재

청춘시대 시즌2·上

1판 1쇄 발행 2017년 10월 12일
1판 2쇄 발행 2017년 10월 16일

지은이 | 박연선
펴낸이 | 김영곤 **펴낸곳** | (주)북이십일 아르테팝
미디어사업본부 이사 | 신우섭
미디어믹스팀 | 장선영 조한나
책임편집 | 이상화 **표지 본문디자인** | 박선향 한성미
문학영업팀 | 권장규 오서영
미디어마케팅팀 | 김한성 정지은
제휴팀장 | 류승은 **홍보팀장** | 이혜연 **제작팀장** | 이영민

출판등록 | 2000년 5월 6일 제406-2003-061호
주소 | (우 10881) 경기도 파주시 회동길 201(문발동)
대표전화 | 031-955-2100 **팩스** | 031-955-2151 **이메일** | book21@book21.co.kr

(주)북이십일 경계를 허무는 콘텐츠 리더
아르테팝 채널에서 도서 정보와 다양한 영상자료, 이벤트를 만나세요!
장강명 요조가 진행하는 팟캐스트 말랑한 책수다 〈책, 이게 뭐라고〉
페이스북 | facebook.com/21artepop **포스트** | post.naver.com/artepop
인스타그램 | instagram.com/21artepop **홈페이지** | arte.book21.com

ISBN 978-89-509-7213-4 04680
책값은 뒤표지에 있습니다.